10년 영어교육과정을 한눈에 이해하고
목표와 방향을 세우는

초중고
영어공부
로드맵

바른 교육 시리즈 ⑱

10년 영어교육과정을 한눈에 이해하고
목표와 방향을 세우는

초중고 영어공부 로드맵

허준석, 이은주, 신영환, 기나현, 석정은 지음

서사원

부모는 크고 길게 봐야
아이에게 최적의 방향을 안내할 수 있습니다

공교육 그리고 사교육 현장에서 오랫동안 영어 교육을 해오며, 많은 아이들을 관찰했습니다. 대부분의 아이들은 선생님이 시키는 대로 단어를 외우고, 문법을 공부하며, 문제를 풉니다. 이렇게 똑같이 영어를 배워도, 영어에 대한 이해도는 학생마다 다릅니다. 마찬가지로 영어를 좋아하고 싫어하는 정도도 천차만별입니다. 이런 맥락에서 보면, 100명의 아이들에게는 100개의 학습법이 존재한다고 보아도 무방할 것 같습니다.

그러나 영어 교육의 전체적인 방향에는 정해진 답이 있습니다. 바로 초중고 과정을 관통하는 공교육에서 행해지는 '교육과정'이 그것입니다. 간혹 초중고 공교육에서 영어 교육이 단지 '시험'을 준비하기 위한 것이라 오해하지만 국가 영어 교육과정은 아이들의 영어 역량을 장기적인 관점에서 키워내는 것을 목표로 하고 있으며, 많은 전문가들에 의해서 검증된 내용입니다. 때문에 아이들의 영어 학습 계획을 세울 때, 학년별 교육과정을 살피는 것이 중요합니다.

학교에서 하는 교육과정은 우리 몸에 필요한 가장 기본이 되는 '코어 근육'과 같은 역할을 합니다. 교육과정에 대한 고려 없이 편법, 속도, 분량으로만 다지는 영어는 아이들 몸에 독소를 쌓게 하는 것과 같습니다. 어떤 아이들은 어느 정도 견디겠지만, 결국 시간이 지나면 영어에 대한 나쁜 감정만 남게 될 것입니다. 이러한 영어에 대한 나쁜 감정을 가진 아이가 날개를 펼쳤을 때, 영어라는 역량이 과연 아이에게 어떤 '알파'로 작용할까요? 분명 아이의 무수한 잠재력을 이어줄 멋진 점으로 작용할 리 만무합니다.

부모는 크게 봐야 합니다.
부모는 길게 봐야 합니다.
그래야 지치지 않고, 아이를 관찰하며 적시에 맞는 최적의 방향을 안내할 수 있습니다.

아이가 기본도 잡히지 않았는데, 겉멋만 넘쳐서 수준보다 훨씬 어려운 원서를 읽어서는 안 됩니다. 독서 습관도 잡히지 않았는데, 분량으로 윽박질러서도 안 될 것입니다. 하지만 이런 일은 비일비재하게 일어납니다. 왜 그럴까요? 영어가 월등히 뛰어난 다른 아이를 우리 아이 영어교육의 기준으로 삼기 때문입니다.

다른 아이가 영어교육의 방향성을 결정하는 기준이 되어서는 절대 안 됩니다. 앞에서 말씀드린 대로 100명의 아이들에게는 100개의 학습법이 존재하기 때문입니다. 우리 모두는 각자 다른 환경, 성향 속에서 자신의 무기를 발견해서 강화시켜야 합니다. 그렇기 때문에 부모는 자녀를 끈질기게 관찰하고 영어에 흥미를 붙일 수 있는 방법을 찾아야 합니다. 그렇게 영어에 대한 좋은 감정을 유지시키는 가운데, 학교 교육과정에 업혀서 좀 더 수월하게 걸어가야 합니다. 학교 밖 교육과정으로 무작정 달리다 보면 자녀가 초등학교 고학년, 사춘기를 겪으면서 영어 공부를 힘들어하게 됩니다. 고로 우리는 학교 교육과정을 충실히 이행하면서, 가정 또는 기관을 잘 활용해서 영어 근육을 성장시켜야 합니다.

　이 책은 교육과정을 기반으로 이야기를 풀어나가고자 합니다. 그렇다고 너무 이상적인 파랑새를 그리는 것만도 아닙니다. 국공립 초중고, 특목고, 그리고 EBS에서의 영어 지도 등 다양한 스펙트럼의 총합을 근거로 최적의 자녀 영어교육 로드맵을 그리고 있습니다. 이 로드맵을 통해 부모가 '지혜로운 학부모'로 거듭날 수 있기를 희망합니다.

2021년 서늘해질 무렵
저자 일동

차 례

PART 01

★ 영어 학습 ★

PART 02

★ **초등영어** ★

PART 03

★ 중학영어 ★

PART 04

★ **고등영어** ★

★영어 학습★

PART 01

영어를 배우는 이유

아이들은 영어를 왜 배우고 있을까

교실에서 아이들을 처음 만날 때마다 던지는 질문이 있습니다. 그것은 "여러분은 영어를 왜 배우나요?"인데, 이 질문을 하는 이유는 아이들의 생각이 궁금하기도 하고, 이왕이면 아이들의 관심사를 수업에 반영하고 싶기도 하고, 또 한편으로는 희망적인 답을 듣고 싶기도 해서입니다. 아이들도 처음에는 "세계 공통어여서요", "외국인과 소통할 수 있어서요"라며 모범답안을 들려주지만, 이내 솔직한 마음을 드러냅니다. "수능시험을 잘 보려고요!", "대학교 잘 가려고요", "학교에서 배우라고 하니까요", "좋은 직장 가려고요" 등으로 말입니다. 놀라운 것은 이 답을 중학생이나 고등학생들만 하는 게 아니라는 것입니다. 초등학교 5학년 학생에게도 쉽게 들을 수 있는 반응입니다. 초등학교 고학년 아이들의 대화를 듣고 있으면, 교육자로서 몹시 씁쓸한 마음이 들게 됩니다.

초등 고학년 학생들 사이에서는 "모든 것은 초등학교 3학년 때 시작된다"라는 말이 있습니다. 아이들은 왜 '모든 것은 초등학교 3학년 때 시작된다'라고 말하는 걸까요? 영어를 가르치는 교사의 입장에서는 괜히 뜨끔합니다. 공교육의 영어교육과정이 초등학교 3학년 때 시작되고, 이와 함께 영어 사교육의 비중도 이때부터 점점 늘어나기 때문입니다. 그러다 보니 아이들의 영어 공부는 어느새 언어를 배우는 즐거움보다는 학습 부담으로 자리하게 되는 경우가 많습니다.

그런데 돌이켜보면 우리가 아이들과 영어를 배운다는 것에 대해서 함께 제대로 이야기해본 적이 있는지 회의가 듭니다. 아이들은 영어 공부를 하는 이유도 제대로 모른 채 정해진 시기에, 정해진 교육과정에 의해, 정해진 목표 수준대로 영어를 '공부'하게 됩니다. 다른 모든 공부도 그러하듯, 영어를 배우는 것도 아이들이 그 맥락을 이해하고 스스로 공부 이유를 찾는 것이 가장 중요합니다. 물론 영어를 공부하는 이유가 아이들마다 모두 같을 필요는 없습니다. 누군가는 단지 여행을 다니기 위해서, 누군가는 취미로, 누군가는 직업을 위해서 영어를 배울 수도 있습니다. 다만 교육자들과 부모님들은 아이들이 영어를 통해서 더 풍부한 경험과 더 넓은 식견을 가질 수 있는 기회를 제공해 주어, 각자의 공부 방향을 잡을 수 있도록 도와야 합니다. 스스로 찾은 공부의 이유는 아이들을 훌륭한 영어 학습자로 이끄는 가장 큰 힘이 되기 때문입니다.

아이들이 영어 공부에 갖는 마음

우리 아이들은 어떤 마음으로 10년간 공교육 영어수업을 듣는 걸까요? 또는 어떤 마음을 가진 영어 학습자가 되어가는 걸까요? 공부 이유가 이미 생긴 아이들은 영어를 배우는 것이 힘들지 않을 것입니다. 때때로 어려움을 만나기도 하겠지만, 각자의 공부 방향에 맞는 방법을 찾아내어 극복합니다. 하지만 안타깝게도 상당수의 학생들은 그렇지 못합니다. 심지어는 영어에 대한 거부감이 몹시 심한 아이들도 자주 만나게 됩니다. '영어 공부를 할 때면 체할 것 같아요', '영어는 원수예요', '영어가 없어졌으면 좋겠어요', '너무 고통스러워요'라고 농담 반 진담 반으로 말하는 아이들이 그렇습니다.

영어교육자들이라면 누구나 이런 말을 들으면 무언가 잘못되어 가고 있음을 직감합니다. 외국어 습득이론을 정립한 세계적인 언어학자 스티븐 크라센 교수의 '정의적 여과 가설'에 의하면, '언어 학습자들의 불안감은 낮추고 흥미와 동기 및 자신감을 높여야' 언어가 더 잘 습득된다고 합니다. 같은 이유로 우리의 국가영어교육과정에서도 학생들이 영어에 대한 흥미와 동기 및 자신감을 지속적으로 갖게 하는 것을 매우 중요한 교육목표로 삼고 있습니다. 그러나 위와 같은 학생들의 반응은 우리가 과연 성공적인 영어교육을 하고 있는 것인가에 대해 의구심이 들게 합니다.

도대체 아이들은 왜 이렇게 힘든 상황으로 내몰린 걸까요? 공부의 주체가 되어야 하는 아이들의 마음과, 원하는 공부의 방향과 방법이 잘 반영되지 않은 것은 아닐까요? 국가교육과정에서 원하는 방향이 아이들을 이토록 힘들게 만드는 것이 아닌데, 이 격차를 줄이려면 어떻게 해야 할까요? 그렇다고 해서 '내신'과 '수능'이라는 현실을 외면하고 이상적인 이야기들만으로 아이들의 마음을 달랠 수도 없는 노릇입니다. 아이들도 영어를 잘하면 입시에서도, 스스로를 발전시키는 것에도 도움이 된다는 것을 알고 있습니다. 또 잘하고 싶은 마음도 매우 큽니다. 재미있게 공부하면서도 잘하고 싶은데 현실에서 만나는 벽이 너무나 높은 것입니다.

그러니 아이들을 불안하게 만드는 것은 영어 공부 자체가 아니라 우리 어른들이 만들어 놓은 일방적인 기준과 줄 세우기식의 평가 방법입니다. 각자의 흥미와 관심을 찾아 공부하라고 하지만 결국 마지막 관문에서는 같은 내용과 방법으로 '평가'를 치르게 되니까요. 물론 힘을 전혀 들이지 않고 영어 공부를 할 수는 없고, 반드시 일정 수준까지 도달해야 하는 목표와 난이도도 있습니다. 하지만 멀리 보면서도 효율적으로 공부하기 위해서 아이들이 느끼는 현실적인 문제와 이상적인 영어 공부 사이의 거리를 좁히는 노력은 꼭 이루어져야 합니다. 이 거리감, 어떻게 좁힐 수 있을까요?

영어 공부 목표와
공교육 영어 위치 세움의 필요성

앞서 말씀드린 것처럼, 영어 공부의 목표가 세워진 아이들은 상대적으로 더 효율적이고 재미있게 공부를 해나갑니다. 따라서 학생들이 영어 공부 목적에 대해 진지하게 고민해보는 기회를 가지고 목표를 명확하게 하는 과정은 꼭 필요합니다. 학년, 학교급이 바뀔 때마다 나아가고 있는 방향과 목표를 점검해보는 것도 좋습니다. 관심과 진로에 따라 방법이 수정될 수도 있을 것입니다. 저마다의 목표와 방법이 다 같을 필요는 없습니다. 다양한 분야에서 다양한 스타일의 영어를 구사하는 인재가 필요하듯, 각자의 관심사에 따라 공부 방향과 방법은 다를 수 있습니다. 하지만 대부분의 학생이 경험하게 되는 '공교육 영어수업'과 '입시'로 인해서 우리는 또한 반드시 챙겨야 할 것에 대해서도 생각해보아야 합니다.

결국 교육 참여자인 우리 모두가 중심 잡기를 해야 합니다. 교육자들도, 부모님들도, 학생들도 우리가 함께 도달하고자 하는 목적지가 어디인지, 어떤 다양한 방법들을 통해 도달할 수 있는지, 그 가운데에서 반드시 해야 하는 것은 무엇인지에 대한 생각을 세우고 중심 잡기를 해야 합니다. 그래서 아이들의 불안감을 낮춰주어야 합니다. 덜어낼 것은 덜어내서 부담을 낮추고 해낼 수 있다는 마음이 들도록 도와야 합니다. 반드시 해야 하는 것을 놓치지 않으면서도 그 안에서 각자의 흥미를 발견할 수 있도록 해야 합니다. 이 중심에 있어야 하는 것이 바로 '국가교육과정'입니다. 10년 간 공교육 영어수업을 통해 달성하고자 하는 것이 무엇인지 그 핵심을 알고, 이를 통해서 학생들이 하고 싶은 것과 해야 할 것 사이에서 중심을 잡아야 합니다.

각자의 관심사에 따라 흥미와 자신감을 갖고, 지속적이고 자기주도적으로 영어를 공부하는 영어 학습자를 키우는 것 또한 국가교육과정이 원하는 바이기도 합니다. 따라서 학생들과 부모님들은 국가교육과정을 이해하고 각자의 요구와 균형을 맞출 필요가 있습니다. 교육과정을 알면 불안하지 않습니다. 곁가지를 쳐내고 중요한 것에 집중할 수 있어 오히려 효율적인 공부를 할 수 있습니다. 국가교육과정은 입시교육만을 위한 좁은 범주의 교육관을 가지고 있지 않습니다. 우리는 이 중심 잡기를 위해서 공교육 영어수업의 목적을 좀 더 폭넓게 이해할 필요가 있습니다.

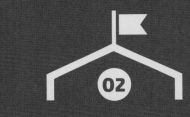

공교육 영어수업의 목표

글로벌 시민으로 성장하기 위한
공교육 영어수업

우리 아이들은 초등학교 3학년부터 고등학교 3학년까지 10년 동안 학교에서 영어교육을 받습니다. 이 기간 동안 학교 영어수업은 국가에서 주도하여 연구되고 공표된 '교육과정'을 따르며, 교사들은 이것을 가르칠 의무가 있습니다. 안타깝게도 이 교육과정이 어떤 의도와 목표를 가지고 있는지 아시는 부모님들은 많지 않습니다. 아이들이 10년 동안이나 받는 교육인데도 말입니다. 정말 많은 분이 공교육의 영어수업은 '시험'을 준비하기 위한 것이라고 오해하시곤 합니다. 국가 영어교육과정은 단순히 입시만을 목표로 하고 있지 않습니다. 아이들의 영어 역량을 장기적인 관점에서 키워내는 것을 목표로 하고 있으며, 많은 교육 전문가들에 의해 다져진 내용입니다. 따라서 아이들의 영어교육계획을 세우는 것에 있어서 교육과정을 살피는 것은 중요합니다. 다음 내용은 10년 동안 공교육 영어수업이 추구하는 목표입니다. 이 4가지 목표는 단순한 영어 의사소통 능력뿐만 아

> 첫째, 영어로 듣기, 말하기, 읽기, 쓰기 능력을 습득하여 기초적인 의사소통 능력을 기른다.
> 둘째, 평생교육으로서의 영어에 대한 흥미와 동기 및 자신감을 유지하도록 한다.
> 셋째, 국제 사회 문화 이해, 다문화 이해, 국제 사회 이해 능력과 포용적인 태도를 기른다.
> 넷째, 영어 정보 문해력 등을 포함하여 정보의 진위 및 가치 판단 능력을 기르는 것이다.
>
> 교육부 고시 제2015-74호 [별책 14]

니라 다양한 측면의 '영어 역량'을 키우는 것입니다.

위 국가 영어교육과정의 목표 4가지를 간단히 간추려 보면, '첫째, 영어 의사소통 능력, 둘째, 자기주도적 영어 학습자, 셋째, 세계시민으로서의 영어 사용, 넷째, 영어 정보 문해력'이라고 할 수 있습니다. 즉, 국가 영어교육과정은, 학생들이 영어로 실질적인 의사소통을 할 수 있는 능력을 기르고, 이 공부를 공교육이 종료되어 학교를 졸업한 이후에도 평생교육으로 즐겁게 이어가기를 바라는 목적으로 구성되었습니다. 때문에 단순한 의사소통에 그치지 않고, 다른 나라의 문화와 국제사회를 이해하여 공통의 문제를 함께 해결하고 기여하는 데에 공교육에서 배운 영어가 활용되기를 바랍니다. 영어로 적힌 정보를 읽고 문자 그대로 이해하는 것을 넘어서 정보에 대해 판단하고 자신의 의견을 가질 수 있기를 바라는 것입니다. 이렇게 볼 때, 공교육의 영어수업은 영어를 배우는 과정과 결과가 학교 안에서 머무르지 않고 실제로 유의미하게 활용되는 것을 목표로 합니다.

그러나 실제로 학생들이 공부하는 모습을 보면 그렇지 못한 경우가 많습니다. 입시라는 현실적인 문제가 있기도 하겠지만, 영어의 의미에 대해 아예 큰 그림을 그리지 못하는 것이 더 문제입니다. 큰 그림 없이 시험 준비만을 위한 영어 공부가 아이들을 더욱더 힘들고 지치게 하기 때문입니다. 솔직히 모든 공교육의 영어수업에서 교육과정의 목표가 잘 구현되고 있다고 보지는 않습니다. 그러나 이 목표는 가야 할 방향을 지속적으로 점검하는 나침반처럼 매우 중요한 역할을 합니다. 교육과정의 목표는 나침반 역할을 해주고, 영어의 넓은 의미에 대해 일깨워줄 수 있습니다. 공부를 해야 할 이유가 있을 때 아이들은 더 열심히 공부합니다. 이유를 찾으면 교사와 부모가 개입하지 않아도 공부의 과정이 물 흐르듯 흘러갈 것입니다. 아이들에게 공부의 이유를 찾아주는 것이 가장 훌륭한 교육이며, 우리가 좋은 교육을 하기 위한 최우선순위가 되어야 합니다.

초중고 공교육 영어교육과정 기본 정보 한눈에 보기

공교육 영어수업의 큰 목표를 이루기 위해서 초중고 학교급별로 하위 목표와 교육내용이 마련되어 있습니다. 그 체계를 한 번쯤 훑어보면, 학교에서 어느 정도의 난이도와 방법으로 수업이 이루어지는지 파악하실 수 있습니다. 말씀드린 것처럼, 교육과정을 알면 불안하지 않습니다. 큰 그림 안에서 차근차근 공부해 나가면 효율적으로 스스로의 목표뿐만 아니라 교육과정의 목표에도 도달할 수 있기 때문입니다. 〈표 1-1〉은 초중고 학교급별 교육목표 및 내용 난이도와 기타 특징을 정리해본 것입니다. 살펴보시면, 학교급이 올라가면서 목표, 수업 시수, 내용 소재와 어휘 수, 평가가 점차 확대되는 것을 확인하실 수 있습니다. 이 책 전반에서 여기 정리된 내용과 관련하여 부모님들의 궁금증을 해소해 드리고 학교급별 중요사항과 추가적인 교육 정보를 안내해 드리려 합니다.

〈표 1-1〉 초중고 학교급별 공교육 영어교육과정 기본 정보

	초등학교	중학교	고등학교
목표	• 흥미와 자신감 • 기초적인 의사소통 • 외국의 문화 이해	• 영어 사용에 자신감 • 기본적인 의사소통 • 외국문화와 정보 이해 • 우리 문화를 영어로 소개	• 영어 사용능력을 신장 • 목적과 상황에 맞는 영어 의사소통 능력 • 다양한 영어정보 이해 • 진로에 따라 필요한 영어 사용능력 • 각 문화의 고유성을 존중하는 태도
시수(시간)	3~4학년 주당 2시간 5~6학년 주당 3시간 1회 40분 수업	학교별 주당 3~4시간 1회 45분 수업	학교별 주당 3~5시간 1회 50분 수업
내용 소재	자기 주변 일상생활 주제	친숙한 일상생활 주제	친숙한 일반적 주제
어휘 수	500개 낱말 내외	750개 낱말 내외 (누계 1,250개 낱말 내외)	공통영어 : 550개 낱말 내외(누계 1,800개 단어 내외) ※선택, 전문 영어 교과는 본 도서 고등학교 파트에서 참고(p.240)
문장 길이	• 초등학교 3~4학년군 : 7개 낱말 이내 • 초등학교 5~6학년군 : 9개 낱말 이내		
평가 특징	듣기, 말하기, 읽기, 쓰기 4개 영역의 수행평가 및 과정 중심 평가	• 1학년(자유학년제) : 지필평가 없음, 4개 영역의 수행평가 및 과정 중심 평가 • 2,3학년 : 지필평가 학기당 1~2회 실시, 4개 영역의 수행평가 및 과정 중심 평가	지필평가 학기당 1~2회 실시, 4개 영역의 수행평가 및 과정 중심 평가

공교육 영어와 입시영어의
공통점과 차이점

　　지금까지 학생들이 장기간 영어 공부를 효율적으로 지속하기 위해서는 각자의 공부목표를 세워야 하고, 공교육의 영어수업은 폭넓은 영어 역량을 키우는 것을 지향하며, 학생들은 개인의 목표와 교육과정의 목표 사이에서 균형 잡기를 해야 한다는 것을 말씀드렸습니다. 이 둘 사이에서 빠질 수 없는 키워드가 또한 '입시영어'입니다. 입시영어도 공교육의 범주 안에서 이루어지는 것인데, 전체 국가교육과정의 목표와 어떤 차이가 있을까요? 간단하게 설명드리자면, 입시영어는 공교육 영어의 한 부분입니다. 하지만 이렇게 간단하게 설명하기에는 느껴지는 부담감과 실제로 차지하고 있는 무게감이 너무 큽니다. 많은 분들이 이 무게감 때문에 공교육 영어 수업이 마치 입시를 위한 영어를 가르치는 것이라고 오해하시기까지 하니 말입니다.

　　입시영어는 크게 '수학능력시험(수능)'과 '학교영어시험(내신)'으로 나닙니다. 이 두 가지 시험은 공통적으로 공교육의 영어수업을 얼마나 충실히 이수했는지 알아보기 위한 '평가'의 기능을 갖고 있습니다. 시험에 사용되는 말이나 글의 소재, 어휘 수, 내용 등은 두 시험 모두 국가교육과정이 제시한 것을 기준으로 합니다. 다만 시험 문제를 출제하고 평가하는 주체와 평가의 대상이 되는 언어 기능에 차이가 있습니다. 수학능력시험은 전국의 학생들이 공통적으로 동일하게 치르는 시험이고, 학교영어시험은 해당 과목을 가르친 교사가 직접 출제하고 평가합니다. 즉, 학교영어시험은 학교마다 문제 유형이나 난이도가 다를 수 있습니다. 또한 수학능력시험은 실시된 이래부터 현재까지 듣기, 말하기, 읽기, 쓰기의 언어 4기능 중, '듣기'와 '읽기' 영역을 주로 평가하고, '말하기'와 '쓰기' 영역은 간접평가되고 있습니다. 그러나 학교영어시험은 '지필평가'와 '수행평가'로 나뉘어, 언어의 4기능을 비교적 골고루 평가합니다. 평가와 관련된 자세한 정보는 해당 학교급 세부 내용에서 다시 자세히 다루겠습니다.

여기서 생각해볼 점은, "과연 입시를 위한 영어 공부만을 했을 때 국가교육과정이 의도하고 있는 폭넓은 '영어 역량'과 학생 개개인의 진로를 고려한 '영어능력'이 길러질 수 있을까" 하는 것입니다. 당연히 그렇지 못합니다. 수능과 내신은 국가교육과정의 일부만을 평가하고 있기 때문입니다. 일단 수능의 경우, 듣기와 읽기 영역 위주로 평가가 이루어지고 있어, 교육과정이 목표로 하는 의사소통 능력, 세계시민으로서의 영어 사용 능력, 영어정보 문해력의 일부분만 평가될 수 있습니다. 내신의 경우 수행평가와 지필평가를 활용하여 교사들이 다양한 방법으로 교육과정 목표의 모든 측면을 평가하려고 노력하지만, 평가의 결과를 점수화해야 하는 것 때문에 한계를 가집니다.

결국 영어에 대한 흥미를 가지고 지속적이고 자기주도적으로 공부하는 힘이나, 배운 영어를 활용하여 실제로 자신의 정보 저변을 넓혀본 경험, 국제사회 공통의 문제를 해결하기 위해 노력한 이력 등은 온전히 평가되지 못한 채로 남을 수 있습니다. 실제로 이것이 가장 중요한 교육적 경험인데도 말입니다. 즉, 입시영어만을 목표로 했을 때에는 이 중요한 경험들을 놓칠 수 있게 됩니다. 따라서 학생들이 영어 공부의 목표를 세울 때 입시영어를 넘어서 다양한 영어 경험을 가질 수 있도록 하는 것이 진짜 영어 능력을 기르는 길이 될 것입니다. 그렇다면 이제, 목표가 이미 있는 학생은 '점검'을, 목표에 대해 미처 고민해보지 못한 학생은 현실성 있는 영어 공부의 '목표'를 세워보도록 할까요?

영어 공부의 시작
- 목표 세우기 -

※이 파트는 자녀분과 함께 보시면 좋겠습니다(초등 고학년 이상).

영어를 공부하는 이유

　　진짜 영어 공부는 '영어 공부를 하는 이유'를 찾은 다음에 시작됩니다. 자신만의 이유를 찾는다면, 그 이전에 했던 학습의 속도와 내용보다 훨씬 빠르고 가치 있게 공부를 할 수 있게 될 것입니다. 지금까지 읽은 내용을 토대로, 또는 이미 가지고 있었던 생각을 토대로 다음 페이지에 나오는 '영어를 공부하는 이유'에 체크해 보세요. 부모님과 아이가 함께 이야기 나누며 확인해보아도 좋겠습니다.

내가 영어를 공부하는 이유

영어가치 관련	1	영어는 세계 공통어이기 때문이다.	
	2	영어를 잘하면 접할 수 있는 정보의 양이 훨씬 많아지기 때문이다.	
	3	영어는 외교와 무역에 꼭 필요하기 때문이다.	
	4	영어를 잘하면 다양한 문화/언어와 접할 수 있는 기회가 늘어난다.	
	5	영어를 잘하면 국제적인 프로젝트에 직접 참여할 수 있다.	
취미 관련	6	영어를 잘하면 해외여행을 다닐 때 도움이 되기 때문이다.	
	7	외국인 친구를 사귀고 싶어서 배운다.	
	8	영어를 잘하면 영어 노래, 책, 영화, 드라마를 잘 이해할 수 있다.	
	9	영어를 잘하면 해외 사이트에서 물건을 직접 구입할 수 있다.	
	10	외국어를 배우는 것 자체가 재미있다.	
시험진로 관련	11	수학능력시험과 학교시험에서 좋은 성적을 받고 싶기 때문이다.	
	12	학교 교육과정에 있으니까 배우는 것이다.	
	13	영어를 잘하면 외국대학에도 진학할 수 있기 때문이다.	
	14	원하는 진로가 영어와 밀접한 연관이 있기 때문이다.	
	15	영어를 잘하면 선택할 수 있는 직업군이 넓기 때문이다.	

이밖에 영어를 배우는 이유가 있으면 생각나는 대로 적어보세요.

영어 공부 목표와 공교육 영어수업, 입시영어 공부의 교차지점 찾기

체크리스트를 활용하여 내가 영어를 공부하는 이유를 찾아보았나요? 가장 많이 체크된 항목과 가장 적게 체크된 항목은 무엇인가요? 내가 영어를 공부하는 이유는 모든 항목에서 골고루 균형이 잡혀 있나요? 아니면 빠뜨린 부분이 있나요? 나는 주로 어떤 이유에서 영어공부를 하고 싶은가요? 영어가 가지는 가치 때문인가요, 영어를 배우면 누릴 수 있는 즐거움과 유용함 때문인가요? 아니면 시험과 진로 때문인가요? 체크리스트를 통해서 내가 지금까지 영어 공부를 해온 이유와 미처 생각해보지 못했던 부분에 대해 확인할 수 있었을 것입니다. 앞서 이야기 나누었듯이, 시험만을 위한 영어공부는 진짜 영어능력을 키우기가 어렵고, 흥미만을 위한 영어공부는 시험에서 실력을 제대로 발휘하지 못할 수 있습니다. 그래서 우리는 두 가지 공부의 균형을 맞춰야 합니다. 체크하지 않은 항목에서 새로운 공부의 이유를 찾을 수 있는지 생각해보세요.

		내가 시도해본 것과 해보지 않은 것	OX
영어가치 관련	1	나는 영어를 사용하는 나라에 대해 조사해본 적이 있다.	
	2	나는 인터넷에서 필요한 정보를 영어로 검색하고, 내용을 파악해본 적이 있다.	
	3	나는 외국의 신문이나 뉴스로 정보를 얻어 본 적이 있다.	
	4	나는 영어로 우리나라를 소개하는 글을 쓰거나 영상을 만들어 올려 본 적이 있다.	
	5	나는 영어로 진행되는 국제 프로젝트에 참여해본 적이 있다.	
취미 관련	6	나는 여행을 가기 위해 영어 공부를 해본 적이 있다.	
	7	나는 외국인 친구와 편지를 주고받거나 SNS로 소통한 적이 있다.	
	8	나는 영어로 된 노래, 책, 드라마, 영화를 보며 공부를 해본 적이 있다.	
	9	나는 외국 사이트에서 물건을 직접 주문해본 적이 있다.	
	10	나는 영어 동아리 활동을 해본 적이 있다.	
시험진로 관련	11	나는 학교 영어 교과서를 꼼꼼하게 복습하며 공부한다.	
	12	나는 영어 문법을 정리하며 공부한다.	
	13	나는 다양한 주제와 형식으로 된 영어지문을 읽으면서 공부한다.	
	14	나는 원하는 대학교에 가기 위해서 영어 시험을 어느 정도로 준비해야 하는지 알아보았다.	
	15	나는 내가 원하는 직업에서 영어가 어떻게 사용되는지 알아보았다.	

또한 초등 고학년과 중학생들은 다양한 영어 공부 방법을 시도해보면서 자신에게 맞는 방법을 찾아볼 필요가 있습니다. 지금까지 내가 해왔던 영어 공부 방법에서 아직 시도해보지 않았던 것이 있는지 앞의 체크리스트로 확인해보면서 어떻게 공부하면 시험영어와 영어 역량을 함께 얻을 수 있을지 고민해보세요.

균형 잡힌 공부 방향 설정하기

내가 선호했던 영어 공부 방법에 대해 체크해 보았나요? 꼭 해야 하는 것인데 놓쳤던 것이 있었나요? 새로 시도해보고 싶은 방법을 알게 되었나요? 지금까지 만족스럽게 열심히 해온 방법도 있고, 미처 해보지 못한 방법도 있을 겁니다. 부족했던 부분과 새로 알게 된 공부 방법을 앞으로의 영어 공부 계획에 포함시켜 보세요.

다음 장에 나오는 이 책의 초중고 학교급별 교육과정 설명과 공부의 중요 포인트, 시험준비에 대한 글을 읽어보시면 더욱 다양한 공부 방법을 찾을 수 있습니다. 이 책을 읽고 난 후, 기존에 해왔던 방법들 중 효과적이었던 것과 새로 시도해보고 싶은 방법, 꼭 해야 하는 공부 방법을 옆의 표에 정리해보고 우리 아이의 시험영어와 진짜 영어 실력을 모두 키울 수 있는 계획을 세워보세요.

효과적이었던 나의 공부 방법

새로 시도해보고 싶은 공부 방법

꼭 해야 하는 공부 방법

초등영어

PART 02

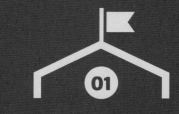

초등영어 교육과정
기본 정보

초등 공교육 영어의 핵심

영어에 대한 흥미와 자신감

공교육은 글로벌 시대와 지식정보화 시대에서 영어 역량의 중요성을 인식하고 중학교부터 실시하던 영어교육을 1997년부터 초등학교 3학년으로 확대 적용하였습니다. 그 이후, 영어 학습의 시작 시기를 초등학교 1학년으로 앞당겨야 하는 것이 아닌가 하는 등의 의견이 분분했으나, 영어의 사교육 의존 심화에 대한 우려와 초등학교 3학년이 외국어 교육을 시작하기에 적기라는 학계의 의견에 따라 지금까지 초등학교 3학년으로 유지되고 있습니다. 초등학교 3학년에 공교육 영어수업이 시작되는 것에 대해서는 해당 학년 내용에서 좀 더 다루도록 하고, 여기에서 주목할 점은 공교육에서 영어수업을 처음 시작하는 만큼 그 핵심을 어디에 두고 있는가 하는 것입니다. 초등기에 가지게 되는 영어수업에 대한 경험과 느낌은 아이들의 향후 10년간 영어를 배우는 마음가짐에 영향을 미칠 것이기 때문입니다.

따라서 국가 영어교육과정은 초등영어 제 1의 목표를 '영어 학습에 대한 흥미와 자신감을 기르는 것'으로 설정하였습니다. 즉, 학교 영어수업을 통해 영어 공부에 대한 긍정적인 느낌을 가지도록 하는 것이 목표인 것입니다. 이 상위 목표와 더불어 가르치는 교육내용도 학생들이 흥미를 가질 수 있게 하는 소재들로 구성하였으며, 교육방법도 게임, 노래, 역할놀이 등 재미를 느낄 수 있게 하는 요소로 고안되었습니다. 내용 난이도 역시 초등교육에서 무리되지 않는 수준에서 영어 의사소통의 기초를 경험할 수 있도록 했습니다.

교실에서 만나는 아이들의 초등학교 영어수업에 대해 가지는 생각을 살펴보면, 교육부의 이러한 의도는 성공적으로 이루어지고 있는 것으로 보입니다. 학생들은 학교 영어수업을 비교적 재미있다고 여기며, 수행평가에서도 대부분 좋은 결과를 얻고 있습니다. 물론 충분한 결과를 내지 못하는 학생들도 있지만, 해마다 기초학력평가를 통해 학생들의 현 수준을 진단하고 있으며, 이전 학년의 목표 수준에 도달하지 못했을 경우, 방과후에 기초학력지도 강사를 지원하여 학생들의 학습을 돕고 있습니다.

그런데 한편으로는 학생들이 예상 외의 반응을 보이기도 합니다. "학교 영어수업은 재미있어요. 그런데 다른 영어 공부는 힘들어요"라는 반응을 보이며, 학교 영어수업 외적으로 영어 학습 부담이 심한 아이들은 학교 영어수업은 즐겁고 좋으나, 영어 공부 자체는 힘들다고 말합니다. 이때부터 이미 '영어 공부는 힘들고 어려운 것'이라는 느낌을 갖게 된 아이들이 생겨나는 것입니다. 주로 고학년 학생들이 그런데, 간혹 3, 4학년에서도 이와 같은 반응을 보이기도 합니다. 3, 4학년 때 지나치게 영어 학습 부담을 겪은 아이들은 정작 본격적으로 영어 공부를 시작해야 하는 5, 6학년 때 "영어 공부를 쉬겠다"고 선언하기도 합니다.

이런 경우, 공교육에서는 학교 영어수업에 대해 긍정적인 느낌을 갖게 하는 데 성공했지만, 학생 개인의 측면에서는 그렇지 못한 상황이 발생합니다. 영어 공부는 초, 중, 고등학교를 거쳐 계속해 나가야 하는데, 초등학교 때부터 이미 그 의지가 꺾인 것입니다. 본서의 시작 무렵에도 언급했듯, 학생들이 영어에 가지는 부담과 불안감은 아이들의 언어 두뇌를 효율적으로 사용하지 못하게 합니다. 이는 이론적으로도 현실적으로도 바람직한 방향이 아닙니다.

　　초등학생들은 학교 밖에서도 '영어공부는 재미있고 유용하다'는 것을 느낄 수 있으면 좋겠습니다. 허용적이고 즐거운 분위기에서 영어를 접했을 때, 흥미와 관심을 발견하고 계속해서 영어 공부를 할 힘을 얻어나갈 것이기 때문입니다. 부모님들께서도 초등영어 공교육 제 1의 목표가 학생들의 영어에 대한 '흥미와 관심을 기르는 것'으로 생각하시고, 조금 속도가 더디고 눈에 보이는 성과가 바로 나타나지 않더라도 자녀분들을 격려해주시고 기다려주시면 시간이 흐른 뒤에 더 큰 결과로 돌아올 것이라 생각됩니다.

초등영어 교육과정의 기본 사항

이제 초등영어 교육과정의 기본적인 사항들을 살펴보도록 하겠습니다. 초등학교 학생들이 흥미와 자신감을 유지하면서도 꼭 챙겨야 할 것을 놓치지 않기 위해 교육과정의 기본 정보를 확인하는 것이 도움이 될 것이기 때문입니다.

목표

다음 내용은 초등학교 3~6학년 4년 동안 공교육 영어수업을 통해 도달하고자 하는 초등영어교육의 목표입니다. 초등학교 영어수업에서는 학생들이 영어 학습에 흥미와 자신감을 가지도록 하는 것이 가장 주된 목표이며, 주변 일상생활에서 많이 사용되는 기초적인 수준의 영어를 익혀 영어 의사소통 능력의 기초를 마련하고자 합니다. 또한 영어를 통해 다른 나라의 문화적 다양성을 이해하도록 하여 앞으로 장차 세계시민으로서 영어를 사용할 수 있는 기반을 다집니다. 각각의 목표는 상급학교에서 해당 학교급의 수준에 맞게 심화되며 전체 영어 공교육의 목표 하에 밀접하게 연계됩니다.

가. 영어 학습에 대한 흥미와 자신감을 기른다.

나. 자기 주변의 일상생활 주제에 관하여 영어로 기초적인 의사소통을 할 수 있다.

다. 영어 학습을 통해 외국의 문화를 이해한다.

수업 시수

초등학교 영어 수업 시수는 학교마다 필요에 의해 약간의 증감을 할 수 있으나, 일반적으로 3~4학년은 주당 2시간, 5~6학년은 주당 3시간 실시하며, 1회 수업은 40분 동안 진행됩니다. 〈표 2-1〉은 초등학교 4학년과 6학년 교육과정의 교과목별 수업 시수 편성 예시를 나타낸 것입니다. 이를 통해 영어과 수업시간의 비중을 확인할 수 있는데, 영어과는 3, 4학년에서 음악, 미술과 같은 수업 시수를 가지고 있으나, 고학년이 되면서 전체 수업시간이 늘어남에 따라 수학, 과학, 사회, 체육 교과와 유사한 시수를 갖게 됩니다.

<표 2-1> 초등학교 4학년과 6학년 교과별 주간 수업 시수 편성 예시

교과별 주간 수업 시수	국어	수학	사회	과학	체육	영어	음악	미술	도덕	실과	창의적 체험 활동
4학년	5	3	3	3	3	2	2	2	1	0	2
6학년	5	3	3	3	3	3	2	2	1	2	2

수업 내용의 난이도

초등영어 교육과정은 학생들이 초등학교 3학년에 영어를 처음 배우기 시작한다는 가정하에 만들어졌고, 초등학생 학습자들이 영어 공부에 흥미와 자신감을 갖도록 하는 것이 가장 큰 목표인 만큼, 중·고등학교에 비해 체감되는 수업 내용 난도가 높지 않습니다. 이는 교육부에서 고시한

√ 초등학교 영어는 일상생활에서 사용하는 기초적인 영어를 이해하고 표현하는 능력을 기르는 교과로서 음성 언어를 사용한 의사소통 능력 함양에 중점을 둔다.

√ 문자 언어 교육은 쉽고 간단한 내용의 글을 읽고 쓸 수 있는 능력 함양에 초점을 맞추되, 음성 언어와 연계하여 내용을 구성한다.

√ 초등학교 영어 교육은 초등학교 학생의 인지적, 정의적 특성을 고려하여 실생활에서 접할 수 있는 활동 등을 활용하고, 체험 학습을 통하여 발견의 즐거움을 경험할 수 있도록 한다. 이는 학습 부담을 경감시킴으로써 얻게 되는 여유 시간에 창의성과 인성을 함양할 수 있도록 영어과 교육과정 내용을 적정화시켜서 학습자들이 영어를 재미있게 배울 수 있도록 하는 내용으로 구성하는 것을 의미한다.

교육부 고시 제2015-74호 [별책 14]

교육과정에도 명시되어 있으며, 〈표 2-2〉 내용을 보면 교육과정에서 초등영어수업의 난도를 쉽게 유지하기 위해 노력한 장치들을 확인할 수 있습니다.

이에 따라 초등영어 교과서에 사용할 수 있는 어휘 수와 문장 길이에 다음과 같은 제한을 두고 있으며, 초등학교 정규 영어수업시간에 사용되는 교과서는 모두 아래의 기준에 따라 작성됩니다. 교과서에서 다루는 내용 소재는 초등학생 학습자들에게 친숙한 자기 주변의 일상생활이 주제이며, 이 일상생활과 관련된 낱말들을 3~6학년까지 4년간 총 500여 개 정도 배우게 됩니다. 이는 4년간의 학습 분량이기 때문에 큰 부담이 없는 수준이라 할 수 있습니다.

〈표 2-2〉 초등학교 교과서에 사용되는 어휘 수와 문장 길이

소재	자기 주변의 일상생활 주제
어휘 수	500개 낱말 내외
문장 길이	• 초등학교 3~4학년군 : 7개 낱말 이내 • 초등학교 5~6학년군 : 9개 낱말 이내 (단, and, but, or를 사용하는 경우에는 예외로 한다)

위와 같이 초등영어 교육과정 자체는 내용 난도가 높지 않으나, 학생들에게 10년간 이어지는 공교육 영어수업 및 영어 학습 진행을 생각했을 때에는 상급학교와의 연계를 고려하지 않을 수 없습니다. 영어수업과 학습이 지나치게 흥미 위주로만 흘러갈 경우 자칫 반드시 도달해야 하는 수준까지 닿지 못하게 될 수도 있기 때문입니다. 따라서 초등영어 공부는 쉽

지만 '완전학습'이 필요합니다. 학교 영어수업에서 공부한 내용들을 지속적으로 복습하고 점검하여 놓치는 부분이 없도록 기초를 다져놓아야, 중학교 영어수업을 시작할 때 당황하지 않을 수 있습니다. 이를 위해 꼭 점검해 보아야 할 학년별 교과서 난이도와 성취수준은 '02 학년별 특징과 학습포인트'(p.74) 및 '03 초등영어 공부에서 반드시 챙겨야 하는 것'(p.104)을 참고하시면 되겠습니다.

수업 방법

초등영어수업을 진행하는 방법에는 2가지 대표적인 특징이 있습니다. 하나는 언어의 4기능인 듣기, 말하기, 읽기, 쓰기를 유기적으로 연계하여 가르친다는 것이고, 다른 하나는 '활동 중심' 수업을 지향한다는 것입니다.

우리말과 마찬가지로 영어를 가르칠 때에도 언어의 4기능인 듣기, 말하기, 읽기, 쓰기를 고려합니다. 모국어를 습득할 때 많이 들은 후 말문이 트이고, 말할 수 있는 것들 중 몇몇 어휘들을 읽기 시작하며, 많이 본 어휘들 중에서 몇 가지를 쓰기 시작하듯이, 외국어인 영어를 제시할 때에도 새로운 표현을 들어보고 이해한 후, 말하는 연습을 해보고, 말해본 문장을 읽어보고, 읽어본 문장을 써보는 식으로 수업의 흐름이 흘러갑니다. 즉, 활동의 순서가 듣기 – 말하기 – 읽기 – 쓰기 순으로 진행됩니다.

하지만 이 언어 기능들은 각각 나누어서 익히는 것이 아니라, 서로 자연스럽게 통합되고 연결될 수 있도록 활동을 구성합니다. 상대방이 하는 말을 듣고 이해한 후 대답을 한다든지, 서로 대화하는 문장이 적혀 있는 글을 읽는다든지, 말할 내용을 글로 적어본다든지 하는 등의 활동으로 말입니다. 교육과정목표에서 말하는 '영어 의사소통 능력'은 이런 영어의 4가지 기능을 유기적으로 잘 활용할 수 있는 능력을 말합니다. 다만, 초등학교에서는 음성언어에 더 무게를 두고 있으며, 문자언어는 음성언어와 연계된 쉬운 수준에서 익히는 것을 목표로 합니다.

또 초등영어수업은 여러 가지 목적에서 '활동 중심' 수업을 지향합니다. 여기에서 활동은 노래, 챈트(chant), 게임, 역할놀이, 다양한 형태의 과제 등을 말하며, 이런 활동으로 인해 수업이 대체로 활기를 띱니다. 학생들은 이러한 분위기 속에서 영어를 배우는 것이 즐겁고 재미있다고 느끼게 되며, 이것은 영어 학습에 대한 흥미와 자신감을 기른다는 초등영어교육의 목표와도 부합됩니다. 또한 활동 중심 수업은 학생들이 배운 것을 활용하여 상호작용을 해볼 수 있는 기회를 제공하기 때문에, 초등영어교육이 목표로 하고 있는 기초적인 의사소통 능력을 기르는 것에 매우 적합합니다.

활동 중심 수업은 이 시기 학생들의 발달단계와도 잘 맞습니다. 초등학교 학습자들은 배운 것을 머릿속에서 떠올리며 공부하는 것보다 직접 활동해보면서 체득하는 방법이 더 적합할 때가 많습니다. 특히 영어는 언어이므로, 직접 해보는 활동이 아이들의 기억에 오래 남고, 실제로 사용하게 될 확률이 높습니다. 또한 초등학교 아이들은 지루한 반복을 싫어합니다. 노래, 챈트, 게임, 역할놀이 등 다양한 형태의 활동을 통해 수업의 목표 표현들을 반복하게 해주면 학생들의 부담을 덜어줄 수 있습니다.

〈표 2-3〉은 초등학교 수업에서 활용될 수 있는 학습 활동의 예시입니다. 이 예시를 보면 초등영어수업의 특징이 더 잘 이해될 것입니다.

〈표 2-3〉 초등학교 영어수업 활동 예시

- 학습 목표: 날짜를 나타내는 표현을 이해하고 말할 수 있다.

- 핵심 문장 : When is your birthday?
  My birthday is on _____.

- 핵심 어휘 : 1~12월까지의 달의 이름, 1~31일까지 날짜를 나타내는 서수

- 활   동 : '나와 같은 달에 생일이 있는 친구를 찾아라!' 조사놀이 (survey)

- 활동 방법 : 학생들은 교실을 돌아다니며 친구들과 생일을 묻고 답하는 말을 한 후 조사표에 친구의 생일을 기록합니다. 정해진 시간 동안 자신과 생일이 같은 달에 있는 친구를 최대한 많이 찾아내도록 합니다.

이 활동은 초등영어수업에서 자주 사용되는 조사놀이(survey) 활동으로 매우 간단한 기법이지만, 초등영어수업의 다양한 면모를 살펴볼 수 있습니다. 얼핏 놀이를 하는 것처럼 보이지만, 이 활동에서 유의미한 언어 사용이 일어나고 있습니다. 목표 표현과 어휘는 계속 반복 연습해야 완전히 익힐 수 있는데, 오디오 CD를 따라 하는 기계적인 반복 학습만을 하거나 선생님과 대화를 주고받는 등의 연습만으로 끝난다면, 재미도 없겠지만 실제로 배운 영어를 사용해볼 기회를 갖지 못하게 됩니다.

반면, 조사놀이와 같은 활동을 활용하면, 학생들은 배운 표현을 실제

로 친구의 생일을 물어보는 것으로 의미 있게 사용할 수 있고, 친구들과 이야기 나눌 때 같은 문장 형식을 반복해서 연습하고 있음에도 불구하고 지루하게 느끼지 않습니다.

물론 수업 내내 이렇게 동적인 활동만 하는 것은 아닙니다. 수업 전반부에서 교사와 함께 핵심 표현을 연습한 후 몇 가지 활동들로 언어사용의 기회를 가지며, 후반부에서 다시 내용을 정리하는 등 정적인 활동과 동적인 활동을 함께 구성해서 수업이 놀이로만 끝나거나 중요한 부분을 놓치지 않게 합니다. 이런 초등영어의 수업 방식은 아이들의 개별적인 학습에도 시사하는 바가 있습니다. 가정에서도 영어 공부를 할 때, 정적인 학습과 동적인 학습을 적절히 섞는 것이 초등기 학생들이 지치지 않게 공부할 수 있는 방법이라는 점입니다.

평가 방법

'평가'는 수업 내용을 얼마나 잘 배웠는지, 수업목표에 얼마나 잘 도달했는지 점검해보기 위한 것으로 매우 다양한 형태를 띨 수 있습니다. 특히 초등학교에서의 평가는 누가 잘하고 누가 못한다는 상대적인 결과를 내기 위한 것이 아니라, 개별 학생이 교육과정의 목표에 충실하게 도달했는지, 각 수업 활동에서 익혀야 할 것을 충분히 익혔는지를 살피고 부족한 부분을 피드백을 통해 채워주고자 하는 목적이 큽니다. 때문에 공부의 기준을 '비교'가 아니라 '수업목표'에 두어야 합니다. 여기에서 학생이 도달해야 하는 '수업목표'는 교사가 그때그때 마음대로 정하는 것이 아니라, 국가교육과정에 제시되어 있는 '성취 기준'을 따릅니다. 교사들은 이 '성취 기

〈표 2-4〉 초등학교 영어교육과정의 언어기능별 성취 기준 예시

〈3~4학년군〉

[듣기] 알파벳과 낱말의 소리를 듣고 식별할 수 있다.

[듣기] 낱말, 어구, 문장을 듣고 강세, 리듬, 억양을 식별할 수 있다.

[듣기] 기초적인 낱말, 어구, 문장을 듣고 의미를 이해할 수 있다.

[듣기] 일상생활 속의 친숙한 주제에 관한 쉽고 간단한 말이나 대화를 듣고 세부 정보를 파악할 수 있다.

[말하기] 영어의 강세, 리듬, 억양에 맞게 따라 말할 수 있다.

[말하기] 그림, 실물, 동작에 관해 쉽고 간단한 낱말이나 어구, 문장으로 표현할 수 있다.

[말하기] 쉽고 간단한 인사말을 주고받을 수 있다.

[말하기] 일상생활 속의 친숙한 주제에 관해 쉽고 간단한 표현으로 묻거나 답할 수 있다.

[읽기] 알파벳 대소문자를 식별하여 읽을 수 있다.

[읽기] 소리와 철자의 관계를 이해하여 낱말을 읽을 수 있다.

[읽기] 쉽고 간단한 낱말이나 어구, 문장을 따라 읽을 수 있다.

[읽기] 쉽고 간단한 문장을 읽고 의미를 이해할 수 있다.

[쓰기] 알파벳 대소문자를 구별하여 쓸 수 있다.

[쓰기] 구두로 익힌 낱말이나 어구를 따라 쓰거나 보고 쓸 수 있다.

[쓰기] 실물이나 그림을 보고 쉽고 간단한 낱말이나 어구를 쓸 수 있다.

준'을 바탕으로 수업목표와 평가기준을 설정합니다. 초등영어수업에서 언어의 4가지 기능을 모두 다루듯, 교육과정의 성취 기준도 학년군마다 듣기, 말하기, 읽기, 쓰기의 언어기능별로 제시되어 있습니다. 〈표 2 − 4〉는 초등영어교육과정의 성취 기준 중 일부를 언어기능별로 발췌한 것입니다.

위와 같은 국가교육과정의 성취 기준은 모든 학교급에 걸쳐서 제시되어 있으며, 공교육 수업과 평가의 기준이 됩니다. 학년군별/언어기능별 초등영어교육과정 성취 기준을 보다 더 자세히 살펴보고 싶다면, 'NCIC 국가교육과정정보센터(http://ncic.go.kr/mobile.index2.do)에서 우리나라 교육과정 〉 2015 개정시기 〉 초등학교(2015.09) 〉 영어과 〉 3. 내용 체계 및 성취 기준 〉 나. 성취 기준'에서 확인할 수 있습니다. 초등학교 기타 다른 교과목 및 상급학교의 성취 기준도 모두 이 사이트에서 찾아보실 수 있습니다.

〈그림 2-1〉 NCIC 국가교육과정정보센터 홈페이지

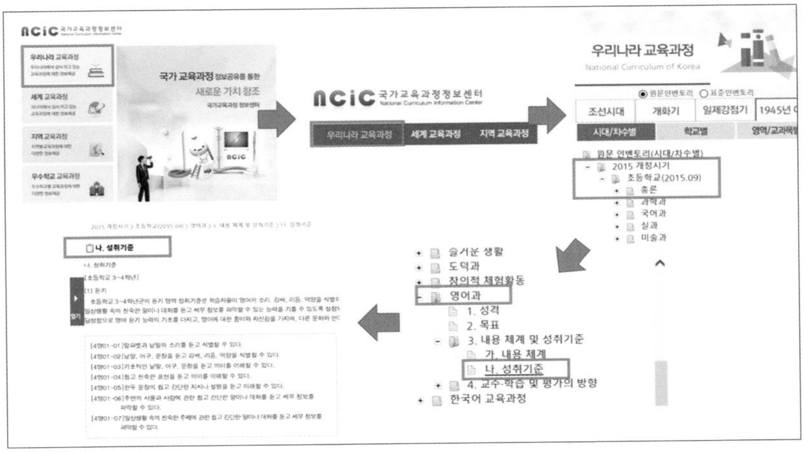

출처: http://ncic.go.kr/mobile.index2.do

성취 기준을 바탕으로 초등학교에서 이루어지는 평가의 모습은 다양하지만 아이들이 '시험'이라고 느끼는 평가에는 대표적으로 2가지가 있습니다. '기초학력평가'와 '수행평가'가 그것입니다.

기초학력평가는 매해 새 학년이 되면 학기 초에 실시합니다. 이 시험은 학생이 전년도 학년의 성취 기준을 잘 이수하였는지 파악하기 위한 것으로 진단을 하고 도움을 주기 위해 활용될 뿐, 생활기록부에 반영되는 것은 아닙니다. 해당 시험은 기초학력평가를 연구하는 전문가 집단이 출제하며, 전국 학교에서 몇 가지 유형의 시험 중 한 가지로 실시합니다. 주로 국어, 수학, 영어, 사회, 과학 교과의 시험을 치르며 객관식 문항으로 이루어져 있습니다. 영어의 경우 객관식 시험의 한계로 인해 언어의 4기능 중 듣기와 읽기 평가에 집중되는 경향이 있습니다. 그래서 학생들의 종합적인 영어사용능력을 평가하기보다는, 말 그대로 최소한의 기초학력을 평가하는 것입니다.

한편, 이수 기준에 도달하지 못한 학생에 대해서는 기초학력지도 강사를 지원하여 방과후에 추가적인 보충학습을 할 수 있게 하며, 일정 기간 후 재시험을 통해 개선 여부를 확인하게 됩니다. 기초학력평가는 전년도 학년 성취 기준의 최소 이수 조건을 평가하는 것이기 때문에 시험의 난도가 쉬워 대부분의 학부모님들께서 걱정하시지 않아도 되겠지만, 만약 학생이 장기간 동안 성취 기준에 지속적으로 도달하지 못할 경우 학습부진 상황이 우려되며, 해마다 그 격차가 커지기 때문에 관리를 할 필요가 있습니다.

가정에서 학생의 기초학력수준이 어느 정도인지 궁금하실 때는 기존 기초학력평가의 기출문제와 문제유형을 모아놓은 '배우고 이루는 스스로 캠프(http://plasedu.org/plas/, 충남대학교 응용교육측정평가연구소 운영)'를

〈그림 2-2〉 배우고 이루는 스스로 캠프 홈페이지

출처: http://plasedu.org/plas/, 충남대학교 응용교육측정평가연구소 운영

활용할 수 있습니다. 이 사이트는 초등학교 1학년부터 고등학교 1학년까지 학년별 교과별 진단 문항이 2만 5천여 개가 탑재되어 있으며, 계속 업데이트되고 있어 학생의 기초학력 관리에 아주 유용합니다. 이곳에서 만약 초등학교 3학년 영어 문항을 선택하였다면, 그것은 초등학교 3학년 교육과정에서 이수해야 하는 내용을 의미합니다. 초등학교 4학년에 올라가서 기초

학력평가를 실시하였는데, 영어 교과에서 '미도달'이 나왔다면, 이 사이트의 초등학교 3학년 문제에 가서 연습해야 하는 것입니다.

이제 초등학교 영어수업에서 실시되는 '수행평가'에 대해 알아보겠습니다. 기초학력평가와 수행평가는 국가교육과정의 성취 기준을 바탕으로 평가한다는 점에서는 같지만, 시험의 형식과 방법에서 큰 차이가 있습니다. 기초학력평가는 학년 초 1회만 실시하며 전국 학교에서 공통 문제로 평가하지만, 수행평가는 해당 학년에서 교과별로 연중 실시되며 학교마다 평가의 내용과 방법이 다릅니다. 학생을 가르치는 교사가 직접 평가를 계획하여 실시하고 그 결과를 학교생활기록부에 반영합니다. 평가의 결과를 가정에 안내하는 형식도 모두 각 학교의 평가계획에 따르기 때문에 학교마다 차이가 있습니다.

이것은 수행평가가 수업의 일부이기 때문에 일어나는 자연스러운 현상입니다. 학교마다 사용하는 교과서도 다를 수 있지만, 교과서가 같다 하더라도 서로 다른 교사가 서로 다른 방법으로 가르쳤기 때문에 평가의 내용과 방법도 다릅니다. 즉, 학생들이 해당 학년의 영어수업을 충실하게 들으면 수행평가에서 좋은 점수를 얻을 수 있습니다.

기초학력평가가 영어의 듣기와 읽기에 집중되어 있다면, 수행평가는 언어의 4기능인 듣기, 말하기, 읽기, 쓰기 전 영역을 골고루 평가합니다. 단순히 학습자의 학력을 평가하는 것이 아니라 영어를 실제로 사용하고 활용할 수 있는 능력, 종합적인 영어사용능력을 평가하는 것입니다. 그래서 수행평가는 아이들이 실제로 해당 언어기능을 구사해보는 방법으로 이루어집니다. 말하기 평가에서는 실제로 말해보고, 쓰기 평가에서는 실제로 배운 언어를 사용하여 생활 속에서 필요한 영어 글쓰기를 해봅니다. 그래서 수행평가는 굉장히 다양한 방법으로 실시되는 것입니다.

더불어 일괄적인 평가에서는 반영할 수 없는 학생의 노력 여부나 자신감, 기여도 등도 평가항목에 반영될 수 있다는 점과 교실 수업에서 실제로 공부하고 수행해본 것을 평가한다는 점에서, 영어사용능력이 높은 학생들뿐만 아니라 학습 속도가 느린 학생들도 열심히 참여하면 좋은 결과를 낸다는 장점이 있습니다.

교사들은 해마다 학년 초에 해당 교과에서 이수해야 하는 성취 기준의 내용과 수준을 분석해 가르쳐야 할 내용과 평가할 내용을 결정한 뒤 계획을 세웁니다. 영어과의 경우 성취 기준이 듣기, 말하기, 읽기, 쓰기 영역별로 제시되어 있어 수행평가도 언어기능의 영역별로 실시합니다. 때로는 영역별로 완전히 분리해서 평가하기도 하고, 때로는 영역 간 통합하여 동시에 평가하기도 합니다. 단, 학교, 교사마다 평가를 다르게 계획하기 때문에 같은 학년의 같은 학기, 같은 언어기능을 평가하더라도 서로 다른 내용과 방법으로 평가될 수 있습니다.

그러다 보면, 학생들이나 학부모님들은 어떤 평가를 하게 될지 걱정스러울 수도 있는데, 평가의 내용과 시기는 학기 초마다 가정통신문을 통해 공식적으로 학부모님들께 안내되기 때문에 큰 우려를 하지 않으셔도 됩니다. 또 학생들에게는 평가를 준비할 수 있도록 수행평가가 실시되는 단원을 사전에 안내해줍니다. 〈표 2-5〉는 학기 초 가정통신문으로 안내되는 수행평가 계획의 예시입니다. 전 학년, 전 교과에 걸쳐서 어떤 영역의 어느 성취 기준을 언제 평가하는지 공지합니다. 표에서 보이는 평가의 결과를 나타내는 '척도'는 학교마다 차이가 있을 수 있습니다. 어느 학교는 매우잘함, 잘함, 보통, 노력요함의 4단계로, 어느 학교는 잘함, 보통, 노력요함 3단계로 나타낼 수 있고, 아예 서술형으로 기술하는 학교도 있습니다.

<표 2-5> 초등학교 6학년 1학기 영어과 수행평가 안내문 예시

교과	영역	성취 기준(척도 : 매우잘함, 잘함, 보통, 노력요함)	평가시기
영어	듣기	일상생활 속 친숙한 주제에 관한 간단한 말이나 대화를 듣고 세부 정보를 파악할 수 있다.	4월 1주
	말하기	주변 위치나 장소에 관해 쉽고 간단한 문장으로 설명할 수 있다.	5월 3주
	읽기	쉽고 짧은 글을 읽고 줄거리나 목적 등 중심내용을 파악할 수 있다.	6월 3주
	쓰기	예시문을 참고하여 간단한 초대, 감사, 축하 등의 글을 쓸 수 있다.	7월 2주

그렇다면 초등학교 영어 교과에서 어떤 다양한 평가방법이 활용될 수 있는지 살펴보도록 하겠습니다. 기본적으로 수행평가는 매우 다양한 방법으로 실시될 수 있는데, 일반적인 시험지에 작성하는 평이한 평가방법에서부터 교사가 관찰표를 활용하여 학생의 수행을 관찰하고 기록하거나 학생 스스로 자신의 학습을 평가해보는 자기평가, 역할극을 직접 시연해보는 방법에 이르기까지 그 모습이 다양합니다. 〈표 2-6〉을 보면, 영어과에서 활용될 수 있는 여러 가지 평가도구와 방법을 확인할 수 있습니다. 이 평가 장면들을 통해 초등학교의 수행평가는 학생들의 영어사용능력을 실제적이고 종합적으로 평가한다는 것을 알 수 있습니다.

〈표 2-6〉 초등학교 6학년 영어과 수업의 평가도구와 방법 예시

구술평가	• 목표 표현을 활용하여 소개하고 싶은 물건에 대해 보여주고 말하기(Show and tell) • 목표 표현을 활용하여 나의 하루 일과를 친구들에게 소개하기
토론평가	• 목표 표현을 활용하여 TV시청에 대한 의견 나누기
서술평가	• 목표 표현을 활용하여 스마트폰 활용에 대한 자신의 의견 쓰기 • 목표 표현을 활용하여 나를 소개하는 글쓰기
시연	• 목표 표현을 활용하여 역할극 대본을 완성하고 역할극 발표하기
프로젝트	• 목표 표현을 활용하여 환경보호 포스터의 제작 및 전시, 평가하기 • 목표 표현을 활용하여 모둠 친구들이 존경하는 인물들에 대한 책 만들어 발표하고 상호평가하기 • 1년 동안 배운 목표 표현들을 활용하여 '나만의 영어책'을 졸업작품으로 만들고 전시하기
포트폴리오	• 수업 중 목표 표현을 활용해 쓴 글들을 공책에 수집하여 변화 정도를 지속적으로 살피기
관찰	• 일상적인 교수 · 학습 활동 상황에서 학습자가 목표에 도달한 정도를 관찰하여 평가하기
자기평가	• 차시 학습에 대한 자신의 이해도, 흥미, 태도를 스스로 체크리스트 및 서술을 통해 평가하기
상호평가	• 동료 학습자의 수업에 대한 이해도 및 태도를 체크리스트, 서술 등을 통해 평가하기

좀 더 실질적으로 도움이 되도록 실제 언어기능별 수행평가 문항 예시와 해당 시험을 준비하는 방법에는 어떤 것이 있는지 살펴보도록 하겠습니다.

※다음 중 의사선생님이 남자아이에게 지시한 것을 모두 고르세요.

(　　,　　)

① 　② 　③

④ 　⑤

〈대화문〉

남자아이 : I have a fever. I have a runny nose, too.

의　　사 : Oh, you have a cold.

　　　　　Take this medicine and go to bed early.

남자아이 : Okay.

관련 성취 기준

[6학년 듣기] 일상생활 속 친숙한 주제에 관한 간단한 말이나 대화를 듣고 세부 정보를 파악할 수 있다.

첫 번째로 듣기 영역 수행평가의 예시입니다. 듣기 영역 평가는 위와 같이 주로 음원을 활용한 지필평가 형태로 실시됩니다. 때로는 원어민 교사(학교에 원어민 교사가 배치되어 있는 경우)와 한국인 교사가 직접 듣기 평가용 대화문을 읽는 경우도 있습니다. 또는 듣기와 말하기 영역을 통합하여 학생 간 또는 교사와 학생 간 대화를 나누는 방법으로 평가하기도 합니다.

듣기 평가는 초등학교에서 학습자들이 대체로 가장 좋은 결과를 내는 영역입니다. 그 이유는 초등영어수업이 음성언어에 노출을 중시하고, 단원 전 차시에 걸쳐 지속적으로 목표 표현의 영어소리를 접하기 때문에 상대적으로 다른 언어기능에 비해 노출 시간이 많기 때문입니다.

따라서 듣기 영역 평가는 수업 시간에만 충실하면 좋은 점수를 얻는 경우가 대부분입니다. 다만, 학교 교과서 내용이 어렵게 느껴지거나, 듣기 연습을 좀 더 하고 싶은 학생들은 'e학습터(https://cls.edunet.net/)'에서 '디지털교과서'를 활용하여 교과서 음원을 충분히 반복해서 듣고 복습하는 것이 좋습니다.

디지털교과서는 학교에서 사용하는 영어 교과서를 가정에서 온라인으로 볼 수 있는 프로그램이며, 교과서에 담겨 있는 영상과 소리를 보고 들을 수 있어 학교공부를 복습하는 데 매우 유용합니다. 디지털교과서에 대한 접근 및 활용 방법에 대해서는 다시 안내드리도록 하고(p.71), 여기에서 수행평가 문항 예시와 관련된 공부법에 대한 내용을 이어가도록 하겠습니다.

두 번째로 말하기 영역 수행평가의 예시입니다. 말하기 영역 수행평가는 영어로 말할 수 있는 능력을 평가하는 것인 만큼, 대부분 실제로 학생이 발화를 해보는 방식으로 평가합니다. 학생 개인별로 스피치를 하거나, 친구나 교사와 대화를 나누거나, 원어민 교사가 있는 학교라면 원어민 교사와 대화를 나눌 수도 있습니다. 다음 페이지의 예시는 두 학생이 동시에 대화를 나누면서 평가를 받는 방법입니다. 이때 교사는 계획된 평가기준표를 가지고 학생의 발화가 목표에 어느 정도로 도달하였는지 기록하는

〈그림 2-4〉 초등영어 말하기 영역 수행평가 예시

※ 지도 카드를 각자 하나씩 뽑아 서로 길을 묻고 답하는 대화를 해보세요.(자신이 뽑은 카드에 대한 길 안내를 합니다.)

〈카드 예시〉

1) A학생

2) B학생

대화 예시-A학생	대화 예시-B학생
B: Excuse me. Where is the hospital?	A: Excuse me. Where is the museum?
A: Go straight two blocks and turn left. It's on your right.	B: Go straight three blocks and turn right. It's on your left.
B: Thank you!	A: Thank you!
A: You're welcome!	B: You're welcome!

관련 성취 기준

[6학년 말하기] 주변 위치나 장소에 관해 쉽고 간단한 문장으로 설명할 수 있다. ﹅

데, 배운 표현을 실제로 활용할 수 있는지가 관찰의 핵심이 됩니다.

말하기 영역 평가를 준비하기 위해서는 기본적으로 듣기 훈련이 충분히 뒷받침되어야 합니다. 이 영역에서도 디지털교과서를 유용하게 활용할 수 있습니다. 다만, 말하기 능력을 높이기 위해서는 교과서 음원을 듣는 것에 그치지 않고 여러 차례 따라 말해보고, 그다음에는 음원을 듣지 않고 스스로 말해보는 연습이 필요합니다. 평소 수업 시간에 입을 열어 발화의 기회를 많이 가져보는 것도 중요합니다.

선생님, 친구들과 함께 충분히 연습하고 활동하며 발표에 적극적으로 참여한다면, 영어 말하기 연습도 될 뿐만 아니라 선생님과 친구들에게 좋은 인상도 남길 수 있습니다. 또한 초등영어 교육과정에서는 구어로 익힌 표현을 글로 읽고 써보도록 연계되어 있기 때문에, 말하기 표현들을 잘 익히는 것은 읽기와 쓰기 능력에도 영향을 미칠 수 있으므로 연습을 잘 해야 합니다.

세 번째로 읽기 영역 수행평가의 예시입니다. 영어 읽기는 영어과 기초학력의 척도라 할 수 있는 대표적인 언어 기능입니다. 실제로, 기초학력 평가에서 미도달을 받은 학생들 중 듣기와 말하기는 목표 수준에 도달했는데, 읽기는 그렇지 못한 경우가 많습니다. 읽기가 잘되지 않는 학생이 쓰기가 잘 될 리 없습니다. 따라서 초등학교 학생들은 비슷한 레벨의 다양한 영어 텍스트를 읽는 연습을 할 필요가 있습니다.

영어과 읽기 영역 수행평가는 크게 두 가지 방향성을 가집니다. 한 가지는 영어로 된 글을 소리내어 유창하게 읽을 수 있는 읽기 유창성을 살펴보는 평가, 다른 한 가지는 글을 읽고 내용을 이해하여 세부 사항을 파악할 수 있는지 보는 평가입니다. 따라서 예시를 두 가지로 나누어 보여드리려 합니다. 사실 두 번째로 언급한 세부내용 파악 문제 유형은 많이 접해봤을 것입니다. 그러나 첫 번째로 나오는 읽기 유창성 평가는 다소 생소할 수도 있습니다. 이 평가는 말 그대로 영어로 된 텍스트를 자연스러운 속도와 억양으로 읽을 수 있는지를 평가하는 것입니다. 학생들이 의외로 눈으로만 영어를 익힌 경우가 많아서, 세부내용을 파악하는 문제는 잘 다루지만, 유창하게 읽지는 못하는 아이들이 꽤 있습니다. 예를 들면 문자로 적힌 'early'의 의미는 아는데, 'early'를 '얼리'라고 읽지 않고 '이얼리'라고 읽기도 한다는 것입니다. 이 읽기 유창성 평가에서 교사는 학생들에게 교과서에서 발췌한

〈그림 2-5〉[읽기 유창성 평가 지문 예시] 초등영어 읽기 영역 수행평가 예시-1

※아래의 글을 자연스러운 속도와 억양으로 읽어보세요.

Hello, my name is Julie.
I'm in the 6th grade.
I'm in a movie club at school.
We are going to have a movie festival.
The movie festival is on August 1st.
You can watch famous movies.
You can buy movie posters and postcards.
You can meet many new friends.
You can eat delicious food, too.
Can you come to my school's movie festival?

관련 성취 기준

[6학년 읽기] 쉽고 간단한 문장을 강세, 리듬, 억양에 맞게 소리 내어 읽을 수 있다.

텍스트나 약간 변형된 텍스트를 주고 자연스러운 속도로 읽게 한 다음, 미리 계획해둔 체크리스트를 통해 학생의 수행을 평가하게 됩니다.

읽기 영역 수행평가 중 첫 번째로 보여드린 유창성 평가를 준비하기 위해서는 평소에 입 밖으로 소리 내어 글을 읽는 연습을 많이 해야 합니다. 눈으로 읽었을 때 의미가 이해되니 스스로 다 읽을 수 있다고 생각할 수도 있지만, 실제로 소리 내어 읽어보면 정확한 소리를 잘 모르는 경우가 있습니다. 게다가 단어의 소리를 제대로 알지 못하면 그 단어가 듣기 음원으로 제시되었을 때에도 놓칠 수 있습니다.

또한 영어 문장을 의미 단위로 끊어 읽는 것도 중요합니다. 의미 단위로 끊어 읽을 수 있다는 것은 텍스트의 내용을 잘 이해하고 있다는 것을 보여주는 것이기 때문입니다. 유창한 영어 읽기를 위해서는 우선 모범이 되는 소리를 많이 들어야 합니다. 따라서 다음과 같은 순서로 읽기 연습을 스스로 해보기를 추천합니다.

1) 먼저 혼자 힘으로 교과서의 글을 소리 내어 읽으면서 잘 읽을 수 없는 단어에 표시합니다.

2) 디지털교과서에서 음원을 들으며 내가 읽은 것이 맞았는지, 잘 몰랐던 단어는 어떻게 읽는지 확인하며 들어봅니다. 텍스트를 눈으로 따라가면서 여러 번 듣는 것이 좋습니다. 정확하고 자연스러운 소리를 많이 들어야 비슷하게 읽어낼 수 있기 때문입니다.

3) 정확한 소리를 들어보았다면, 어디에서 끊어 읽는지도 확인해보고 문장에 '/' 표시를 해 봅니다.

4) 들은 소리를 바탕으로 혼자 여러 번 소리 내어 읽어 봅니다.

5) 혼자 읽을 수 있게 되었다면, 음원과 함께 속도를 맞추면서 자연스러

운 억양과 속도로 읽어보도록 합니다.

6) 읽기에 자신이 생겼다면, 내가 읽은 것을 녹음하여 음원 소리와 비교
해보는 것도 좋습니다.

7) 마지막으로, 좀 더 빠른 속도로 읽어볼 수 있도록 연습해보세요.

〈그림 2-6〉[세부내용 파악 문항 예시] 초등영어 읽기 영역 수행평가 예시-2

※아래의 글을 읽고 두 학생이 주말에 할 일을 써 보세요.

A: Hi, Amy!

　　What are you going to do after school today?

B: Oh, I have a piano lesson.

A: What about this Saturday?

B: I'm going to stay home. What's up?

A: Let's go to the museum.

B: Cool. What time?

A: Let's meet at the subway station at 10.

B: Okay. See you.

_____

_____

_____

관련 성취 기준

[6학년 읽기] 일상생활 속 친숙한 주제에 관한 쉽고 짧은 글을 읽고 세부 정
보를 파악할 수 있다.

읽기 영역의 두 번째 평가 유형인 세부 내용 파악 문제 유형의 경우에는 핵심 어휘를 아는 것이 중요합니다. 초등학교 영어 교과서에는 단일 문장의 길이가 9개 단어가 넘는 것(and, or, but 등으로 연결된 문장은 제외)은 나오지 않기 때문에, 문장의 구조에서 오는 어려움보다는 주요 어휘를 몰라서 해석이 안 되는 경우가 대부분입니다. 따라서 교과서에 나오는 어휘를 충분히 익혀두면 큰 어려움이 없습니다.

해마다 해당 학년의 핵심 어휘들을 익혀 놓지 않으면, 학년이 올라갈수록 높아지는 어휘 난이도와 많아지는 어휘 수를 따라가지 못하기 때문에 반드시 교과서 어휘 정도는 완전히 익혀야 합니다. 또한 핵심 어휘와 같은 주제의 난이도가 비슷한 어휘들도 챙겨야 할 필요가 있습니다. 간혹 특정 주제에 관한 어휘군을 배웠다고 하면, 난이도가 비슷한 다른 어휘들도 이미 알고 있다고 가정하는 경우가 있기 때문입니다.

마지막으로 쓰기 영역의 수행평가 예시입니다. 쓰기 영역은 대부분의 아이들이 가장 어려워하는 언어 기능입니다. 제법 영어를 잘 하는 아이들도 스펠링에 실수를 하거나 완전한 문장의 형식으로 쓰지 못하는 경우가 있기 때문입니다. 그래서 쓰기 영역에서는 암기 및 반복 연습이 꼭 필요합니다. 쓰기 영역도 크게 두 가지 방향으로 평가됩니다. 한 가지는 철자 및 어법을 정확하게 사용했는지를 살피는 정확성 평가, 다른 한 가지는 의미를 잘 전달하는 글쓰기를 할 수 있는지 살피는 유창성 평가입니다. 때로는 이 두 가지가 통합되어 평가되기도 합니다. 이번에도 평가 유형을 두 가지로 나누어 보여드리겠습니다.

〈그림 2-7〉 [쓰기 정확성 평가 예시] 초등영어 쓰기 영역 수행평가 예시-1

※선생님께서 들려주시는 낱말을 듣고, 그림에 해당되는 단어가 되도록 완성해 보세요.

| l | i | b | | | |

| | u | e | m |

| h | | | | a | l |

※아래의 단어들을 순서에 맞게 배치하여 뜻에 맞는 문장이 되도록 열거해 보세요.

1) 이번 주말에 뭐 할 거야?

(are / do / weekend / you / to / this / going / What)

_____?

2) 나는 할머니 할아버지를 뵈러 갈 거야.

(visit / am / to / my / I / going / grandparents)

_____.

※ 아래의 우리말 문장을 영어로 바꾸어 써 보세요.

1) 그녀는 안경을 쓰고 있어.

_____.

2) 그는 짧은 곱슬머리를 하고 있어.

_____.

관련 성취 기준

[6학년 쓰기] 소리와 철자의 관계를 바탕으로 쉽고 간단한 낱말이나 어구를 듣고 쓸 수 있다.

알파벳 대소문자와 문장부호를 문장에서 바르게 사용할 수 있다.

구두로 익힌 문장을 쓸 수 있다.

초등학교 영어교육과정은 쓰기의 난이도를 음성언어보다 낮게 제시하거나, 음성언어로 익힌 문장을 쓰기 과제로 제시하기 때문에, 위의 평가 예시와 같이 교과서에 나오는 문장만 익히면 충분합니다. 다만, 쓰기의 '정확성 평가'를 준비하기 위해서 철자와 언어 형식을 정확하게 외워야 좋은 점수를 받을 수 있고, '유창성 평가'를 위해서는 정확성은 떨어지더라도 많이 써보는 경험을 가져야 합니다. 영어 문장의 정확성을 위해서는 다음과 같이 스스로 연습해볼 수 있습니다.

1) 우선 교과서 지문을 꼼꼼하게 여러 번 소리 내어 읽어봅니다.
2) 읽기가 완전히 유창해진 상태에서 교과서 지문을 영어 줄 공책에 옮겨

써 봅니다. 영어 줄 공책에 쓰기는 초등학교 시기에 충분히 연습해야
중학교에 가서 빠르고 정확하게 영어 문장을 써나갈 수 있습니다.

3) 교과서 지문의 해석을 따로 적어 봅니다.

4) 교과서는 덮어 놓고 자신이 적은 해석만을 보면서 영어 문장으로 다시
옮겨 적어 봅니다.

5) 교과서를 펴서 자신이 적은 문장과 비교해 봅니다. 철자는 틀린 것이
없는지, 대소문자와 문장부호를 적절하게 적었는지, 단어와 단어 사이
를 잘 띄어 적었는지 확인해 봅니다. 틀린 부분을 직접 고쳐보고 다시
한 번 최대한 오류를 수정하여 적어 봅니다.

유창성 평가를 준비하기 위해서는 교과서 지문을 참고하여 학생 자신
에게 맞는 내용으로 다시 고쳐 써보는 연습이 필요합니다. 초등영어 교과
서의 텍스트는 대부분 정해진 목표 표현들을 중심으로 같은 패턴을 가진
글들이 반복해서 나옵니다. 따라서 조금만 노력을 기울이면 배운 표현들을
활용하여 자신만의 글로 바꿔 쓸 수 있습니다. 또한 유창성을 평가하는 초
등 교육과정의 성취 기준이 '예시문을 참고하여 글을 쓸 수 있다'이기 때문
에 높은 수준을 요구하지는 않으므로 교과서 문장을 활용한 연습이면 충분
합니다. 물론 다음 페이지에 '초대장 쓰기'와 같은 수행평가 예시에서, 교과
서 외의 문장을 활용하여 글을 쓴다고 하여 점수가 달리 나오는 것은 아닙
니다. 의미 전달을 적절히 할 수 있는 내용만 담겨 있으면 되는 것입니다.

지금까지 초등학교 영어과 수업에서 실시 될 수 있는 수행평가의 다
양한 방법과 언어기능별 평가 예시 및 공부법을 살펴보았습니다. 마지막
으로, 모든 언어 기능 평가를 준비함에 있어서 도움이 되는 '디지털교과서'

〈그림 2-8〉 [쓰기 유창성 평가 예시] 초등영어 쓰기 영역 수행평가 예시-2

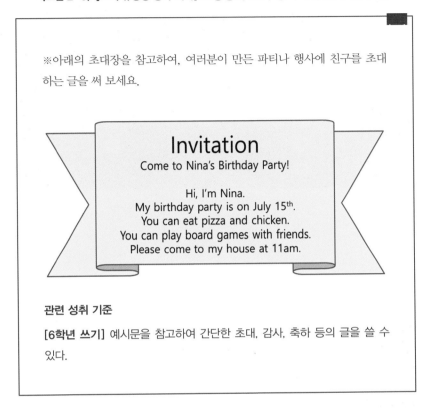

※아래의 초대장을 참고하여, 여러분이 만든 파티나 행사에 친구를 초대하는 글을 써 보세요.

Invitation
Come to Nina's Birthday Party!

Hi, I'm Nina.
My birthday party is on July 15th.
You can eat pizza and chicken.
You can play board games with friends.
Please come to my house at 11am.

관련 성취 기준

[6학년 쓰기] 예시문을 참고하여 간단한 초대, 감사, 축하 등의 글을 쓸 수 있다.

를 활용하는 방법을 안내해 드리겠습니다. 디지털교과서는 학교 수업시간에 사용되는 교과서를 온라인으로 볼 수 있는 프로그램인데, 중요한 점은 교과서에 담겨 있는 모든 음원과 영상을 듣고 볼 수 있다는 것입니다. 이 음원들을 외울 수 있을 만큼 충분히 들으면 학교 수업 및 평가에 걱정 없이 임할 수 있습니다. 디지털교과서는 'e학습터(https://cls.edunet.net/)'에 탑재되어 있으며 다음과 같이 다운 받아 활용하실 수 있습니다.

e학습터 사이트에 접속하여 학생의 학교 지역을 선택하고 회원가입을 합니다. 예전에는 e학습터에 접속할 일이 드물었지만, 코로나19 상황 이후 원격수업이 진행되면서 지금은 거의 모든 학생들이 e학습터에 이미 가입되어 있을 것입니다.

e학습터 사이트 하단부 '추천서비스'에서 '디지털교과서' 탭을 클릭합니다.

디지털교과서 탭에 들어가면 학생이 다니는 학교의 교과서들 중 디지털로 볼 수 있는 교과서들이 나열되어 있습니다. 영어 교과서를 찾은 후 클릭하면 해당 영어 교과서의 모든 내용을 보고 들을 수 있습니다.

학년별 특징과
학습 포인트

이제 초등학교 3~6학년의 각 학년별 영어교육과정의
특징과 교과서 난이도, 꼭 챙겨야 하는 사항이 무엇인
지 살펴보겠습니다.

3학년 영어교육과정

공교육 영어의 시작과 3학년 학습자의 특징

3학년은 앞으로 10년간 이어질 공교육 영어수업이 처음 시작되는 해입니다. 이 시기에 가지는 영어수업에 대한 느낌이 아이들의 영어 공부를 이끌어주는 힘이 될 수 있습니다. 때문에 3학년 영어수업과 학습에서 가장 중요한 포인트는 영어를 배우는 것에 대한 '긍정적인 느낌'과 '잘할 수 있다는 자신감'을 갖는 것입니다.

그런데 한편으로 공교육 수업으로 영어를 처음 접하는 학생들의 부모님들께서는 간혹 자녀의 영어 공부 시작이 너무 늦은 것이 아닌가 하는 걱정을 하시기도 합니다. 실제 학교수업에서 이와 관련하여 당황스러운 상황이 펼쳐지기도 합니다. 초등학교 영어수업은 수준별로 반을 나누지 않기 때문에 한 교실 안에 영어를 처음 접하는 학생에서부터 영어유치원을 오래 다닌 아이, 외국에서 거주하다 온 아이까지 다양한 수준의 영어능력을 가진 학습자가 섞여 있기 때문입니다. 게다가 수업 시수가 주당 2회 각 40분씩밖에 되지 않아서 영어를 접할 수 있는 시간이 넉넉하지 않기 때문에 그 수준 차를 좁히는 것이 쉽지 않은 것도 사실입니다.

그러나 너무 걱정하실 필요는 없습니다. 초등학교 3학년 영어교육과정 난이도는 약간 복습만 하면 충분히 따라갈 수 있는 수준이며, 3학년 아이들은 그런 학습 습관을 다질 수 있는 준비가 되었기 때문입니다. 공교육에서 영어수업을 시작하는 시기를 1학년으로 낮추어야 하는 것이 아닌가에 대해 오랜 시간 논의되어 왔습니다. 그러나 1, 2학년은 초등학교에 입학한 후 안정적으로 적응해야 하는 시기로 학습에 대한 부담을 낮추기 위하여 영어수업의 시작 시기는 영어 교과가 도입된 이래 지금까지 3학년으로 유지되고 있습니다.

물론 일각에서는 아직까지도 3학년에 영어수업을 시작하는 것이 늦다는 우려를 나타내기도 하지만 오히려 좋은 측면이 더 많습니다. 3학년은 10대를 시작하는 시기로 이제 어느 정도 학습능력을 갖추었고, 학교에 머무는 시간도 증가하는 시기입니다. 즉, 늘어나는 교과목 수와 수업 시수를 감당해낼 수 있는 인지능력과 체력이 준비된 것입니다. 3학년 아이들의 이런 변화는 영어를 배우는 데에도 도움이 됩니다. 모국어 구조가 탄탄하게 자리 잡혔기 때문에 영어를 배울 때 모국어의 도움을 받을 수 있습니다. 따라서 늦게 영어 공부를 시작했더라도, 더 빠른 속도로 익힐 수 있는 능력도 함께 갖추고 있어 충분히 학교수업 내용을 잘 소화해낼 수 있습니다.

3학년 영어교육과정의 특징과 난이도

　　초등학교 3학년 영어교육과정은 학생들이 3학년에 영어를 처음 접한다는 가정하에 개발됩니다. 그래서 알파벳을 처음 배우는 단계에서부터 기초적인 수준의 파닉스와 기초 어휘, 기초 문장들을 습득하는 것으로 전개됩니다. 〈표 2-7〉은 3학년 교과서에 제시되는 어휘와 문장의 수준을 보여줍니다. 초등학교 교과서에 제시되는 언어 재료는 학생들이 '일상생활'에서 많이 접할 수 있고 '실제적인 의사소통 활동'에 도움되는 것들이 사용됩니다. 표에 제시된 어휘 수는 3, 4학년 교과서를 합쳐서 제시된 것으로, 3학년 교과서의 어휘 수는 대략 100~120여 개 정도가 되며(교과서별로 상이함), 한 문장의 길이는 7개 낱말을 넘지 않습니다.

〈표 2-7〉 초등학교 3,4학년 영어 교과서 어휘와 문장의 수준

초등학교 3~4학년군	
소재 및 언어 재료	학습자들의 일상생활에서 많이 접할 수 있는 소재 및 언어 재료 실제적인 의사소통 활동에 도움이 되는 언어 재료
어휘 수	240개 낱말 내외
단일 문장의 길이	7개 낱말 이내

　　〈표 2-8〉은 3학년 영어 교과서의 듣기, 말하기, 읽기, 쓰기 영역에서 제시되는 영어의 수준을 예를 들어 비교한 것입니다. 듣기·말하기 영역에 비해 읽기·쓰기 영역의 난도가 낮은 것을 확인할 수 있는데, 이는 학생들이 영어 학습 초반에 어렵게 느낄 수 있는 문자언어에 대한 부담을 덜

〈표 2-8〉 초등영어 언어 기능별 난이도 비교 예시

	듣기	말하기	읽기	쓰기
수준 예시	What's this? It's a ball. What's that? It's a robot. It's nice.	What's this? It's a ball. What's that? It's a robot.	bag ball pen piano	hat pen bag ball
특징	목표 표현 및 기타 생활 표현 포함	핵심 목표 표현의 말하기 연습	간단한 파닉스 규칙(첫소리)을 곁들인 낱말 따라읽기/읽기	쉬운 수준의 낱말 따라쓰기/보고쓰기/스스로 쓰기

어주기 위함입니다.

하지만 일주일에 40분씩 2회밖에 되지 않는 수업 시수 안에 목표로 하는 교육내용을 넣다 보니 결코 그 전개 속도가 느리다고 볼 수는 없습니다. 한 가지 주제와 목표 어휘 및 목표 표현을 2주에 걸쳐 4회 동안 진행하고 나면 한 단원이 끝나는데, 이 4회의 수업 동안 듣기, 말하기, 읽기, 쓰기의 언어 기능을 모두 다루어야 하기 때문에, 특히 읽기와 쓰기 기능의 노출 시간이 넉넉하지 않습니다. 따라서 디지털교과서 등을 활용하여 학교수업 내용을 충분히 복습하는 과정이 꼭 필요합니다. 난이도가 쉬울 때 진도의 속도를 놓치면 갈수록 격차가 심해지기에, 학생의 개별학습을 통해 교과서 내용을 완전히 숙지할 수 있도록 하여야겠습니다(디지털교과서 활용법은 72~73쪽 참조).

3학년 영어 학습에서 챙겨야 할 학습요소

알파벳 / 파닉스 / 기초 어휘

알파벳

　　3학년 영어교육과정은 학교에서 영어를 처음 접한다고 가정하기 때문에 '알파벳'과 기본 인사말 익히기로 시작합니다. 특히 알파벳은 수업 중 다룰 수 있는 시간이 많지 않고, 다음 단계인 낱말 읽기의 기본이 되기 때문에 학생들이 알파벳을 제대로 익혔는지 점검할 필요가 있습니다. 교육과정이 제시하고 있는 알파벳과 관련된 3학년 성취 기준은 다음과 같습니다.

> [3학년 듣기] 알파벳과 낱말의 소리를 듣고 식별할 수 있다.
>
> [3학년 말하기] 알파벳과 낱말의 소리를 듣고 따라 말할 수 있다.
>
> [3학년 읽기] 알파벳 대소문자를 식별하여 읽을 수 있다.
>
> [3학년 쓰기] 알파벳 대소문자를 구별하여 쓸 수 있다.

　　위 성취 기준에서 학생들이 알파벳에 대해 꼭 알아야 할 것을 꼽아보면, '1) 알파벳의 이름 알기 2) 알파벳 대소문자 구분하기 3) 알파벳 대소문자 쓰기'입니다. 3학년 학습자들이 알파벳을 순서대로 외우는 경우가 많아서 이름을 다 아는 것 같으면서도 아닐 때가 있습니다. 80쪽의 사항들을 점검한 후 다음 단계로 넘어가면 좋은데, 앞서 소개해드린 '배우고 이루는 스스로 캠프(http://plasedu.org/plas/, 충남대학교 응용교육측정평가연구소 운영 – 55쪽 참고)'에 다수의 문제가 탑재되어 있으니 활용해도 좋겠습니다.

알파벳 학습 시 점검해볼 내용

1) 알파벳 순서를 바꾸어 물어도 대답할 수 있는가.

2) b, d, p, q와 같은 비슷한 모양의 알파벳을 구분할 수 있는가.

3) 단어를 알파벳 단위로, 예를 들어, cat을 c, a, t로 끊어 읽을 수 있는가.

4) 알파벳을 스스로 쓸 수 있는가.

5) 대문자를 소문자로, 소문자를 대문자로 교체해서 쓸 수 있는가.

   (예: CAT－cat／cat－CAT)

6) 이 모든 것을 다 할 수 있는 학생들은 디지털교과서나 인터넷에서 찾을 수 있는 알파벳 노래, 원어민의 알파벳 읽어주는 영상들을 통해서 알파벳의 이름을 정확한 발음으로 말할 수 있는 연습을 하면, 영어 발음 향상에 도움이 됩니다.

〈그림 2-9〉 알파벳 영상 예시

파닉스

파닉스는 영어의 글자와 소리의 관계를 이해하여 영어 단어를 읽을 수 있는 것을 말합니다. 즉, CAT이라는 단어를 구성하고 있는 C는 /k/ 소리가, A는 /æ/ 소리가, T는 /t/ 소리가 난다는 것을 알고, 개별 소리를 연결하여 /kæt/이라고 읽을 수 있는 것입니다.

영어를 처음 시작하는 3학년에서 파닉스 지식이 중요한 학습요소 중 하나이긴 하지만 3학년에서 한번에 끝나는 것이 아니라 6학년까지 계속 이어집니다. 교과서별로 차이가 있지만, 예를 들어 3학년에서 단자음/단모음 대표음가, 4학년에서 단모음·이중자음·이중모음 대표음가, 5, 6학년에서는 파닉스 규칙을 바탕으로 철자법 유추하기 등의 파닉스 활동이 계속되는 것입니다. 그러나 교과서에서 파닉스 요소가 제시되는 속도보다 학생들이 3학년에서부터 읽어야 하는 단어들이 훨씬 많으므로, 3학년에서 대표적인 자음과 모음의 음가 정도는 알아두는 것이 좋습니다.

단, 파닉스 규칙을 안다고 해서 모든 영어 단어를 읽을 수 있는 것은 아니기 때문에 지나치게 파닉스에 힘을 들이고 오랜 시간을 보낼 필요는 없고, 조금씩 꾸준히 접해보는 것을 권해드립니다. 교육과정에 아래와 같이 제시되어 있는 파닉스 관련 성취 기준은 파닉스를 6학년 때까지 다룰 필요가 있다는 것을 보여줍니다.

파닉스 관련 성취기준

[3,4학년 읽기] 소리와 철자의 관계를 이해하여 낱말을 읽을 수 있다.
[5,6학년 쓰기] 소리와 철자의 관계를 바탕으로 쉽고 간단한 낱말이나 어구를 듣고 쓸 수 있다.

실제로 영어수업 시간에 6학년 학생들을 지도해보면 기본적인 대표 음가에 대해서도 개념이 서 있지 않는 경우가 많습니다. 새로운 어휘가 나와서 함께 읽어보거나 써보는 활동을 할 때, 대표적인 음가 개념이 있어야 유추해서 읽어볼 수 있는데, 그렇지 않으면 어휘들이 새로 제시될 때 단어를 스스로 읽을 수가 없습니다. 3,4학년 때 틈틈이 파닉스 규칙을 다룬 영상을 보여주면 큰 어려움은 없을 것으로 생각됩니다. 교과서에 파닉스 관련 제시 자료가 충분하지 않으므로 아래와 같은 영상들을 활용해보시면 됩니다.

기초 어휘

영어를 공부하는 것에 있어서 어휘학습은 학교급에 관계없이 가장 기본이 됩니다. 특히 3학년은 읽기 및 쓰기의 성취 기준 자체가 낱말 중심이기 때문에 어휘학습이 핵심이라고 할 수 있습니다. 공교육 영어교육과정을 처음 시작하는 만큼 목표 어휘로 생활 주변에서 흔히 볼 수 있는 물건, 과일, 숫자, 색깔 등의 매우 기초적인 어휘들을 다루는데, 이 어휘들을 스스로 읽고 쓸 수 있도록 완전히 익히는 것이 가장 중요합니다. 그래야 4학년에서 문장 읽기를 원활하게 할 수 있기 때문입니다. 아래의 내용은 3,4 학년 영어교육과정 성취 기준 중 읽기 및 쓰기 영역에 관한 것입니다. '낱 말과 어구'라고 되어 있지만, 3학년은 거의 낱말 형태로 제시됩니다.

> [3,4학년 읽기] 쉽고 간단한 낱말이나 어구를 읽고 의미를 이해할 수 있다.
> [3,4학년 쓰기] 실물이나 그림을 보고 쉽고 간단한 낱말이나 어구를 쓸 수 있다.

기본적으로는 위와 같이 교육과정에 제시된 어휘들을 완전히 읽고 쓸 수 있도록 공부해야 하고, 그 다음으로는 교과서에서 다룬 어휘와 같은 주제의 다른 어휘들로 확장해서 알아두면 좋습니다. 이 확장해보는 어휘들은 스펠링까지는 다 외우지 못하더라도 의미 정도는 알아두면 도움이 됩니다. 간혹 교과서 듣기에 나오는 어휘가 읽기나 쓰기에 나오지 않기도 하고, 때로는 비슷한 난이도의 같은 주제 어휘들은 이미 알고 있다고 가정하고 교과서의 내용이 진행되기 때문입니다. 예를 들어, 교과서에서 '과일' 관련 어휘들을 배웠다면 인터넷에서 '과일'과 관련된 영어 노래나 영상 파일을 찾아 보충해서 보는 것도 좋겠습니다. 다음 내용은 해당 주제에서 보충해서 볼 수 있는 영상들의 예시입니다.

인사말	숫자	과일
Say Please, Sorry and Thank You!	Our Favorite Numbers Songs	Fruit song

색깔	반대말	반대말
I See Something Blue	The Opposites Song	Opposite Song for Kids

　　지금까지 3학년 영어교육과정의 특징과 내용을 살펴보았습니다. 3학년에서는 알파벳, 기초 파닉스, 기초 어휘를 교과서로 충실하게 공부한다면 큰 무리가 없습니다. 대신 디지털교과서 등을 잘 활용해서 완전 학습이 되도록 해야 합니다.

4학년 영어교육과정

4학년 영어교육과정의 특징과 난이도

4학년 초등영어 교육과정에서는 3학년 때 배운 기초 어휘를 바탕으로 본격적인 문장 읽기가 시작됩니다. 4학년에서 기본 문장 읽기를 제대로 훈련해놓지 않으면, 5학년의 높아지는 읽기 수준을 따라가기 어렵습니다. 또한 4학년은 전국적으로 영어과 기초학력평가를 최초로 실시하는 학년이기도 합니다. 4학년 초에 3학년 교육과정을 잘 소화해냈는지, 읽기 수준은 어떠한지를 미리 진단하여 학습 부진이 더 심화되지 않도록 돕기 위함입니다. 3학년 교과서의 어휘들을 완전히 익히지 못한 학생들은 4학년으로 올라가기 전 겨울방학에 전체적인 복습을 할 필요가 있습니다. 교과서를 우선 잘 훑은 후 앞서 안내해 드린 기초학력평가 기출문제 사이트를 이용해 보시기 바랍니다.

4학년 영어 교과서의 어휘 수는 대략 120~140여 개 정도가 되며(교과서별로 상이함), 한 문장의 길이는 7개 낱말을 넘지 않습니다. 〈표 2-9〉는 4학년 영어 교과서의 언어기능별 어휘 및 문장 난이도 비교의 예시입니다. 3학년과 마찬가지로 음성언어 기능인 듣기, 말하기 영역의 어휘 및 문장 난이도가 문자언어 기능인 읽기, 쓰기보다 약간 높습니다. 여기서 주목할 것은 4학년의 '읽기 영역'입니다. 쓰기 영역은 3학년의 낱말 수준에서 낱말 및 어구의 수준으로 약간의 확장된 것에 반해, 읽기 수준은 문장 수준으로 크게 높아졌습니다. 낱말 수준의 읽기에서 문장 수준의 읽기로 넘어가기 위해서는 꼭 챙겨야 할 몇 가지 사항들이 있습니다. 다음 페이지에서 다시 확인해보도록 하겠습니다.

〈표 2-9〉 초등학교 4학년 영어 교과서의 언어 기능별 어휘 및 문장 난이도 비교의 예시

	듣기	말하기	읽기	쓰기
수준 예시	Hi, I'm Kevin. What's your name? My name is Tom. Nice to meet you. Nice to meet you, too. This is my mother. Oh, she's pretty. Great! (※연속된 대화 아님)	Hi, I'm Kevin. What's your name? My name is Tom. Nice to meet you. Nice to meet you, too. This is my mother.	This is my mother. This is my father. This is my brother. This is my sister.	mother father brother sister
특징	목표 표현 및 기타 생활 표현 포함	핵심 목표 표현의 말하기 연습	패턴을 활용한 간단한 문장 읽기	낱말·어구·따라 쓰기/보고 쓰기/스스로 쓰기

4학년 영어 학습에서 챙겨야 할 학습 요소
사이트 워드 / 기본 문장 읽기와 패턴 연습 / 기초 어휘 넓히기

사이트 워드(sight word)

4학년 영어교육과정에서 가장 중요한 것은 '문장 읽기'입니다. 문장을 읽기 위해서는 문장 안에 포함되어 있는 단어들을 모두 알아야 합니다. 문장을 읽기 위해서는 꼭 알아야 하지만 교과서의 목표 어휘로는 잘 제시되지 않는 단어들이 있습니다. 바로 '사이트 워드'입니다. 사이트 워드는 보자마자 발음과 뜻을 인식할 수 있어 '일견 어휘'라고도 하는데, 문장을 구성하기 위해 매우 자주 사용되지만, 중요한 내용을 담고 있지는 않은 경우가 많은 어휘들입니다. 중요한 내용을 담고 있지 않기에, 교과서에서 목표 어휘로 거의 제시되지 않습니다. 예를 들어, 'This is my mother.'이라는 문장을 읽으려면 총 4개 단어를 알아야 하는데, 이 중에서 교과서의 읽기 목표 어휘로 나올 확률이 높은 어휘는 'mother'뿐입니다. 나머지 This, is, my는 문장 속에서 처음 접하게 될 확률이 높다는 것입니다.

이런 사이트 워드를 읽게 하기 위해 많은 교사들이 교과서 진도와는 별도로 사이트 워드 읽기 활동을 준비하지만 교과서 활동도 해야 하기에 시간이 넉넉하지 않은 상황입니다. 따라서 학생들은 교과서 문장 속 어휘를 반드시 익혀야 다른 문장 안에서 사이트 워드를 확장 적용하여 읽을 수 있습니다. 다음은 4학년 학생들이 반드시 연습했으면 하는 사이트 워드들을 정리해본 것입니다. 이밖에도 많은 사이트 워드가 있지만, 4학년에 제시되는 문장 수준을 고려했을 때, 우선적으로 다음 표에 제시되는 것 정도는 읽기 연습을 해야 하겠습니다.

〈표 2-10〉 초등학교 4학년 영어교과 사이트 워드 예시

I	my	you	your	it	he	she	they	we	a
an	the	am	is	are	what	how	this	that	who
where	when	have	like	can	let	play	do	take	want
come	go	look	see	may	at	and	but	too	in
on	nice	with	good	name	thank	not	yes	no	many
much	every	day	very	here	there	up	down	for	to

아래는 사이트 워드 영상 예시입니다. 자신에게 맞는 영상을 찾아 몇 가지만 반복해서 보다 보면 지루하지 않게 금방 익힐 수 있습니다.

기본 문장 읽기와 패턴 연습

3학년 때 '낱말 수준'에 머물렀던 읽기 난이도가 4학년 때 '문장 수준'으로 올라가기는 하지만 다행스럽게도 4학년에 제시되는 읽기 문장은

이미 구어로 익힌 것이라 매우 쉬우면서도, 대부분 한 가지 패턴에 목표 어휘만 바뀌는 정도입니다. 예를 들어, 'This is my mother. This is my father. This is my brother.'처럼 문장 패턴은 1개인데, 목표 어휘만 바꿔 가면서 읽기 연습을 하는 것입니다. 그래서 사이트 워드와 함께 약간의 복습만 하면 충분히 학습할 수 있는 분량이라 할 수 있습니다.

다만, 학생들은 우리말에서도 '문장' 개념을 세우듯이, 영어에서도 '문장'에 대한 인지를 해야 합니다. 영어 문장도 우리말처럼 단어와 단어가 모여서 만들어지고, 단어와 단어 사이는 띄어 쓰며, 구두점을 찍는다는 것을 말입니다. 또한 여러 단어가 문장 안에 모여 있을 때 각각의 단어를 따로 읽는 것과는 다르게 읽어야 합니다. 각 문장마다 어울리는 발음, 강세, 리듬, 억양이 있기 때문에 학생들은 문장을 문장답게 읽는 능력을 습득할 필요도 있습니다. 4학년에서 소리 내어 문장 읽기가 처음 제시되므로, 자연스러운 문장 읽기를 익히기 위해서는 문장 개념을 세우고, 모범이 되는 읽기 음원을 많이 들어 영어 문장의 리듬을 익히도록 해야 합니다.

또한 문장은 단어의 단순한 나열이 아니라, 전체가 하나의 의미를 가지고 있습니다. 그래서 '문장을 읽는다'라고 했을 때 해당 문장을 바르게 소리 내어 읽는다는 의미도 있지만, 문장을 읽고 의미를 잘 이해한다는 뜻도 포함되어 있는 것입니다. 따라서 학생들은 소리를 내어 문장을 읽는 것뿐만 아니라, 각 단어가 하나의 문장에 모여 있을 때 문장이 어떤 의미를 가지는지 의미를 이해하는 읽기도 할 수 있어야 합니다. 이를 위해서는 목표 문장이 포함된 여러 가지 대화의 상황을 접하고 맥락 안에서 문장의 의미를 이해하도록 해야겠습니다.

기초 어휘 넓히기

초등학교 4학년은 3학년과 마찬가지로 자기 주변 및 생활과 관련된 어휘를 익힙니다. 그런데 5학년부터는 읽기 수준이 '문단 수준'으로 높아지고, 주제도 좀 더 다양해지는 데다가, 일부 어휘는 교과서에 나오지 않아도 알고 있다고 가정하기도 합니다. 따라서 4학년 때도 기초 어휘의 저변을 넓혀 놓는 것이 다음 학년과의 간격을 좁히는 데 도움이 됩니다. 3학년 때 영상물과 같은 간단한 수준에서 어휘를 확장했다면, 4학년에는 아래와 같은 영어 그림 사전 등을 통해 단어 읽기까지 포함하여 본격적인 어휘 확장을 해보면 좋습니다. 영어 그림 사전은 같은 주제의 어휘들을 그림으로 표현해주어 학생들에게 부담이 적고 이해하기 쉬우며, 생활 속에서 실제로 사용되는 어휘를 제시해 놓았기 때문에 매우 실용적입니다. 단어들을 읽어주는 CD가 있다면 소리까지 들으면서 익힐 수 있어 더욱 좋을 것입니다.

〈그림 2-10〉 영어 그림 사전 예시

만약 영어 그림 사전을 책으로 구하시기 힘드시다면, 구글 검색에서 다음과 같이 '주제+picture dictionary'로 검색하시면 아주 많은 자료를 보실 수 있습니다. 무료 자료들을 프린트하여 묶어 활용하시는 것도 좋습니다.

〈그림 2-11〉 구글 이미지 검색

〈그림 2-12〉 주제 관련 그림 사전 검색 예시

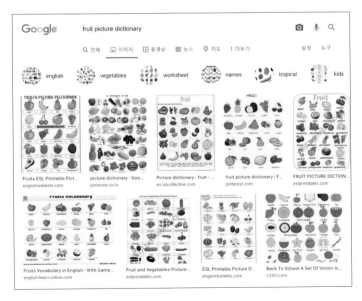

5학년 영어교육과정

5학년 영어교육과정의 특징과 난이도

5학년은 초등학교 고학년에 진입하면서 영어 교과뿐만 아니라 전반적인 교과목들에서 난도 상승이 두드러지는 학년입니다. 영어과에서도 언어의 4기능에서 모두 난도 상승이 있는데, 특히 읽기와 쓰기가 많이 상승하는 편입니다. 때문에 이 시기에 영어읽기 학습 부진과 영포자가 본격적으로 생겨나기 시작합니다. 따라서 5학년은 기초 어휘와 기초 문장을 잘 다져나가야 하는 시기로 생각하셔야 합니다. 언어 기능별 난이도는 음성언어 기능인 듣기, 말하기의 난이도가 문자언어 기능인 읽기, 쓰기보다 약간 더 높다는 점에서, 3,4학년과 동일하므로 3,4,5학년의 읽기와 쓰기의 난이도를 비교하면 〈표 2 – 11〉과 같습니다.

<표 2-11> 3, 4, 5학년 읽기와 쓰기의 난이도 비교(한 단원 기준 분량)

	읽기	쓰기
3학년	• 낱말 bag ball pen piano	• 낱말 hat pen bag ball
4학년	• 문장 This is my mother. This is my father. This is my brother. This is my sister.	• 낱말 및 어구 mother father brother sister
5학년	• 문단(2문단) My name is Tina. I'm from Canada. I'm 12 years old. I like steak. I can play the piano well.	• 문장 및 문단(1문단) My name is _____. I'm from _____. I'm _____ years old. I _____. I _____.

〈표 2-11〉을 보면, 4학년에서 1개 문장 형태의 패턴으로 제시되던 읽기 수준이 5학년에서는 여러 가지 문장 패턴이 있는 문단 형태로 2개 문단 정도 제시되며, 쓰기 수준은 4학년의 어구 수준에서 어구 및 문장으로, 나아가 문장들이 합쳐져서 문단의 형태를 이룰 수 있도록 제시됩니다. 최종적으로 5학년을 마칠 무렵이면, 예시문을 보면서 스스로 한 문단을 적을 수 있을 난도입니다. 다행스러운 것은 아무런 조건 없이 자유롭게 한 문단

을 작성하는 것은 아니고, '예시문을 참고하여' 글을 완성하는 것이기 때문에 교과서 내에서 충분히 연습이 가능합니다. 이처럼 5학년 영어교육과정에서 읽기와 쓰기는 문단 수준으로 소화해내야 하므로 그에 맞는 학습이 필요합니다.

5학년 영어 학습에서 챙겨야 할 학습 요소
문단 읽기/완전한 문장으로 쓰기

문단 읽기

문단 읽기를 위해서는 2가지 접근 방법이 필요합니다. 한 가지는 영어 문단을 '소리 내어 읽는 것'이고, 다른 한 가지는 '문단의 의미를 파악하는 것'입니다. 따라서 5학년 영어과의 읽기 영역 성취 기준은 아래와 같이

〈표 2-12〉 초등학교 5학년 영어과 읽기 영역 성취 기준

소리 내어 읽기

[5학년 읽기] 쉽고 간단한 문장을 강세, 리듬, 억양에 맞게 소리 내어 읽을 수 있다.

문단 의미 파악하기

[5학년 읽기] 일상생활 속의 친숙한 주제에 관한 쉽고 짧은 글을 읽고 세부 정보를 파악할 수 있다.

[5학년 읽기] 쉽고 짧은 글을 읽고 줄거리나 목적 등 중심 내용을 파악할 수 있다.

제시되고 있습니다.

우선, '소리 내어 읽기'와 관련된 첫 번째 성취 기준에서 5학년의 문장 읽기는 4학년에 비해 보다 유창한 수준을 요구합니다. 문장들이 나열된 문단을 읽어내야 하기에, 각 문장을 자연스러운 억양과 흐름으로 읽어나갈 수 있어야 합니다. 또한, 문장이 나열되어 있을 때, 어느 한 문장에서 마침표를 찍게 되면 해당 문장이 끝나는 것이므로 마침표를 만나면 읽기를 잠시 멈춘 후, 이어서 다음 문장을 읽어야 합니다. 이와 같은 문장 개념이 서 있지 않는 아이들의 경우, 5학년에서 문단 읽기를 만났을 때, 마침표를 고려하지 않고 단어가 단순 나열되어 있는 것처럼 줄줄 읽게 되는데, 그렇게 되면 효과적으로 의미전달을 할 수 있는 읽기를 하지 못하게 됩니다. 따라서 학생들은 교과서의 음원을 반복해서 듣고 따라해보는 연습을 해야 합니다.

〈표 2 – 12〉의 '문단 의미 파악하기'는 글을 읽고 이해하는 것과 관련되어 있습니다. 문장 속에 있는 단어 하나하나의 의미를 모두 알더라도 문장의 의미를 정확하게 알지 못할 수 있고, 그렇게 되면 문단 전체의 중심내용이나 세부사항을 파악하지 못할 수 있습니다. 이를 위해서 학생들은 자신이 아는 것과 모르는 것을 정확하게 알아볼 필요가 있는데, 교과서 텍스트를 보고 한 문장 한 문장의 뜻을 우리말로 적어보거나 입으로 말해봄으로써 확실히 모르는 부분이 있는지 파악해보는 것도 좋습니다.

완전한 문장으로 쓰기

5학년은 교과서에서 처음으로 완전한 문장을 써 보는 학년입니다. 완전한 영어 문장을 쓰기 위해서는 1) 우선 문장의 제일 앞에 대문자를 써야 하고, 2) 단어 사이사이를 띄어 써야 하며, 3) 문장에 구두점을 적절하게 사용해야 합니다. 이는 아래와 같이 성취 기준에서도 제시되어 있는 바입니다.

〈표 2-13〉 초등학교 5학년 영어과 쓰기 영역 성취 기준

[5학년 쓰기] 알파벳 대소문자와 문장부호를 문장에서 바르게 사용할 수 있다.

[5학년 쓰기] 실물이나 그림을 보고 한두 문장으로 표현할 수 있다.

위 성취 기준에서 알파벳 대소문자와 문장부호를 언급한 것은 그 자체가 중요하기 보다는 완전한 문장을 쓰기 위해서 적절하게 활용해야 한다는 의미이며, 성취 기준에 제시되어 있는 만큼, 수행평가에도 반영될 수 있습니다. 이를 위해서 학생들은 교과서의 모범 문장을 잘 관찰하고 교과서 텍스트를 4선 영어공책에 옮겨 적어보는 연습을 해보면 좋습니다. 교과서 문장을 그대로 써 보면서, 문장 제일 앞을 대문자로 사용했는지, 단어 사이사이를 띄어 썼는지, 마침표를 찍었는지, 내가 어느 부분을 놓치고 있는지 비교해보는 것입니다. 이 작업을 남은 초등학교 기간 동안 익숙해질 때까지 연습하면, 중학교에 올라가서도 영어로 된 글을 형식에 맞게 쓰는 데에 큰 어려움이 없을 것입니다.

6학년 영어교육과정

6학년 영어교육과정의 특징과 난이도

6학년 영어교육과정은 5학년과 성취 기준이 동일하며, 어휘 난도가 높아지고 문장의 길이가 다소 길어지는 것 외에 큰 차이는 없습니다. 다만 초등학교 마지막 학년인 만큼 초등영어의 내용을 잘 정리하고, 중학교 교육과정과 격차를 줄이는 노력을 기울여야겠습니다. 초등학교 6학년 학생들은 졸업 전에 영어 과목의 듣기, 말하기, 읽기, 쓰기 전 영역에서 골고루 성취 기준에 도달해야 합니다. 각 영역별로 대표적인 성취 기준은 〈표 2-14〉와 같으며, 그 수준은 간단한 대화나 글을 듣거나 읽은 후 내용을 이해하고, 생활 속 주제에 대해 원하는 내용을 기초적인 수준에서 말할 수 있으며, 예시문을 참고하여 생각을 표현하는 글을 쓸 수 있는 것입니다. 이 정도 수준에 도달하면, 초등영어교육의 목표인 '자기 주변의 일상생활 주제에 관하여 영어로 기초적인 의사소통을 할 수 있다'를 달성한 것으로 판단할 수 있겠습니다.

〈표 2-14〉 초등학교 6학년의 대표적 성취 기준 예시

[6학년 듣기] 쉽고 간단한 말이나 대화를 듣고 줄거리, 목적, 일의 순서를 파악할 수 있다.

[6학년 말하기] 일상생활 속의 친숙한 주제에 관해 간단히 묻거나 답할 수 있다.

[6학년 읽기] 쉽고 짧은 글을 읽고 줄거리나 목적 등 중심내용을 파악할 수 있다.

[6학년 쓰기] 예시문을 참고하여 간단한 초대, 감사, 축하 등의 글을 쓸 수 있다.

6학년 영어 학습에서 챙겨야 할 학습 요소
언어 기능별 유창성/초등 영단어 및 영문법 총정리

언어 기능별 유창성

6학년은 초등학교 최고 학년인 만큼 언어 기능별로 보다 높은 유창성에 도전했으면 합니다. 기초적인 수준에서 영어 의사소통이 자유로웠으면 하기 때문입니다. 이를 위해 다음과 같은 연습을 해볼 수 있습니다.

- 듣기 영역에서는 교과서 음원을 충분히 들은 후, 주제와 관련된 영어 노래나 영상물을 추가적으로 찾아서 들어보는 습관을 가지면 좋겠습니다.
- 말하기 영역에서는 교과서에 나오는 문장들의 우리말 뜻을 써본 후, 다시 스스로 영어로 말해보는 연습을 하여 적어도 교과서 표현 정도는 자유자재로 사용할 수 있는 수준이 되도록 합니다.
- 읽기 영역에서는 교과서 텍스트를 자연스러운 강세, 리듬, 억양으로 소리 내어 읽되, 좀 더 빠른 속도로 읽을 수 있도록 연습해 봅니다.
- 쓰기 영역에서는 교과서 텍스트를 기준으로 하여, 자신의 관심사와 이야기로 바꿔 써 보는 연습을 해 봅니다.

초등 영단어 및 영문법 총정리

6학년 학생들은 중학교로 진학하기 전에 초등영어과에 제시된 영어 어휘들과 문법 요소들을 정리해 볼 필요가 있습니다.

영어 어휘의 경우에는, 앞서 소개해드린 NCIC 국가교육과정정보센터(http://ncic.go.kr/mobile.index2.do)에서 국가영어교육과정을 다운받으시면 총 800개의 초등 권장 어휘목록을 보실 수 있습니다. 초등영어 교과서는 이곳에 제시된 800개의 어휘 중 500여 개를 선정하여 개발하므로, 교과서마다 약간의 제시 어휘 차이가 있을 수 있는데, 800개의 어휘를 살펴보면, 초등 교과서의 모든 어휘를 확인할 수 있습니다. 다음 내용은 NCIC에서 국가영어교육과정을 다운받는 방법을 설명한 것입니다.

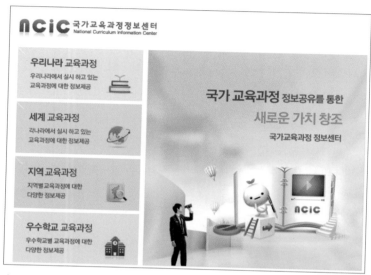

1) NCIC 국가교육과정정보센터(http://ncic.go.kr/mobile.index2.do)에 접속하여 '우리 나라 교육과정'을 선택합니다.

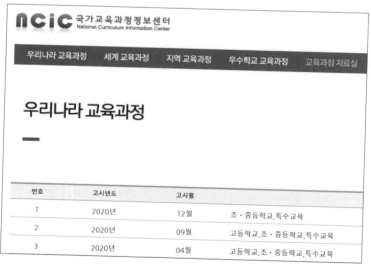

번호	고시년도	고시월	
1	2020년	12월	초·중등학교,특수교육
2	2020년	09월	고등학교,초·중등학교,특수교육
3	2020년	04월	고등학교,초·중등학교,특수교육

2) 상단의 '교육과정 자료실'로 들어갑니다.

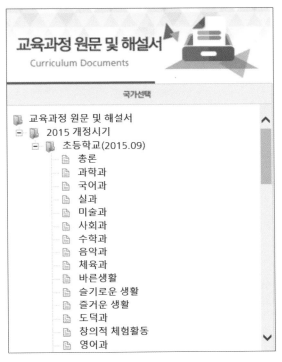

3) 교육과정 원문 및 해설서에서 2015 개정시기 > 초등학교
(2015.09) > 영어과를 선택합니다.

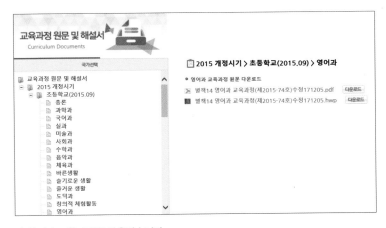

4) 영어과 교육과정을 다운받습니다.

A	accurate	adverse **
	accuse	advertize / advertise
	achieve	advise *
a *	acid	advocate
abandon	acknowledge	aesthetic **
able	acquaint **	affair
aboard	acquire	affect
abort **	acquisition **	affection
about *	across *	affiliate **
above *	act *	afford
abroad	activate	afraid *
absent	actual	after *
absolute	acute	afternoon *

5) 다운받은 파일을 열어 가장 마지막 부분에서 '기본 어휘 목록'을 찾습니다. 이 목록 중 * 표시가 하나만 되어있는 것이 초등 권장 어휘 800개입니다.

초등학교에서는 영어 문법을 명시적으로 가르치지는 않습니다. 하지만 목표 표현 곳곳에 문법 요소를 포함하고 있습니다. 예를 들어 단수와 복수, 과거시제, 미래시제, 현재진행형, 반복되는 습관, 비교급 등이 그것입니다. 이런 부분들을 초등 단계에서 지나치게 자세하게 다룰 필요는 없지만, 한 번쯤 복습을 하고 중학교로 진학하는 것이 초등과 중등 간의 체감 난이도를 최소화할 수 있는 방법입니다. 이 부분은 보충 교재의 도움을 받으면 효율적으로 복습할 수 있습니다. 시중 서점에서 '초등 영문법'이라는 키워드로 책을 검색하여 비교해 본 후 자신의 수준에 맞는 것으로 선택하면 좋겠습니다. 〈그림 2-14〉는 초등 영문법 정리를 위해 활용할 수 있는 교재의 예시입니다.

〈그림 2-14〉 초등 영문법 정리를 위해 활용할 수 있는 교재의 예시

초등영어 공부에서
반드시 챙겨야 하는 것

이상으로 공교육 초등영어교육과정의 목표, 내용, 수업 방법, 평가, 학년별 특징 등에 대해 알아보았습니다. 초등영어교육과정은 전체적인 공교육 영어수업의 목표를 달성하기 위해 기초를 다지는 시기라고 보시면 됩니다. 그래서 학교에서는 영어에 대해 긍정적인 느낌을 갖게 하고 영어의 듣기, 말하기, 읽기, 쓰기 기능을 골고루 노출합니다. 그런데 언어를 배우기 위해 필요한 시간에 비해 초등영어과 수업 시수가 넉넉하지 않다 보니, 가정학습으로 꼭 챙겼으면 하는 것들이 있습니다.

듣기 · 읽기 양 확보를 위한 영어 환경 만들기

영어 듣기 시간 확보

초등학교 시기는 영어교육을 처음 시작하는 시기이고, 영어사용능력의 기초를 다지는 시기입니다. 기초를 다지는 작업에서 가장 중요한 것은 '듣기'입니다. 풍부한 양의 듣기는 영어의 말하기, 읽기, 쓰기 전 영역에 걸쳐 영향을 줍니다. 많이 들으면 자연스럽게 영어가 입 밖으로 나오게 되고, 다양한 표현을 접할 수 있어 읽기도 수월해집니다. 또한 말하기와 읽기가 자리를 잡아야 쓰기가 되기 때문에 영어의 기초를 탄탄하게 하기 위해서는 우선적으로 영어 소리를 많이 들어야 하는 것입니다.

하지만 학교 영어수업에서는 자신의 수준에 맞는 영어소리를 충분히 들을 수 있는 시간이 부족합니다. 수업 시간에 듣기 활동만 하고 있을 수는 없으니까요. 이것은 초, 중, 고 전체 영어수업시간을 통틀어도 마찬가지입니다. 이를 보완하기 위해 학생들이 가정에서 자투리 시간을 활용하여 영어 소리를 꾸준히 듣는다면, 굉장한 도움이 될 것입니다. 하루에 매일 10분씩 1주일 동안 빠짐없이 듣는다면, 3,4학년의 경우 학교에서 1주일간 받는 영어 수업 시간(80분)과 유사한 양입니다. 이 시간을 2배로 늘리면 학교에서 노출되는 영어소리의 2배를 스스로 학습에서 확보할 수 있는 것입니다. 자투리 시간을 활용하면 생각보다 많은 듣기 양을 확보할 수 있습니다. 아침에 일어났을 때, 옷 갈아입을 때, 이동할 때 등 스스로 하루 일과를 체크해서 영어 소리를 들을 수 있는 시간을 확보해보시기 바랍니다.

영어 듣기 자료

그렇다면 어떤 듣기 자료를 들을 수 있을까요? 요즘은 미디어들이 넘쳐 나서 영어 소리에 접근하기가 어렵지 않습니다. 대신 처음에 자신에게 잘 맞는 자료를 탐색하는 시간이 필요하고, 자투리 시간을 활용하여 들을 수 있도록 환경을 만드는 것이 중요합니다. CD플레이어, TV, 컴퓨터, 라디오, 스마트 폰 등 다양한 기기들을 활용해서 〈표 2−15〉의 무료 또는 유료 영어 듣기 자료에 접근할 수 있으며, 인근 도서관이나 학교 도서관에서 영어 CD와 DVD를 빌려오거나 구입 신청을 할 수도 있습니다. 학생의 수준과 관심에 맞는 콘텐츠를 잘 고르는 작업이 효율적인 영어 학습을 가능하게 하므로 부모님이 처음에는 함께 도와주면 좋습니다.

또한 영어 듣기 자료의 유형별 장단점이 있으니, 시간대와 상황에 따라 다양한 자료를 섞어주면 좋습니다. 오디오 소리만 나오는 자료는 자투리 시간에 듣기가 좋고, 영상 자료는 영어 문장을 쉽게 이해할 수 있게 해

〈표 2-15〉 영어 듣기 자료 예시

준다는 장점이 있으며, 책을 읽어주는 듣기 자료는 학생들의 읽기 능력을 높이는 데 좋기 때문입니다.

쉬운 영어책 폭넓게 읽기

초등학교 시기는 시험을 위한 영어 공부에서 중고등학교에 비해 상대적으로 자유롭기 때문에 영어 학습을 위한 다양한 시도와 경험을 하고, 기초를 탄탄하게 다질 수 있는 시간적 여유가 있습니다. 따라서 이 시기에 음성언어 및 문자언어 노출 시간을 최대한 확보하여 영어 내공을 쌓을 필요가 있습니다. 특히 음성언어 입력인 영어 듣기와 함께 문자언어 입력으로 폭넓은 영어 문장을 읽는 것도 중요한 요소입니다. 영어 읽기 능력은 영어 과목의 기초학력을 판단하는 기준이 되기도 하기에, 평소에 영어 문장을 꾸준히 접하는 것이 큰 도움이 됩니다.

이때 어떤 읽기 자료를 읽을 것인지가 사실 관건입니다. 읽기 자료 또한 듣기와 마찬가지로 자신의 수준과 흥미에 맞는 것이어야 합니다. 지나치게 난도가 높은 읽기 자료는 학생의 공부 의욕을 떨어뜨릴 뿐만 아니라 효율적이지도 않습니다. 더구나 초등기에 영어를 이제 막 시작한 아이들은 쉬운 책을 읽어내면서 성취감을 많이 맛보아야 영어책을 읽는 즐거움을 깨닫게 될 것입니다.

따라서 소위 말하는 읽기 레벨을 올리는 것에 에너지를 쓰기보다는 수준에 맞는 영어책을 폭넓게 읽어서 다양한 영어의 사용 용례를 접하는 것이 기초를 탄탄하게 다지고 오랜 시간 즐겁게 공부하는 방법입니다. 영어 공부를 시작하는 시기가 학생마다 다르기 때문에 몇 학년에 어떤 수준의 영어책을 읽으면 좋겠다는 안내를 드리기는 어렵습니다. 대신, 학년별 공교육 영어수업의 난이도는 학생들이 반드시 도달해야 하는 최소한의 목표이므로, 초등학생의 경우, 본 책의 '02 학년별 특징과 학습 포인트(74~103쪽 참고)'를 참고하여 학년별 수업 난이도를 확인한 후, 그에 맞는 수준의 영어책 읽기를 연습하는 것이 좋습니다.

〈표 2-16〉은 초등학교 학년별 교과서 난이도에 맞는 영어 원서의 예를 들어 본 것입니다. 각 해당 학년일 때 표에 있는 원서들은 교과서의 내용을 보충해 주어도 되고, 학년을 마칠 때쯤 학생이 〈표 2-16〉의 책, 또는 유사한 난이도의 책을 읽을 수 있는지 확인해볼 수도 있습니다. 또한 인근 도서관이나 학교 도서관에서 이와 유사한 난이도의 책을 추천받은 후, 아이들과 함께 차근차근 읽어나가시면 그 경험이 조금씩 쌓여 어느새 학교 교육과정을 넘어서는 수준에 닿게 됩니다.

〈표 2-16〉의 목록은 예시일 뿐이며, 초등기에 읽을 수 있는 매우 다양하고 창의적인 영어책들이 많이 있습니다. 최근에는 유료 온라인 영어 도서관도 다양하게 만들어져 있으니 참고하시면 됩니다.

〈표 2-16〉과 같은 영어책 읽기를 시도할 때, 처음에는 오디오 음원의 도움을 받아 아이들의 읽기 부담을 낮춰주세요. 차차 적응이 되면 스스로의 힘으로 읽어보게 합니다. 다음의 과정을 거쳐 아이들이 초등 시기에 꾸준히 영어책을 접할 수 있도록 도와주세요. 아이들이 배운 영어 표현을 책에서 발견하고 스스로 읽는 즐거움을 알게 된다면, 꾸준히 영어책을 찾아 읽으면서 자연스럽게 영어 능력도 성장할 수 있습니다.

1단계　　음원이 있는 책을 고르세요. 문장을 보면서 책을 읽어주는 영어 '소리'를 반복해서 듣습니다.

〈표 2-16〉 초등학교 학년별 교과서 난이도에 맞는 영어 원서 예시

교육과정 난이도에 따른 학년별 영어 원서 예시

3학년	One lonely fish	Orange pear apple bear	My very first book 시리즈
4학년	Not a box	No Way! 시리즈	스콜라스틱 Sight word readers
5학년	Penguin young readers 1	Fun to read 1	Biscuit 시리즈
6학년	Elephant & Piggie 시리즈	Fun to read 2	Fly guy 시리즈

2단계   소리에 익숙해지면, 음원으로 들었던 책을 소리 내어 읽어보세요.

3단계   1, 2단계를 통해 영어 단어와 문장을 어느 정도 익혔으면, 혼자 읽을 수 있는 책을 찾아봅니다.

4단계   두 가지 난이도의 책을 매일 꾸준히 읽습니다. 하나는 음원을 들으면서 읽어보는 책(내가 읽을 수 있는 것보다 난도가 조금 높은 책)과 또 다른 하나는 스스로 읽을 수 있는 책(나에게 맞는 난도의 책)입니다.

영어의 4기능을 골고루
공부할 수 있는 계획 세우기

초등기의 영어 공부는 즐겁게 시작해야 합니다. 그래야 10년 후 최종 목표에 도달할 때까지 꾸준히 공부할 수 있습니다. 영어의 기초를 튼튼하게 할 수 있도록 음성언어와 문자언어의 노출을 충분히 해주어야 하고, 중학교로 진급하기 전 듣기, 말하기, 읽기, 쓰기가 골고루 잘 되는지도 점검해보아야 합니다.

영어 공부를 처음 시작하는 학생들도, 지금까지 영어 공부를 잘 해온 학생들도, 지금까지 영어 공부를 해왔는데 어려운 점이 있었거나 확신이 없었던 학생들도 이 책의 내용을 바탕으로 자신의 공부 방법을 되돌아보고 내가 영어 공부를 영역별로 골고루 충분히 하고 있는지 확인해보기 바랍니다. 〈표 2-17〉의 체크리스트는 그동안 내가 해온 공부 방법을 되돌아보면서 생각해보면 좋을 질문들입니다.

<표 2-17> '영어 공부 방법 되돌아보기' 체크리스트

	나의 영어 공부 방법 되돌아보기	예	아니오
1	나는 영어 공부를 매일 1시간 이상 꾸준히 하고 있나요?		
2	내가 해온 영어 공부 방법은 즐거웠나요?		
3	내가 해온 영어 공부 방법은 나의 영어 성장에 도움이 되었나요?		
4	나는 영어의 듣기, 말하기, 읽기, 쓰기 영역을 골고루 공부하고 있나요?		
5	나는 학교 영어 교과서의 내용을 충분히 익혔나요?		
6	나는 학교 영어 교과서 외의 자료를 활용하고 있나요?		
7	나는 자투리 시간을 잘 활용하고 있나요?		

　　위 체크리스트를 활용하여 나의 영어 공부 방법에서 보완되어야 할 점들을 찾아보고, 다음 페이지 〈표 2-18〉을 활용하여 다시 계획을 세워보세요. 주의할 점은, 매일 꾸준히 하되, 재미있으면서도 유익한 방법인지, 영어의 4영역이 골고루 들어가 있는지, 교과서와 교과서 외의 자료를 모두 포함시켰는지 살펴보는 것입니다.

　　처음에는 실천할 수 있을 만큼 쉬우면서 적은 공부양으로 시작해보고, 차츰 습관이 잡히면 시간을 점차 늘려봅니다. 누적 공부목표 시간을 정해서 목표를 달성하면 작은 이벤트를 열거나, 맛있는 간식을 먹는 등 자신에게 선물을 줄 수도 있습니다. 시작할 때는 공부 양이 적어보여도, 차츰 쌓이고 늘어나면 누적된 시간의 힘을 느낄 수 있을 것입니다.

<표 2-18> 주간 영어 공부 계획

	월			화			수			목			금		
언제															
공부시간															
공부자료															
영역															
공부방법															
누적공부시간												총 _____ 시간			

　　이상으로 초등영어교육과정과 초등영어 학습에서 꼭 집고 넘어가야 할 사항들에 대해 살펴보았습니다. 초등기는 영어의 유용함을 알고, 즐겁게 영어의 기초를 다지는 시기로 보내기 바랍니다.

〈표 2-19〉 주간 영어 공부 계획 예시

언제	월 아침	월 저녁	월 밤	화 아침	화 저녁	화 밤	수 아침	수 저녁	수 밤	목 아침	목 저녁	목 밤	금 아침	금 저녁	금 밤
공부 시간	15분	30분	15분	15분	30분	15분	15분	30분	15분	15분	30분	15분	15분	30분	30분
공부 자료	영어 팟캐스트	교과서	영어원서 & CD	영어 팟캐스트	교과서	영어원서 & CD	영어 팟캐스트	영어원서	영어원서 & CD	영어 팟캐스트	영어원서	영어원서 & CD	영어 팟캐스트	교과서 영어원서	유튜브 영어 채널
영역	듣기 말하기	듣기 읽기	듣기 읽기	듣기 말하기	읽기 말하기	듣기 읽기	듣기 말하기	읽기	듣기 읽기	듣기 말하기	읽기	듣기 읽기	듣기 말하기	쓰기	듣기 말하기
공부 방법	듣고 따라 말하기	교과서 음원 듣고 단어 외우기	원서 CD 들으며 눈으로 따라가기	듣고 따라 말하기	텍스트 읽고 해석 해보기 해석 영어로 말해 보기	원서 CD 들으며 눈으로 따라가기	듣고 따라 말하기	소리내어 읽어보기	원서 CD 들으며 눈으로 따라가기	듣고 따라 말하기	소리내어 읽어보기	원서 CD 들으며 눈으로 따라가기	듣고 따라 말하기	필사 하기	영어채널 듣고 따라 말해보기
누적 공부 시간															총 5시간 15분

현장의 목소리

[초등학생 부모님들의 실제 질문 FAQ]

 Q1 **파닉스 학습을 꼭 해야 할까요?**

영어 공부를 막 시작하는 아이들의 학부모님들께 가장 많이 듣는 질문입니다. 아마도 아이들이 파닉스 공부를 즐겨하지 않거나, 파닉스를 공부하고 있는데 진전을 보이지 않아서 하시는 질문인 것 같습니다. 영어로 된 단어나 문장을 읽기 위해서 파닉스 규칙을 어느 정도 알아야 하는 것은 맞지만, 또 한편으로는 파닉스 규칙을 알고 있다고 해서 모든 영어단어를 읽을 수 있는 것도 아닙니다. 영어는 매우 다양한 어원을 가진 어휘들이 섞여 있어서 파닉스 규칙에 적용받지 않는 것도 상당합니다.

하지만 파닉스 규칙을 어느 정도 알면, 읽기뿐만 아니라 쓰기에도 도움이 됩니다. 처음 보는 단어를 어렴풋이 읽게 될 수도 있고, 읽어보지 않았지만, 한두 번이라도 들어본 적이 있다면, 읽어낼 수 있는 단서를 파닉스 규칙이 제공합니다. 또한 정확한 스펠링을 모르더라도 파닉스 규칙을 통해 어느 정도는 소리나는 대로 적어낼 수 있으며, 스펠링을 암기하는 데에도 도움이 됩니다. 이런 파닉스 공부의 이점 때문에 초등영어교육과정에서도 파닉스 규칙의 이해가 성취 기준에 포함되어 있습니다.

예를 들어 3,4학년 읽기 영역에서 '소리와 철자의 관계를 이해하여 낱말을 읽을 수 있다'는 성취 기준이나, 5,6학년 쓰기 영역에서 '소리와 철자의 관계를 바탕으로 쉽고 간단한 낱말이나 어구를 듣고 쓸 수 있다'는 성취 기준은 '소리와 철자의 관계', 즉 파닉스 규칙을 어느 정도 습득해야 함을 의미합니다.

다만 학생들이 지루해하고 힘들어할 정도로 파닉스 공부에 매달릴 필요는 없습니다. 파닉스 규칙은 영어 소리와 문자에 많이 노출되면서 자연스럽게 익히게 되기도 하며, 말씀드렸듯이 이 규칙으로 어차피 모든 영어를 읽을 수 있는 것도 아니기 때문입니다. 교과서에 제시된 파닉스 요소를 철저하게 복습하거나, 시중에서 구할 수 있는 매우 쉬운 파닉스 교재로 대표적인 음가 정도만 익히게 해주시면 충분합니다.

또는 본 책의 '3학년 영어교육과정(75쪽 참고)'에서 소개해드린 파닉스 관련 영어 영상들을 반복해서 보는 것도 도움이 됩니다. 지나치게 파닉스 공부에 매달리기 보다는 대표적인 음가 위주로만 정리하고, 초등 시기에 많은 영어 소리를 들을 수 있는 시간을 확보하는 것이 좋겠습니다.

Q2 ## 초등학교 5, 6학년에 문법 공부를 하지 않아도 될까요?

문법을 알면 확실히 영어의 해석이나 말하기 및 쓰기에 도움이 되는 것은 사실입니다. 하지만 우리가 모국어를 배울 때 문법부터 배우지 않아도 말하거나 읽고 쓰게 될 수 있는 것처럼, 초등학교 시기에 문법 공부가 급한 것은 아닙니다. 오히려 초등 시기는 영어 시험을 위한 공부에서 자유로울 수 있기 때문에 쉽고 폭넓은 영어 소리와 문자를 접해서 다양한 영어 사용 용례를 경험해 두는 것이 더 좋은 공부입니다. 영어 사용의 예를 많이 알수록, 후에 문법을 공부했을 때에도 문법 요소를 더 잘 이해할 수 있기 때문입니다.

단, 초등영어 교과서에 반영되어 있는 기초적인 수준의 문법 요소 정도는 익혀두는 것이 좋겠습니다. 이 문법 요소들은 교과서마다 약간씩 다르기는 하지만 예를 들어서 '단수, 복수의 표현, 주어에 따른 be 동사의 변화, 현재, 과거, 미래, 현재 진행형 시제, 비교급 표현' 정도인데, 쉽고 기초적인 수준에서 공부하면 되겠습니다. 학부모님들이나 학생들이 초등영어 교과서를 통해서는 이 문법 요소를 확인하기 어려우실 수도 있습니다. 초등영어 교과서에서는 문법 요소가 명시적으로 드러나기 보다는 제시되는 언어표현에 녹아있기 때문입니다.

따라서 이 공부는 EBS 〈초등 영문법〉 강의를 들어보거나, 본 책의 '02 학년별 특징과 학습 포인트 6학년 영어교육과정(97쪽 참고)'에서 소개해드린 쉬운 수준의 초등 영문법 교재로 정리해보시면 되는데, 이것도 5~6학년 정도에 하면 되고, 6학년이 끝나는 겨울방학에는 본격적으로 '문법 용어'를 다룬 중학교 수준의 교재를 선택하셔서 중학 영문법 대비를 하시면 됩니다. 초등학교에서는 수업 중에 문법 용어를 명시적으로 사용하지 않지만, 중학교에서는 직접적으로 문법 용어를 사용하기 때문입니다.

Q3 꼭 4선 공책에 쓰기 연습을 해야 할까요?

쓰기 연습의 포인트에는 두 가지가 있습니다. 한 가지는 정확성, 다른 한 가지는 유창성입니다. 정확성은 학습자가 영어의 철자를 정확하게 쓸 수 있는지, 대소문자를 잘 구별해서 썼는지, 영어의 문장 형식을 갖추었는지 등을 살피는 것이고, 유창성은 표현하고자 하는 내용을 잘 담았는지, 의사전달이 되는지를 보는 것이지요. 초등영어에서도 이 두 가지를 모두 다루는데, 아이들에게 선이 있는 공책에 쓰기 연습을 하도록 하는 것은 그중에서도 대소문자 활용과 띄어쓰기, 구두점 등을 정확하게 쓸 수 있도록 하기 위한 것입니다.

교육과정 해설에는 수업 중 알파벳 쓰기 활동에 대해 다음과 같이 언급하고 있습니다. '철자의 모양을 식별하고 그 특징을 인식할 수 있도록 철자의 크기, 획의 방향, 쓰는 순서, 4선 공책에서의 글자 위치 등 다양한 특징을 이해하도록 지도한다'라고 되어 있습니다. 또한 초등영어 교과서에서도 아이들의 쓰기 활동을 정확성을 위한 것과 유창성을 위한 것으로 나누어 제시하고 있는데, 정확성 활동 중 하나가 4선 공책 쓰기 칸에 써 보는 것입니다. 4선 쓰기 활동에서 알파벳, 단어, 문장을 쓰는 것을 연습하면 대소문자 구분, 띄어쓰기, 구두점 활용 등을 명확하게 하는 데 도움이 됩니다.

이렇게 익힌 정확성은 중학교에 진학했을 때 중학교 수준의 쓰기 활동에 바로 적응할 수 있는 바탕이 되기 때문에, 시간적 여유가 있는 초등기에 4선 노트에 쓰기 연습을 하는 것이 좋습니다. 다만 유창성을 기르기 위한 쓰기 활동을 4선 노트에 하는 것은, 오히려 생각의 흐름을 방해할 수 있으므로 활동 목적에 따라 다르게 제시해주시면 되겠습니다.

Q4 학교 영어 공부만으로도 충분할까요?

영어능력에 대한 목표가 어느 정도인지에 따라 다른 답이 가능합니다. 만약 영어 공부를 학교 수행평가에 대비하는 것을 목표로 한다면, 학교 영어수업과 수업 내용을 복습하는 것만으로도 충분합니다. 하지만 그 이상의 제대로 된 영어사용능력을 원하거나, 수학능력시험 및 기타 영어 능력평가에서 좋은 점수를 얻기를 바란다면 그 이상의 공부가 필요합니다. 본문에서 말씀드렸듯이, 교육과정은 최소한으로 갖추어야 하는 수준이며, 교과서 내 듣기 및 읽기 자료가 그 이상의 능력을 갖게 하기에는 충분하지 않기 때문입니다.

단, 가정학습으로 훌륭한 수준의 영어사용능력에 닿는 것은 얼마든지 가능합니다. 교과서와 유사한 난이도라 할지라도 폭넓은 영어 소리를 듣고, 폭넓은 영어 텍스트를 읽는 경험을 한다면, 학생들의 영어 레벨은 어느새 상승하게 되어 있습니다. 자신에게 맞는 영어 자료를 찾아 꾸준히 접할 수 있도록 습관 형성을 해보시기 바랍니다.

Q5 초등학생이 집에서 스스로 할 수 있는 읽기 공부 방법이 궁금합니다.

코로나19 상황 이후 집에서 혼자 영어 공부를 하는 학생들이 많아졌습니다. 교과서 외 자료를 활용하여 읽기 연습을 하는 것은 매우 좋은 영어 공부 습관입니다. 다양한 종류의 영어책들 중 아이들의 읽기 연습을 위해 만들어진 책들이 있는데, 그런 종류의 책들을 통칭 '리더스(Leveled Readers)'라고 합니다.

이 책들은 난이도별로 책이 나누어져 있어서 레벨이 표시되어 있으며, 아이들의 읽기 연습을 위해 어휘와 문장 수준이 통제되어 있습니다. 정말 많은 종류의 리더스가 개발되어 있는데, 아이들과 도서관에 가서서 수준과 관심에 맞는 책을 고르는 것이 스스로 읽기 공부의 첫 단계입니다. 첫 책만 잘 고르면 같은 라인의 책들을 쭉 읽어나가면 되기 때문에 수월해집니다. 책은 음원 CD가 있는 것으로 골라야 합니다. 처음 읽기를 시작하는 아이들은 스스로 모든 어휘를 읽어낼 수 없기 때문에 음원의 도움을 받아서 단어 하나하나를 손으로 짚어가면서 CD를 여러 번 들은 후 스스로의 힘으로 읽어보기를 반복합니다.

이렇게 읽을 수 있는 책들을 차곡차곡 쌓아 나가다 보면 교육과정 수준을 뛰어넘는 읽기 수준에 닿을 수 있게 됩니다. 꾸준히 매일 읽는 습관이 가장 중요하니, 하루에 1권씩이라도 CD를 듣고 읽어보는 연습을 하도록 합니다. 이 방법은 어떤 학년, 어떤 읽기 레벨이든 관계없이 시작할 수 있는 방법입니다. 도서관에서 자신의 수준에 맞는 리더스북을 찾아보시면 좋겠습니다.

 Q6 **초등학교 중학년(3,4학년)에서 고학년(5,6학년) 및 중등 영어 수준으로 올라가는 방법이 궁금합니다.**

초등학교 중학년이나 고학년, 중학교 영어의 수준 차는 결국은 '영어 자료의 난이도' 차이일 뿐입니다. 내가 이해할 수 있는 영어 소리와 텍스트의 수준이 올라가면 영어 레벨이 높아지는 것입니다. 여기에 중등 영어의 경우 문법 요소가 가미되며, 텍스트를 이해하는 깊이가 더 깊어집니다. 텍스트를 이해하는 깊이는 영어 능력만으로 되기보다는 우리말 이해의 깊이, 문해력까지 같이 성장해야 되는 것입니다. 결국 영어 문해력도 책을 많이 읽어야 생기는데, 읽기 레벨이 올라가지 않는 것은 읽기 양이 그만큼 충분히 차지 않았기 때문입니다.

반복적으로 말씀드리지만, 초등 시기에 쉬운 수준의 영어책을 폭넓게 많이 듣고 읽어야 합니다. 충분한 듣기와 읽기 양이 차면 누구나 다 읽기 레벨이 올라갑니다. 또한 다양한 영역의 글을 읽을 필요도 있습니다. 다양한 영역의 글이란 다양한 주제의 글을 읽어야 한다는 것입니다. 창작 이야기와 더불어서 지식책 읽기도 곁들여야 한다는 것이죠. 다양한 주제의 글은 다양한 어휘와 문장 스타일을 경험하게 합니다. 앞서 소개해드린 리더스북에는 자연과학 및 사회과학 주제를 쉽게 다룬 책들도 있습니다. 쉬운 난도의 영어책을 다양한 주제에 걸쳐서 읽혀 보세요!

 Q7 **영어 애니메이션을 보는 것이 진짜 도움이 되는 것인지 궁금합니다.**

영어로 된 영상물을 시청하는 것은 초등기에 할 수 있는 아주 좋은 영어듣기 방법입니다. 영어책을 CD로 만들어 놓은 것을 듣는 것도 아주 좋지만, 생각보다 장시간 집중하기는 쉽지 않습니다. 반면 영어 영상물은 아이들이 꽤 긴 시간 동안도 집중할 수 있게 합니다. 게다가 영상은 움직이는 그림과 함께 소리가 나오기 때문에 처음 듣는 영어 소리도 이해하기가 쉽습니다. 영어책과 비교했을 때에는, 실제로 생활 속에서 사용하는 대화문이 많이 나온다는 것도 장점입니다. 영어 영상물 시청은 하루에 지나치게 장시간 시청하지만 않는다면 매우 권하고 싶은 영어 소리 노출 방법입니다. 중학교 이후에는 학습량이 영어뿐만 아니라 다른 과목들도 많기 때문에, 영상물을 시청할 수 있는 시간이 넉넉하지 않습니다. 게다가 중등 아이들의 인지 수준에 맞는 영어 영상물은 어려운 경우가 많습니다. 따라서 초등기에 쉬운 수준의 영어 영상물부터 하루에 일정 시간 꾸준히 들으면 영어의 듣기와 말하기에 도움이 됩니다.

 Q8 **초등 시기에 영어 레벨 테스트를 꼭 받아야 할 필요가 있을까요?**

초등 시기에 어떤 형태의 레벨 테스트이건 꼭 받아야 할 필요는 없습니다. 오히려 잦은 레벨 테스트는 아이들을 지치게 하고 영어 공부에 대해 부정적인 생각을 갖게 할 수 있습니다. 어차피 초등 단계의 영어 공부는 기초를 다지는 수준일 뿐이며, 텍스트의 내용도 인지적으로 낮은 수준입니다. 앞으로 장기적으로 갈 길이 먼데 초반의 레벨 테스트는 큰 의미가 없습니다. 물론 아이가 유학을 가야 해서 영어 공인 시험 점수가 필요한 상황이라면 해당 시험을 준비하면서 연습 시험을 시도해볼 수는 있겠습니다. 또한 아이와 부모가 합의 하에 아이의 현재 수준을 확인해보는 정도라면 가끔씩은 괜찮습니다. 그런 이유가 아니라면 초등 시기에 영어 시험과 레벨 테스트로 에너지를 소진할 이유가 없습니다. 재미있는 책과 영상물들로 영어 내공을 더 깊게 만드는 데 집중하시면 좋겠습니다.

Q9 소리 내서 읽는 연습을 해야 할까요?

영어 읽기의 형태에는 3가지가 있습니다. CD 등의 음원을 들으면서 눈으로 글자를 따라가는 청독, 책을 스스로 소리 내어 읽는 음독, 소리를 내지 않고 눈으로 읽는 묵독이 그 3가지입니다. 이 중에 스스로 읽기가 잘 되지 않을 때, 읽기 레벨을 올리고 싶을 때 사용하는 방법이 '청독'입니다. 그런데 계속해서 청독만 하게 되면, 아이가 실제로 그 텍스트들을 잘 읽어낼 수 있는지 알 수가 없습니다. 때문에 조금씩은 음독 연습을 할 필요가 있습니다. 더구나 음독은 '낭독의 힘'이라고 말할 만큼 텍스트의 이해나 영어 말하기에도 도움이 됩니다.

다만, 음독 연습을 하는 텍스트는 청독을 하는 텍스트보다 쉬워야 합니다. 스스로 읽기 어려워서 청독하는 책을 낭독하라고 하면 유창하게 읽기가 어렵기 때문입니다. 따라서 매우 쉬운 수준의 책부터 조금씩 시간을 정해서 음독 연습을 하는 것은 초등시기 뿐만 아니라 어른의 영어 공부에도 도움이 됩니다.

Q10 엄마표 영어가 학교 영어에 도움이 될까요? 혹시 더 챙겨 줘야 하는 것이 있을까요?

엄마표 영어가 아이들의 수준에 맞게 재미있고 꾸준하게 영어책을 읽고 영어 영상물을 보면서 영어 소리와 문자에 노출해온 것이라고 한다면 당연히 학교 영어에도 도움이 됩니다. 풍부하게 들어온 영어 소리로 인해 아이들이 학교 영어를 편안하고 쉽게 느끼게 될 뿐더러 가정에서 보충해서 읽는 영어책들로 학년이 올라갈 때마다 높아지는 난이도도 어렵지 않게 극복할 수 있습니다. 학교의 평가 수준도 크게 걱정하실 필요가 없습니다.

다만, 해당 학년에 나오는 어휘와 문장들을 아이가 모두 읽을 수 있는지만 확인해주세요. 아이가 교과서를 가정에 가져오지 않는다면 본문에서 소개해드린 '디지털교과서'로 확인해보실 수 있습니다. 또한 해당 학년 내용을 잘 이수하고 있는지 궁금하시다면 본문에서 소개해드린 '배우고 이루는 스스로 캠프(http://plasedu.org/plas/, 충남대학교 응용교육측정평가연구소 운영)'에서 해당 학년의 문제를 잘 풀 수 있는지 살펴보시기 바랍니다.

★중학영어★

PART 03

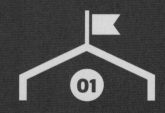

중학영어
교육과정 기본 정보

목표/수업 시수/수업 방법/난이도/평가

    중학영어는 초등영어에서 고등영어로 넘어가는 징검다리와 같습니다. 난도가 확 높아지는 고등영어를 맞이하기 전에 영어 학습에 대한 기본기를 닦을 수 있는 중요한 시기입니다. 특히 중학교 1학년에는 자유학년제가 시행되고 있어 시행착오를 만회할 수 있는 시간적 여유가 있습니다. 이 시기에 중학교 학생들이 꼭 챙겨야 할 것들을 놓치지 않도록, 중학교 영어 교육과정의 기본적인 정보들을 알아보고 자신에게 맞는 영어 학습법을 찾아보며 영어 교과 평가에 어떻게 대비할지 알아보도록 하겠습니다.

중학영어 교육과정의 목표

중학교 영어는 학습자들이 초등학교에서 배운 영어를 토대로 하여,

친숙하고 일반적인 주제에 관한 기본적인 영어를 이해하고 표현하는 능력을 갖추게 하는 것을 목표로 합니다. 현재 교육과정에 명시된 중학교 영어의 목표는 다음과 같습니다.

가. 영어 학습에 대한 흥미와 관심을 가지고 일상적인 영어 사용에 자신감을 가진다.

나. 친숙한 일상생활 주제에 관하여 영어로 기본적인 의사소통을 할 수 있다.

다. 외국의 문화와 정보를 이해하고 우리 문화를 영어로 간단히 소개할 수 있다.

중학교 영어에서는 초등학교 영어와 동일하게 영어에 대한 흥미와 자신감을 갖는 것을 가장 주된 목표로 하며, 외국의 문화와 정보를 이해하는 것에 그치는 것이 아니라, 우리나라의 문화도 세계에 소개할 수 있는 의사소통 능력 배양을 추구한다는 것을 알 수 있습니다.

중학 영어 교과 수업 시수

중학교 영어 수업은 기본적으로 학년별 주당 3~4시수로 편성되며, 1회 수업은 45분으로 진행됩니다. 한 학기에 17주간의 수업을 기준으로 하여, 중학교 3년간 이수하게 되는 영어수업의 총 시수는 340시간입니다. 총 수업 시수는 필요에 따라 20% 범위에서 늘리거나 줄일 수 있으며, 학교마다 학년별 수업 시수는 다를 수 있습니다.

〈표 3-1〉은 1학년 2학기에 자유학기를 실시하는 중학교의 교육과정 편성표 예시입니다. 이 표에 따르면, 해당 중학교에 다니는 학생은 1학년 1학기에는 주당 3시간, 1학년 2학기에는 자유학기(주제 선택)를 포함하여 주당 3시간의 영어수업을 듣습니다. 2학년 1, 2학기에는 주당 3시간, 3학년 1, 2학기에는 주당 4시간의 영어수업을 듣습니다. 정리하면, 학년별 평균적으로 주당 3~4시간의 영어수업을 듣는 셈입니다.

〈표 3-1〉 1학년 2학기에 자유학기를 실시하는 중학교의 교육과정 편성표 예시

2021 (1학년)		2022 (2학년)		2023 (3학년)		자유 학기	합계
1학기	2학기	1학기	2학기	1학기	2학기	주제 선택	
51 (3시수)	34 (2시수)	51 (3시수)	51 (3시수)	68 (4시수)	68 (4시수)	17 (1시수)	340

중학영어 수업 운영 방식

중학영어 수업 시간은 교과서가 절대적인 기준점을 제시합니다. 영어 교과서는 교육과정에 의거해 집필되었고, 내용은 학년별/영역별 성취기준에 따라 구성됩니다. 이때 성취기준은 수업을 통해 배워야 할 내용(지식, 기능, 가치 및 태도)을 말하며 이 기준에 따라 교사는 보통 수업에서 가장 알맞은 학습 활동을 선택합니다. 또한 교과서에서 단원별 연계되는 내용이 있으면 교사가 탄력적으로 영어 교육과정을 재구성하여 수업을 계획하기도 합니다.

교과서는 대부분 7~8개의 단원으로 구성되어 있으며, 교과서의 한 단원은 보통 3주 동안 적게는 9차시, 많게는 12차시에 걸쳐 수업이 계획됩니다. 교과서의 단원은 기본적으로 듣기 → 말하기 → 읽기 → 쓰기의 순서로 구성되어 있습니다. 수업 방식은 언어의 4가지 기능을 통합하여 가르치는 것을 기본으로 하며, 강의식 수업과 활동 중심의 참여형 수업을 혼합하여 구성합니다.

다음은 중학교 영어 교과서의 한 단원이 몇 차시의 수업으로 구성되는지 보여주는 예시입니다. 일반적으로, 단원 도입에서는 핵심 어휘의 학습이 이뤄집니다. 이어서 교과서의 구성 순서대로 듣기와 말하기 활동이 이어지고, 그다음에는 본문 읽기 활동을 합니다. 읽기 활동이 끝난 후에는 본문에 등장한 문법 개념을 학습하고, 이를 활용한 쓰기 활동이 이루어집니다.

한 단원의 차시 구성의 예시

1차시	어휘 학습
2~3차시	듣기/말하기
4~5차시	읽기
6차시	문법 학습
7~8차시	쓰기
9차시	복습

만일 '한국의 전통음식'에 관한 단원에서 쓰기 수행평가가 계획되었

다면, 다음과 같은 학습 목표로 수업을 재구성하여 진행할 수 있습니다.

〈그림 3-1〉 '한국의 전통음식' 단원에서의 중학영어 쓰기 수행평가 예시

[1~2차시] 읽기 활동

한국의 전통음식에 관한 글을 읽고 세부 정보를 파악할 수 있다.

[3~4차시] 쓰기 활동

한국의 전통음식의 요리법을 조사하여 소개하는 글을 작성할 수 있다.

〈한국의 전통음식을 소개하는 글 양식〉

1. 내가 선택한 한국의 전통음식: _____

2. 내가 선택한 한국의 전통음식의 키워드:

_____

3. 내가 선택한 한국의 전통음식에 대한 간단한 소개:

_____

4. 필요한 재료:

_____

5. 조리 방법:

   1) _____

   2) _____

   3) _____

출처: 교육부(2021), 중고등학교 영어과 교육과정 재구성 예시 자료집(일부 내용 재구성)

읽기 본문을 읽고 세부내용을 파악하는 것에 그치지 않고, 이를 활용한 쓰기 활동이 이뤄지며, 그 과정과 결과물을 수행평가에 반영하게 됩니다.

사실 쓰기 수행평가에 대해 막연히 걱정하고 불안해하는 학생과 학부모님들이 많습니다. 하지만 쓰기 수행평가는 과제처럼 집에서 완성해야 하는 것이 아닙니다. 학생이 주제에 대해 관련 자료를 검색해 오면, 이를 바탕으로 초안을 작성하는 것을 수업 시간에 진행하도록 하고 있습니다. 또한 학생은 동료 학생과 교사에게 피드백을 받아서 초안을 여러 차례 수정할 기회를 가질 수 있습니다. 이처럼 쓰기 수행평가는 결과물보다는 '과정'을 중심으로 수업 시간 내에 진행되기 때문에, 쓰기 수행평가 점수를 잘 받고 싶다면 충실히 수업 과정에 참여하는 것이 제일 중요합니다.

중학영어 난이도

어휘 수

중학영어 교육과정에서 다뤄지는 기본 어휘는 총 750개로, 3년에 걸쳐 배우게 되기에 학습해야 할 어휘 수 자체는 크게 부담이 없습니다. 물론 초등학교 때 원서읽기나 DVD 시청 등 살아있는 영어를 공부한 아이라면 더더욱 정복하기에 수월한 분량입니다. 하지만 학교에서 선정한 교과서 외에도 시중에는 수많은 다른 영어 교과서가 있습니다. 과연 모든 교과서의 핵심 단어를 모아서 다 외워야 할까요? 다행히도, 교과서를 개발할 때는 중학영어 기본 어휘의 90%를 사용하게 되어 있습니다. 그렇기에 중학교 수준의 어휘를 익히는 게 목적이라면, 여러 출판사의 교과서를 볼 필요없이 한 교과서에 나오는 단어 또는 중학 수준의 단어장 1권만 제대로 소화하면 됩니다.

　기본 어휘에 관한 교육과정 지침을 좀 더 살펴보겠습니다. 기본 어휘는 대표형(headword)으로 제시된다는 점을 알아야 합니다. 사전의 표제어를 떠올리면 이해가 될 것입니다. 어휘가 사전에 수록될 때, 가장 기본이 되는 형태로 실리게 됩니다. 이것은 어휘를 학습할 때 단순히 어휘의 대표형만 공부해서는 충분하지 않다는 의미가 됩니다. 예를 들어, 기본 어휘 중 하나인 'teach'의 범주에는 다양한 동사 형태(teaches, taught, teaching)뿐만 아니라, 더 나아가 파생어 teacher까지도 포함될 수 있다는 것입니

〈그림 3-2〉 기본 어휘 관련 지침

1. 각 학년군에서 사용할 수 있는 새로운 어휘 수는 다음과 같다.
　　초등학교 3~4학년군 : 240 낱말 내외
　　초등학교 5~6학년군 : 260 낱말 내외
　　　　　　　　(누게 : 500 낱말 내외)

　　중학교 1~3학년군 : 750 낱말 내외
　　　　　　　　(총계 : 1,250 낱말 내외)

3. 기본 어휘 목록에는 대표형만 제시하고, 대표형은 굴절 및 파생의 변화형을 포함한다. 단, 빈도수가 높고 학습에 필요한 일부 변화형은 기본 어휘 목록에 제시한다.

　<굴절 및 파생 변화형 예시>
　write(writes, wrote, written, writing)
　be(am, are, is, was, were, been, being)
　have(has, had, having)
　book(books, booked, booking)
　foot(feet)

출처: 교육부 고시 제2015-74호[별책 14]

다. 또한 'book'의 경우에는 단순히 '책'을 의미하는 명사만이 아니라, '예약하다'라는 동사의 변화형(books, booked, booking)도 포함될 수 있습니다. 그렇기에 초등학교에서 뜻과 단어를 매칭하는 수준에서 학습을 했다면 중학교에서는 다양한 문맥에서 그 어휘를 다양한 정보(품사, 확장된 의미)와 점차 연결해나가는 과정이 꼭 필요합니다. 이것을 중학교에서의 어휘 기본학습이라 볼 수 있으며, 어휘 심화학습에 대해서는 212~213쪽에서 다시 자세하게 다루겠습니다.

텍스트의 난이도

중학영어는 초등영어와 비교하여 상대적으로 음성언어보다 문자언어의 비중이 높습니다. 초등영어는 음성언어를 강조하기 때문에, 평균적으로 한 문장의 길이가 짧은 편입니다. 반면에 중학영어에서는 학년이 높아질수록 한 문장의 길이가 점점 길어지고, 한 문단의 길이도 길어지는 경향이 있습니다. 특히 문장의 길이는 텍스트의 난이도와 밀접하게 관련이 있습니다. 즉, 한 문장 안에 나오는 단어가 많을수록 텍스트에 대한 이해는 더욱 어려워집니다.

실제로 중학교 1, 2학년 영어 교과서 총 13종 중에서 8종의 교과서를 대상으로 텍스트의 난이도를 분석한 연구 결과가 있습니다. 문장의 길이와 단어를 기준으로 텍스트의 난이도를 수치화할 때, 중학교 1학년 교과서는 미국 초등학교 2~3학년에 해당하는 읽기 수준이 나왔고, 중학교 2학년 교과서는 미국 초등학교 4학년 수준의 읽기 수준으로 나왔습니다. 참고로, 해당 교과서를 렉사일(Lexile) 텍스트 지수로 수치화했을 때, 1학년은 400~700L, 2학년은 500~800L 범위로 나타납니다.

〈표 3-2〉 중학교 1·2학년 영어교과서 렉사일(Lexile) 지수

중학교 1·2학년 영어교과서 Lexile 지수

	A	B	C	D	E	F	G	H	총 범위
중학교 1학년	400L-500L	500L-600L	600L-700L	500L-600L	500L-600L	500L-600L	500L-600L	500L-600L	400L
중학교 2학년	500L-600L	700L-800L	600L-700L	500L-600L	500L-600L	500L-600L	500L-600L	600L-700L	500L-800L

출처: 배지영(2019), 「중학교 1·2학년 2015 개정 영어교과서 읽기 자료의 가독성 분석과 아동문학 선정 연구」

렉사일(Lexile) 지수란?

개인의 독서 수준에 맞는 책을 골라 읽을 수 있도록, 미국 교육 연구기관 메타메트릭스(Metametrics) 사에서 개발한 공신력 있는 영어 읽기능력 지수를 말합니다.

※참고자료

미국 학생을 기준하여 읽기 수준을 렉사일 지수로 바꾸면 다음과 같습니다.

취학전 : *BR~200L   1학년: 200L~500L

2학년: 470L~620L   3학년: 590L~790L

4학년: 695L~910L   5학년: 805L~980L

6학년: 900L~1040L   7학년: 955L~1090L

8학년: 1025L~1160L   9학년: 1095L~1230L

10학년: 1155L~1310L   11~12학년: 1215L~1360L

* BR(초보 독자, Beginning Reader): 렉사일 지수를 측정할 수 없는 경우

〈표 3-3〉 중학교 읽기 영역의 내용 체계

영역	핵심 개념	일반화된 지식
읽기	철자	소리와 철자 관계를 이해한다.
	어휘 및 문장	낱말이나 문장을 이해한다.
	세부 정보	글의 세부 정보를 이해한다.
	중심 내용	글의 중심 내용을 이해한다.
	맥락	글의 논리적 관계를 이해한다.
	함축적 의미	글의 행간의 의미를 이해한다.

하지만 텍스트의 난이도는 단순히 양적으로 낮은 빈도수의 어휘가 얼마나 등장하는지, 문장의 길이가 얼마나 긴지의 여부로만 결정되는 것은 아닙니다. 텍스트의 질적인 측면에서도 초등영어와 중학영어 간에 큰 차이가 하나 있습니다. 그것은 바로 '추론적 이해능력'입니다. 초등영어에서는 글을 읽고 중심내용과 세부내용을 파악하는 사실적 이해능력을 기르는 것이 목표라면, 중학교 영어에서는 이에 더하여 글의 논리적 관계를 이해하고 행간의 의미를 파악하는 추론적 이해능력까지 더 나아갑니다.

이해를 돕기 위해 중학교 3학년 학업성취도 평가 2개 문항을 살펴보겠습니다. 다음 문항에서는 밑줄 친 표현에 대해서 문자 그대로의 의미를 묻는 것이 아니라, 글의 맥락을 이해하여 '함축적인 의미'를 추론할 수 있는지를 평가하고자 함을 알 수 있습니다(〈그림 3-3〉 참조).

〈그림 3-3〉 중학교 3학년 학업성취도 평가 문항 예시

---

15. 다음 글에서 밑줄 친 말의 의미로 가장 적절한 것은?

> Social media feels like it is everywhere, and it will continue to grow. But remember that social media <u>is like chocolate</u>. Not everyone enjoys it. Some people who like sweet things love to eat chocolate, but there are some other people who think chocolate is too sweet. It is great if you love social media, but like chocolate, it is simply not for everyone.

① 다양한 종류가 있다.
② 언제나 쉽게 접근할 수 있다.
③ 모든 사람이 좋아하지는 않는다.
④ 적은 비용으로 부담 없이 즐길 수 있다.
⑤ 어떠한 영향을 미치게 될지 알 수 없다.

출처: 2020학년도 3월 중3 국가수준 학업성취도 평가 15번

또 다른 문항은 이어질 글의 순서를 묻는 것으로, 일이나 사건의 전후 관계를 파악하는 것이 필요합니다. 해당 문항에서는 결과를 나타내는 연결사 'as a result'의 의미를 알아야 하고, 대명사 they와 their이 글에서 무엇을 지칭하는지를 파악해야 합니다(〈그림 3-4〉 참조). 결국, 글이라는 것은 단순히 문장들의 나열이 아니라, 각 문장들이 긴밀하게 연결되어 이뤄지는 것입니다. 그렇기 때문에 평소에 영어 지문을 읽을 때 연결사와 지시어 또는 대명사를 파악하여, 문장 간의 논리적인 관계를 이해하는 연습이 필요합니다.

---

30. 주어진 글 다음에 이어질 글의 순서로 가장 적절한 것은?

> About 2,500 years ago, builders in ancient Greece thought of a way to use the sun's free energy. They built big cities with all the houses facing south, the sunniest direction.

(A) In the American Southwest, native peoples such as the Hopis, Pueblos, and Navajos had the same idea.

(B) As a result, sunlight came in through the windows and warmed the houses of Greek people during all winter.

(C) For nine hundred years, they have used solar power to provide sunlight and heat to their homes just as the Greeks did.

* solar : 태양의

① (A) − (C) − (B) ② (B) − (A) − (C)

③ (B) − (C) − (A) ④ (C) − (A) − (B)

⑤ (C) − (B) − (A)

출처: 2020학년도 3월 중3 국가수준 학업성취도 평가 30번

문법의 난이도

당연한 말이겠지만 중학영어에서 문법 난도 역시 학년이 올라갈수록 점점 높아집니다. 문제는 어떤 방식으로 높아지는지를 이해하는 것입니다. 쉽게 말하자면 저학년 과정에 나오는 영문법의 기본 개념이 학년이 올라갈수록 심화되어 등장합니다. 가령, 1학년 교과서에서 동사의 시제로 현재형, 과거형, 미래형, 진행형이 제시됩니다. 이어서 2학년 교과서에서 현

재완료형이 나오며, 3학년 교과서에서는 더욱 심화되어 과거완료형이 나타납니다.

1학년　He <u>plays</u> the piano every day. (현재)

2학년　He <u>has played</u> the piano for 10 years. (현재완료)

3학년　He <u>had played</u> the piano since then. (과거완료)

이처럼 이전에 배운 영문법 개념이 점차 심화되어 등장하는 것 외에도, 학생들이 이해하기에 어려울 수 있는 개념이 새롭게 등장하기도 합니다. 대표적인 예가 바로 '분사 구문'과 '가정법'입니다. 먼저, 분사 구문은 보통 중학교 3학년 대부분의 교과서에 등장하는 영문법 개념입니다. 사실 분사 구문의 기본 개념은 간단하지만, 생략된 접속사의 의미를 살려 해석하는 것이 학생들이 어려움을 크게 느끼는 부분입니다. 분사 구문의 예시를 들어보겠습니다.

<u>Being sick</u>, <u>she couldn't go to school</u>.
　　①　　　　　　　　　　②

위 표현을 보고 많은 학생들은 단어를 바탕으로 해석을 하려고 합니다. 하지만 ①의 '아프다는 내용'과 ②의 '그녀가 학교에 갈 수 없었다'라는 것의 관계를 생각하면 ①이 ②의 원인이 된다는 것을 알 수 있습니다. 이와 같이 관계를 파악하면서 Being sick이라는 분사구문을 접근하면 훨씬 더 쉽게 이해할 수 있습니다. 이러한 표현 간의 논리적인 관계에 대한 이해는 고등학교 영어로까지 연결됩니다.

　　그 다음으로 중학생들이 가장 어려워하는 영문법 개념은 가정법입니다. 학창 시절에 'If I were a bird, I could fly to you.(내가 새라면 너에게 날아갈 수 있을 텐데.)'라는 표현을 들어본 적 있을 것입니다. 이는 가정법 과거의 대표적인 예문입니다. 가정법 과거는 중학교 3학년 거의 모든 교과서에 처음으로 등장합니다. 먼저 가정법 과거는 실제 벌어진 일이 아닌, 머릿속에서 벌어지는 '상상'을 표현합니다. 또한 과거 형태로 표현되어 있지만 현재 상황으로 해석되다 보니 시간 개념이 일치하지 않습니다. 이 두 가지 이유로 많은 학생들이 아주 어려워합니다. 그런데 이 가정법 개념은 중학교 과정에서 끝나는 것이 아니라, 고등 과정에서도 개념이 확장되어 다시 등장합니다. 그렇기 때문에, 중학 과정에서 이런 토대가 되는 영문법 개념은 단권화 정리를 통해 제대로 정리해 두는 것이 필요합니다. 단권화 정리에 대해서는 뒷부분 178~179쪽에서 다시 언급하겠습니다.

　　요컨대, 중학교 영문법은 저학년의 기초가 고학년으로 연결된다는 점을 생각하면서 공부해야 합니다. 아울러, 단순 해석보다는 문맥을 통한 의미 파악이 중요하며, 머릿속에서 이루어지는 추상적인 개념에 대한 표현 방법을 익히는 것이 그 마지막이라고 할 수 있겠습니다.

중학 영어교과 평가의 기본 구성
지필고사, 수행평가

　　중학교 영어교과의 평가는 우리가 흔히 내신이라고 일컫는 내용이며,

그 안에는 지필평가와 수행평가가 포함됩니다. 지필평가는 학교별로 한 학기에 1~2회 정도로 실시하며, 영어교과는 중간, 기말시험으로 학기당 총 2회에 걸쳐 실시되는 경우가 많습니다. 수행평가는 학교별, 학년별, 혹은 교사별로 개수와 종류가 상이한 편입니다. 단, 단편적인 결과물이 아닌 수업 전 과정에 걸친 수행 정도를 평가한다는 점(과정중심 평가)은 모두 동일합니다. 중학교 영어 수행평가는 학기당 적게는 2개, 많게는 4개까지 실시되는 경향을 보입니다. 유형을 살펴보면, 지필평가는 보통 선택형(객관식)과 서답형(주관식) 문항을 섞어 출제하며, 수행평가에서는 논술형, 구술, 발표, 토론, 프로젝트 등의 다양한 방식이 활용됩니다.

---

(1) 지필평가
- 선택형(객관식) 문항: 진위형, 선다형, 연결형, 배열형 등
- 서답형(주관식) 문항: 단답형, 제한적 논술형(서술형), 논술형 등

(2) 수행평가
- 논술형, 구술(말하기), 발표, 토론, 프로젝트 등

학교별로 평가내용이 상이하기 때문에, 학기 초 공시되는 평가계획 내용을 참고하는 것이 좋습니다. 평가계획서에는 학년별, 교과별로 실시하는 평가의 종류, 시기 및 방법 등에 대한 자세한 정보가 포함되기 때문에, 반드시 확인해야 합니다. 평가계획서는 학기 초 학교 홈페이지에 공시되거나, 학교 알리미 사이트(https://www.schoolinfo.go.kr)에서 확인 가능합니다. 사전에 내용을 확인하면, 한 학기에 걸친 철저한 학습계획을 세우는 데 용이할 수 있습니다.

〈표 3-4〉 O학년 O학기 영어과 평가계획서 예시

평가 종류	지필평가				수행평가		
반영 비율	60%				40%		
횟수/영역	1차		2차		영화감상문 쓰기	유명인사 인터뷰	포트폴리오
	선택형	논술형(서술형 포함)	선택형	논술형(서술형 포함)			
만점 (반영 비율)	70점 (21%)	30점 (9%)	70점 (21%)	30점 (9%)	15점 (15%)	15점 (15%)	10점 (10%)
	100점(30%)		100점(30%)				
논술형 평가 반영 비율	9%		9%		15%	–	10%
평가 시기	10월 3주		12월 2주		9월	11월	수시
교육과정 성취 기준	9영01-06, 9영01-07, 9영01-09, 9영02-02, 9영02-03, 9영02-04, 9영03-06, 9영04-04, 9영04-06		9영01-03, 9영01-04, 9영01-05, 9영02-06, 9영02-08, 9영03-04, 9영03-07, 9영03-09, 9영04-01		9영04-04	9영01-03, 9영01-04, 9영01-05, 9영02-06, 9영02-08	9영04-01, 9영04-04, 9영04-06

위 계획서의 반영 비율을 보면 알 수 있듯이, 지필평가와 수행평가는 고른 비중으로 실시됩니다. 따라서 두 영역 모두에서 치밀한 계획과 준비가 필요합니다. 소위 상위권으로 여겨지는 A등급(학기말 성적 90점 이상)을 받기 위해서는, 학교생활의 성실도로 평가받는 수행평가도 잘 준비해야

합니다. 실제 학교 현장에서, 지필시험에서 높은 점수를 받고도 수행평가에서 성실하지 못한 모습을 보여 B등급을 받는 학생들을 여럿 보았습니다. 그뿐만 아니라, 교육부 지침상 모든 교과에서 1개 영역 이상 필수로 실시하게 되어 있는 논술형 평가의 준비도 소홀히 해서는 안 됩니다. 특히 지필평가의 논술형(서술형 포함) 문항의 경우, 선택형(객관식)보다 까다로운 내용으로 출제되어 준비가 쉽지는 않습니다. 하지만 적을 알고 나를 안다면, 충분히 대비할 수 있습니다. 지필고사 및 수행평가의 구성과 해법에 대한 자세한 내용을 알아보도록 합시다.

중학교 영어 내신 등급표

등급	학기말 성적(원점수)
A	90점 이상
B	80점 이상
C	70점 이상
D	60점 이상
E	60점 미만

지필고사의 구성과 해법
평가 횟수, 문항 형식(객관식/논술형), 문항 유형 등

지필평가의 실시 횟수는 학교별로 상이합니다. 중간, 기말에 걸쳐 2회 실시하는 학교가 있는 반면, 1회만 실시하는 학교도 있습니다. 단, 국영수

과목은 학기당 2회 실시를 요구하는 학부모님들이 많은 편이라 대다수의 학교에서 그것을 반영하려 합니다. 하지만 자유학기가 끝난 후에도 연계 자유학기를 실시하는 학교에서는 지필시험 형태의 총괄평가를 축소하려는 모습을 보이기도 합니다. 여기서 연계 자유학기란 자유학기 만큼은 아니지만 자유학기가 끝난 후에도, 제도의 좋은 취지를 살려 총괄평가보다는 과정 중심의 평가를 강조하며 교육과정을 운영하는 학기입니다. 이에 연계 자유학기로 운영하는 학기에 지필평가를 1회로 축소하여 운영하기도 합니다.

지필평가 문항의 유형은 객관식 문항과 주관식 문항으로 나뉩니다. 객관식 문항은 우리가 흔히 5지 선다형이라고 부르는 유형으로 출제하며, 5개의 선택지 중 하나의 정답을 고르는 문제 형식입니다. 주관식 문항은 단답형 혹은 서술형으로 출제됩니다. 단답형은 정해진 답만을 간략하게 작성하는 문제 유형이고, 서술형은 그보다는 문제 해결력이나 적용력을 요하는 유형입니다. 단답형은 정해진 답이 있기에 정답 혹은 오답으로만 채점되는데, 서술형은 답이 완벽하지 않더라도 채점기준표에 따라 부분 점수 부여가 가능합니다.

지금부터 객관식 문항의 예시 몇 가지를 살펴보도록 하겠습니다. 이는 한국교육과정평가원이 주관하여 실시한 국가수준 학업성취도 평가 문항의 일부입니다. 국가수준 학업성취도 평가는 교내 지필평가와는 그 목적이 다르기는 하지만 문제 유형을 보여드리고자 예시로 사용하였습니다. 지문의 난이도는 중학교 3학년 수준이며, 문제 유형은 실제 학교 시험에서 빈번하게 사용되는 문항(글의 요지 찾기, 흐름상 어색한 내용 찾기, 내용 일치 등)으로 가져왔으니 참고 부탁드립니다.

16. 다음 글의 요지로 가장 적절한 것은?

It's quick and easy to post photos online. But posting photos might not be such a clever idea. It could give away too much information about ourselves. The problem with posting photos on the Internet is that you can't control what happens to them. They can be copied and shared, and then they can appear anywhere. Once they appear on the Internet, deleting them all is almost impossible. So, you need to think twice before posting photos.

① 타인에게 상처를 주는 댓글을 달지 않도록 유의해야 한다.
② 중요한 행사의 사진 촬영은 전문가에게 맡기는 것이 좋다.
③ 온라인 정보를 사용할 때에는 출처를 분명히 밝혀야 한다.
④ 온라인에 사진을 게시할 때에는 신중해야 한다.
⑤ 글을 쓸 때에는 맞춤법 오류가 없어야 한다.

12. 글의 흐름으로 보아 전체 내용과 관계 없는 문장은?

You can never learn very much if you do not ask questions. Many times questions are more important than answers. ① A person should never be afraid to admit he or she does not know an answer. ② Once you do this, then you are on the path of learning. ③ The right question and a steady mind to listen help us to grow and build confidence and character. ④ Never ask a question if you don't already know the answer. ⑤ Asking questions will help you to make better choices in life.

148쪽의 예시처럼, 객관식 문항은 기본적으로 지문 내용을 제대로 이해하고 있는지를 묻습니다. 이를 지필고사에 적용하자면 교과서에서 다루었던 듣기 대본, 읽기 지문의 어휘, 독해, 문법 등의 중요 내용에 대한 이해도를 확인하는 것입니다. 사실 교과서 내용을 충분히 파악하였다면, 답을 고르는 것이 어렵지 않습니다. 단, 선택지가 영어로 적힌 문항들이 있을 수 있어, 기본적인 어휘 실력과 문장 구조에 대한 이해는 추가로 필요할 수 있습니다. 교과서 내용을 완벽히 알더라도 선택지에 나온 영어 문장의 내용이 이해되지 않는다면, 정답을 찾을 수 없는 것입니다. 물론, 선택지에 활용되는 어휘나 문장 구조는 해당 학년의 수준을 벗어나지는 않습니다. 그렇기에 평소에 학년 수준에 맞는 어휘력과 문장 구조 이해력을 갖추는 것이 필요합니다.

2019학년도 3월 중3 국가수준 학업성취도 평가

24. 다음 글의 내용과 일치하지 <u>않는</u> 것은?

Many countries around the world are facing energy challenges. About 70% of Russia's oil wealth comes from western Siberia. Now the amount of oil produced by this region is decreasing. In Brazil, dams on large rivers produce most of the country's electricity. These dams are an important source of energy, but they can harm the environment. Let's study the map below to learn more about energy challenges of countries around the world.

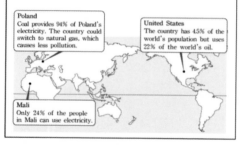

Poland
Coal provides 94% of Poland's electricity. The country could switch to natural gas, which causes less pollution.

United States
The country has 4.5% of the world's population but uses 22% of the world's oil.

Mali
Only 24% of the people in Mali can use electricity.

① 러시아 서부 시베리아의 석유 생산량이 감소하고 있다.
② 브라질에서는 전기의 대부분을 댐에서 생산한다.
③ 폴란드 전기의 94%는 석탄으로부터 얻는다.
④ 미국은 전 세계 석유의 4.5%를 사용한다.
⑤ 말리에서는 24%의 사람들만이 전기를 사용할 수 있다.

다음으로는 주관식 서답형 문항의 예시입니다. 학교마다 차이가 있기는 하지만 주관식 문항은 100점 만점에 적게는 10점, 많게는 40점까지의 비중을 차지하기도 합니다. 내용 요약하기, 조건에 맞게 빈칸 완성하기, 주어진 단어 배열하기 등의 다양한 유형이 있을 수 있습니다.

2019학년도 3월 중3 국가수준 학업성취도 평가

[서답형 5] 다음 글을 읽고, 내용과 일치하도록 빈칸 (1)과 (2)에 적절한 말을 본문에서 찾아 각각 한 단어로 쓰시오.

Many great ideas come from observing nature, and they can improve the way we live. For example, sharks have special skin that makes them swim fast. Designers copied sharks' skin and made swimsuits for Olympic swimmers to improve their performance. As another example, by observing kingfisher birds in nature, engineers made the first high-speed trains have the same shape as the birds' triangle-shaped head. This decreased the noise of the trains when coming out of a tunnel. In these ways, observing animals from the natural world has given us great ideas to improve our lives.

* kingfisher bird : 물총새

↓

Observing animals in (1) _____ gives us great ideas to make things better and (2) _____ our lives.

【서답형 6】 다음은 민규의 일기이다. <조건>에 맞게 빈칸에 적절한 문장을 완성하시오.

<조건>

○ 그림의 상황에 맞게 'dishes'라는 단어를 포함하여 문장을 완성할 것
○ 4~7개의 단어로 문장을 완성할 것

Last Saturday, my parents went to see Grandma. Before they went out, Mom made a delicious lunch for me. So, I had lunch by myself. After having lunch, _____.

【서답형 4】 다음은 여행 관련 Q&A 게시판에 올라온 글이다. 윗글의 내용과 일치하도록 <조건>에 맞게 빈칸을 채워 문장을 완성하시오.

<조건>

○ 주어진 5개의 단어 중 3개만 사용할 것
○ 선택한 3개의 단어를 바르게 배열할 것
○ 단어의 형태를 변형하지 말 것

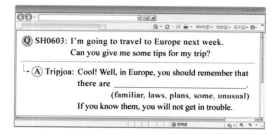

Q SH0603: I'm going to travel to Europe next week.
Can you give me some tips for my trip?

A Tripjoa: Cool! Well, in Europe, you should remember that there are _____.
(familiar, laws, plans, some, unusual)
If you know them, you will not get in trouble.

주관식 문항으로 출제되는 내용을 면밀히 살펴보면 실제로 어려운 내용은 아닙니다. 객관식으로 출제되었다면 충분히 맞출 수 있을 만한 수준의 내용이지만, 주관식 문항의 정답률이 상대적으로 낮은 것은 글로 써야한다는 부담에서 비롯된 것입니다. 아래의 표는 주관식 문항 채점기준표의 실제 예시입니다. 표를 보면 알 수 있듯이, 채점하는 교사는 부분 점수를 최대한 부여하려 합니다.

그렇기에 모르더라도 백지로 내기보다는, 어떤 내용이든 일단 작성하여 제출하는 것이 좋습니다. 또한 고득점을 위해서는 철자, 대소문자 오류 등의 단순한 실수를 줄이는 것이 필요합니다. 정말 사소한 철자 오류로 감

문항 번호	기본 답안	인정 답안	부분 점수 인정		배점
논술형 1	(1) <u>부사적</u> 용법 (2) 많은 사람들은 그의 풍차를 보기 위해 왔다. (3) <u>형용사적</u> 용법 (4) 그후 윌리엄은 고등학교에서 공부할 기회를 가졌다.	용법이라는 말을 생략한 경우, 이외에도 의미에 맞게 해석한 경우	(1), (3)을 맞게 쓴 경우	각 1	6
			(2), (4)를 맞게 쓴 경우	각 2	
			의미가 부분적으로 틀린 경우	각 −1	
논술형 2	(1) <u>It</u> <u>has</u> <u>been</u> <u>snowing</u> since yesterday. (2) <u>They</u> <u>have</u> <u>been</u> <u>studying</u> for three hours.	이외에도 어법과 의미에 맞게 영어로 정확하게 작성한 경우	(1)을 맞게 쓴 경우	3	6
			(2)를 맞게 쓴 경우	3	
			문법 오류	각 −2	
			어휘철자 오류	각 −1	

점되어 99점을 받게 되는 학생들도 더러 있습니다. 이를 위해서는 답안을 다 작성했어도 여러 번의 검토가 필요합니다. 그리고 원래 악필이라 할지라도 답안지를 작성할 때만큼은 큰 글씨로 또렷하게 써야 합니다. 글씨를 날려 쓰다 보면, 철자 오류처럼 보이는 경우가 있기 때문입니다. n과 r, b와 h 등이 그 예입니다. 사소해 보이지만 생각보다 많은 학생이 놓치는 부분이기에 유의해야 합니다.

수행평가의 구성과 해법
영역별 평가유형 예시, 채점기준표 등

학교별로 다를 수 있지만 중학교 영어 수행평가는 학기당 평균 2~4개 정도의 영역으로 실시하며, 학기 말 성적에서 수행평가가 차지하는 비중은 결코 적지 않습니다. 하지만 학교 현장에서 보면, 꽤 많은 수의 학생들이 수행평가의 중요성을 모르고 있는 듯 보입니다. 중간, 기말시험에서 틀리는 한두 문제에 비명을 지를 정도로 안타까워하면서, 깜빡하고 제출하지 못한 포트폴리오 과제에는 상대적으로 너그러운 것입니다.

그러나 학기말 점수로 계산해 보면, 중간고사에서 한 문제를 틀려 감점되는 점수와 지각 제출로 포트폴리오 과제에서 감점되는 점수의 크기는 비슷합니다. 오히려 반영 비율을 볼 때 지각 제출로 감점되는 점수가 더 클 수도 있습니다. 그렇기에 수행평가를 대하는 마음가짐이 결코 가벼워선 안 됩니다. 상위권으로 가거나 교과성취도 A등급을 받기 위해서는, 수행평가의 중요성을 분명히 인식하고 진지한 태도로 임해야만 합니다.

수행평가를 대하는 마음가짐을 바로 세웠다면, 다음으로 필요한 것은 무엇일까요? 그것은 바로 영역별 평가유형에 대한 이해입니다. 어떤 내용으로 혹은 방식으로 평가되는지에 대해 제대로 알고 준비하는 것입니다. 그러면 더 좋은 결과를 기대할 수 있게 됩니다.

이제부터 영역별 평가유형에 대해 살펴보도록 하겠습니다. 우선, 다른 학교급과 마찬가지로 중학교에서도 언어의 4기능인 듣기, 말하기, 읽기, 쓰기를 고루 평가하는 것을 목표로 합니다. 읽기 영역은 지필시험으로 직접평가가 가능한 부분이 많습니다. 따라서 읽기 영역의 평가는 주로 지필시험을 통해 이뤄집니다. 수행평가에서는 읽기 영역을 제외한 나머지 영역(듣기, 말하기, 쓰기)으로 수행평가의 내용을 구성합니다.

듣기와 말하기 영역은 서로 연계하여 평가를 진행하는 추세입니다. 과거에는 EBS에서 주관하는 영어듣기 능력평가의 결과를 그대로 듣기 영역의 점수로 반영하곤 했습니다. 그런데 현재에는 수행평가의 목적이 과정을 중심으로 평가하는 것에 있다 보니, 일제고사 형태의 EBS 듣기평가는 이러한 취지에 맞지 않는다고들 이야기합니다. 때문에 많은 학교에서 이를 수행평가의 영역에서 아예 제외하기도 합니다. 듣기와 말하기를 연계하여 진행하는 수행평가로는 역할극, 가상 인터뷰 등이 있을 수 있으며, 다음은 역할극 수행평가의 안내문 예시입니다.

듣기·말하기 수행평가 예시

[수행 과제]

상점에서 물건을 사고파는 점원(seller)과 고객(shopper)이라고 가정하여 짝과 함께 대본을 작성하고, 역할극을 한다.

1. 준비 활동(1시간)
짝과 함께, 주어진 상황에 맞는 대본 완성하기(*번역기를 사용할 수 있음.)
대본에 맞춰 역할극 연습하기

   (1) 조건
   • 자유롭게 작성하되, 한 사람당 5개 이상의 대사를 할 수 있도록 할 것
   • 찾는 물건 말하기, 가격 묻고 답하기의 표현을 포함할 것

   (2) 평가 요소
   • (1)의 조건 충족 여부
   • 기한 내 제출 여부
   • 문법적 오류가 없는가?

2. 역할극 발표(1~2시간)
순번대로 돌아가며 발표

   (1) 평가 요소
   • 반복(repetition), 주저함(hesitation), 일시정지(pause) 없이 유창한 영어를 구사하였는가?
   • 자신감 있는 태도를 갖추어 큰 소리로 발표하였는가?
   • 소품 등을 적절히 활용하여 역할에 맞게 자연스럽게 연기하였는가?
   • 친구들의 발표에 경청하는 태도를 갖추었는가?

'듣기·말하기 수행평가는 영어를 유창하게 구사해야만 높은 점수를 받을 수 있다'라고 얘기하는데 이는 흔히 하는 오해입니다. 위의 평가 요소들을 살펴보면 알 수 있듯이, 유창성은 평가의 세부 기준 중 하나일 뿐

입니다. 수행평가는 마냥 영어를 잘하는 학생이 아닌, 해당 수업에 열의를 갖고 참여한 학생에게 높은 점수를 주는 구조라는 점을 이해해야 합니다. 선생님의 안내만 잘 따르더라도, 충분히 좋은 결과를 기대할 수 있습니다. 영어를 잘하는데 꼼꼼히 챙기지 않아 만점을 받지 못한 학생은 보았어도, 노력으로 무장한 성실한 학생이 수행평가에서 높은 점수를 받지 못한 경우는 거의 보지 못했습니다.

다음은 쓰기 수행평가의 안내문 예시입니다. 교과서 내용에 맞춰, 수행평가 유형을 선정하기 때문에 예시로 소개된 것 이외에도 여러 쓰기 수행평가의 유형이 있을 수 있습니다. 친구를 소개하는 글쓰기, 감사 카드 쓰기, 조언하는 편지 쓰기 등 형식은 다양합니다. 공통점이 있다면 모두 수업시간 안에, 이미 다뤄진 수업 내용의 범위 내에서 진행된다는 것입니다. 수업에 충실히 임하기만 한다면 높은 점수를 받을 수 있기에, 이 점에 유의하여 사전 안내문의 내용을 꼼꼼히 확인하고, 특히 평가요소를 살펴보고 감점을 최소화하기를 바랍니다.

쓰기 수행평가 예시

[수행 과제]

내가 좋아하는 신(God) 혹은 영웅(Hero) 중 한 명을 골라 그 신 혹은 영웅에 관한 다양한 정보를 담은 미니북(minibook)을 제작한다.

1. 준비 활동(1시간)

　브레인스토밍(brainstorming) 및 정보 조사(*핸드폰 사용할 수 있음.)

　번역기를 활용하여 초안 작성하기

2. 동료평가 및 수정(1시간)

　기준에 따라 모둠원의 초안 평가

　동료평가 결과(피드백 포함)를 반영하여 글 수정

3. 미니북 제작(1시간)

　최종으로 수정한 글을 미니북에 옮기기

　사전에 준비해온 그림, 사진 등으로 꾸며 미니북 완성

　(1) 조건
　　• 미니북은 앞, 뒷면을 제외하고 총 6면이 되도록 구성할 것
　　• 10개 문장 이상으로 작성할 것
　　• 관계대명사의 계속적용법을 1번 이상 사용할 것

　(2) 평가요소
　　• (1)의 조건 충족 여부
　　• 기한 내 제출 여부
　　• 글의 논리적 연결, 일관성이 있는가?
　　• 다채로운 어휘와 표현을 사용하였는가?
　　• 문법적 오류가 없는가?

자유학년제(자유학기제)

자유학년제(자유학기제)는 중학교 교육과정만이 갖고 있는 특징적인 제도입니다. 지필평가를 실시하지 않고, 교과 성취도도 산출하지 않습니다. 대신에 더 많은 참여형 수업과 다양한 활동으로 교육과정을 운영합니다. 때문에 학부모님들의 우려 섞인 목소리가 있기도 합니다. 아이들이 시험도 안 보고, 학교에서는 마치 놀기만 하는 것 같다며 염려하시는 것입니다. 하지만 그럴수록 교육과정의 내용을 더욱 자세히 살펴보아야 합니다. 자유학년제는 아이들의 성적이 아닌 성장과 발달에 중점을 둔 제도라는 사실을 기억해야 합니다. 이 점을 유의한다면, 자유학년제로 보내는 1년의 시간을 큰 성장의 발판으로 삼을 수 있을 것입니다.

자유학년제(자유학기제)의 기본 개념

자유학년제의 기본 개념을 이해하기 위해서는 먼저 자유학기제가 무엇인지를 알아야 합니다. 자유학기제란 학생들이 시험의 부담에서 벗어나 자신들의 '꿈'과 '끼'를 찾게끔, 한 학기 동안 교육과정을 유연하게 운영하는 제도입니다. 학생들의 자기주도학습 및 창의성, 인성 등 미래지향적 역량을 키우기 위해, 2016년 전국 모든 중학교에 도입되었습니다. 이후 자유학기제는 그 성과를 인정받아 자유학년제로 확대, 발전하여 운영되고 있으며, 2020년 교육부 발표에 따르면 전국 중학교 중 96.2%가 자유학년제 실시를 결정하였다고 합니다. 〈표 3−5〉는 자유학기제와 자유학년제의 차이를 정리한 것입니다. 가장 큰 차이는 한 학기만 시행하던 것이 1년으로 확대되었다는 점이며, 그 안에서 진행하는 활동의 내용은 비슷합니다.

〈표 3-5〉 자유학기제와 자유학년제 비교

자유학기제	자유학년제
1개 학기에 4개 영역 진행 (주제선택, 예술체육, 동아리, 진로탐색)	영역에 대한 제한 없이 2개 학기에 걸쳐 4개 영역 진행
1-1학기, 1-2학기, 2-1학기 중 1개 학기 선택	1학년
1개 학기에 170시간 이상 운영	1년간 221시간 이상 운영

출처: 교육부 중학교 자유학년제 설명자료

시간표를 살펴보면, 자유학년제 기간의 학교생활이 어떻게 이뤄지는지를 알 수 있습니다. 〈표 3−6〉은 자유학년제 시간표 운영의 예시 그림입니다. 자유학년제 시간표는 크게 교과수업과 자유학기 활동으로 나누어 운영합니다. 보통 오전에는 국어, 영어, 사회, 도덕, 수학 등의 교과수업으로 진행하고, 오후에는 주제선택, 예술체육, 동아리, 진로탐색 활동과 같은 자유학기 활동을 진행합니다. 다만, 〈표 3-6〉은 하나의 예시일 뿐이며, 학교별로 내용이 상이할 수 있습니다.

〈표 3-6〉 자유학년제 운영시간표 예시

출처: 교육부 중학교 자유학년제 설명자료

위 시간표를 보시고 주제선택, 예술체육, 동아리, 진로탐색은 과연 어떤 활동일까 하는 궁금증이 들었을 것입니다. 주제선택, 예술체육, 동아리, 진로탐색 영역을 통틀어 자유학기 활동이라 부르며, 개별 학교에서는 영역마다 다양한 종류의 프로그램을 제공하여 학생들의 선택권을 보장합니다. 학생들은 영역별로 개설된 프로그램 중 자신이 원하는 것을 선택하고, 반을 이동하여 수업을 듣게 됩니다. 각 영역에 대한 자세한 설명은 〈표 3-7〉을 참고하시면 됩니다.

〈표 3-7〉 자유학년제 영역별 활동

주제선택 활동	예술체육 활동
교과(국어, 영어, 수학 등)에서 확장된 다양한 '주제'에 대한 전문적인 수업 (예시) 꿈꾸는 소설 쓰기, 도란도란 철학 이야기, 수학으로 보는 과학과 예술, 영어잡지 만들기 등	예체능 교과(음악, 미술, 체육)에서 확장된 다양하고 내실 있는 '예술체육' 수업 (예시) 연극, 뮤지컬, 오케스트라, 작사 · 작곡, 디자인, 축구, 농구 등
동아리 활동	진로탐색 활동
학생 자치활동 활성화 및 특기, 적성 개발을 위해 조직, 운영되는 '동아리' (예시) 문예 토론, 방송 댄스, 과학실험, 천체 관측, 사진, 영상편집 등	학생이 적성과 소질을 탐색하여 스스로 미래를 설계할 수 있도록 실시되는 체계적인 '진로교육' (예시) 진로검사, 직업인 초청 강연, 포트폴리오 제작 활동, 현장체험 활동, 직업 탐방, 모의 창업 등

출처: 교육부 · 경상남도교육청 자유학년제 설명자료

이미 많은 부모님이 알고 계시듯 자유학년제는 교과성취도를 산출하지 않으며, 이 부분이 다른 학년과 가장 구별되는 지점입니다. 성적에 따라 A부터 E까지의 등급을 매기지 않고, 이수하였을 경우에만 성취도란에 P(pass)로 표시됩니다. 또한 총괄식 지필평가(중간고사, 기말고사)를 실시하지 않습니다. 수행평가는 실시하지만 과정 중심으로 평가하며, 그 결과는 다음 페이지의 예시와 같이 학생의 성장, 발달 정도에 기준하여 생활기록부에 문장으로 기록됩니다. 생활기록부에 기록된 내용은 내신 점수에는 포함되지 않으나, 특목고나 특성화고 등의 입시 자료로 활용될 수가 있으니 주의하셔야 합니다. 단적인 예로, 국제고 입시에서 교과 세부능력 및 특기사항(과세특) 내용은 가려지지만, 1학년 자유학기 활동사항은 그대로 보입니다. 이 점을 참고하여, 1학년 때의 학교생활도 소홀히 하지 않도록 합니다.

과목	세부능력 및 특기사항
(1학기) 영어	평소 민주시민 의식이 몸에 배어 있어 모둠활동 시 책임을 다하고, 모둠원들을 독려하는 등 성숙한 모습이 돋보임. 존경하는 인물이나 롤모델에 대하여 풍부한 어휘와 정확한 언어형식을 사용해서 유창하고 조리 있게 발표하여 본인의 경험이나 의견을 설득력 있게 전달함. 영어 연극에서 손님의 역할을 맡아 대사 암기와 역할극에 열성적으로 참여하여 선생님들과 급우들의 칭찬을 받음. 문법적 오류 없이 적절한 어휘를 사용하여 자신의 주말 가족활동에 대해 짧은 글을 완성하고, 창의적인 모둠가족신문을 완성하는 데 크게 기여함.

과목	세부능력 및 특기사항
(1학기) 영어	다양한 학습활동(사과편지 쓰기, 영국영어와 미국영어 비교, 비교급 문장 만들기 등)의 이행 정도가 양호하고, 작성한 활동 결과물의 내용에 부분적으로 문법적인 오류가 있으며 의사소통에 약간의 미숙함이 보이나, 열의를 갖고 학습활동에 꾸준히 참여하며 발전하는 모습을 보임. 자신의 가족을 소개하는 짧은 글을 썼으며 형제가 하는 일을 서투르나마 영어로 표현할 줄 앎. 단어 알아맞히기 등 활동에서 틀리는 것을 두려워하지 않으며 주어진 단서를 충족시키는 단어를 찾기 위해 다양한 시도를 하는 모습이 인상적임.

출처: 교육부 자유학기제 평가 기록 사례집(일부 내용 재구성)

자유학년제(자유학기제)의 영어수업 운영방식 및 평가

자유학년제(자유학기제)가 시행되는 1학년 영어수업 모습이 다른 학년과 차이가 크지 않냐는 질문을 받곤 합니다. 물론 평가로부터 비교적 자유로운 시기라, 교육과정이 더 탄력적으로 운영되기는 합니다. 교과서 중심의 진도 나가기 식 교육에서 벗어나, 학생의 흥미와 동기를 고려한 새로운 교육내용을 첨가할 수 있는 것입니다.

하지만 이점을 제외하고 기본적인 수업 방식은 거의 비슷하다고 말할 수 있습니다. 중학교 1학년의 영어수업이 자유학년제라고 해서, 2, 3학년의 수업 방식과 크게 다르지는 않습니다. 다른 학년과 마찬가지로 교과서 내용을 따라 주로 수업이 진행되며, 일반적으로 어휘 → 듣기·말하기 → 읽기 → 문법 → 쓰기의 순서로 진도를 나갑니다. 수업 방식은 크게 강의식과 활동 중심 수업으로 나뉘는데, 영역별로 적절한 비중으로 섞어 운영합니다.

평가의 경우에는 이야기가 조금 다릅니다. 다른 학년과 구별되는 분명한 차이점이 존재합니다. 앞서 언급하였듯이, 자유학년제 기간에는 중간, 기말시험을 보지 않습니다. 또한 수행평가를 보기는 하지만 자녀의 등급이나 점수는 확인할 수 없습니다. 대신에 학기별로 2회 이상 각 가정에 제공되는 피드백, 즉 생기부에 문장으로 기록된 내용을 바탕으로 자녀의 수행 정도를 가늠해봐야 합니다.

그렇지만 결과를 점수로 알 수 없다는 점을 빼고는, 1학년 영어 수행평가의 기본적인 방향이나, 종류 및 진행하는 방법은 2, 3학년과 같습니다. 다른 학년과 마찬가지로, 1학년에서도 언어의 4기능(듣기, 말하기, 읽기, 쓰기)을 고루 평가할 수 있도록 평가계획을 세우기 때문입니다. 〈표 3 – 8〉

은 1학년 영어과 평가계획의 예시입니다. 표를 보면, 1학년에서 진행하는 수행평가의 내용 자체는 다른 학년과 크게 다르지 않다는 것을 알 수 있습니다.

〈표 3-8〉 중학교 1학년 영어과 평가계획 예시

평가 종류		수행평가	
구분		나를 소개하는 글쓰기	여행계획 발표하기
평가 방법		논술형 평가	구술 평가
평가 시기		4월	6월
평가 기준		교육과정 성취 기준 도달	
평가 기록	인지적 영역	세부 능력 및 특기 사항에 기록	
	정의적 영역		
교육과정 성취 기준		[9영04-01], [9영04-02]	[9영01-02], [9영02-01], [9영02-02], [9영02-05], [9영02-06], [9영02-08]

중학영어 교육의
핵심과 부모 가이드

내신 공부의 시작/실용 영어 병행

중학교 교육과정은 초등학교와 고등학교의 중간 사다리 같은 단계입니다. 그렇기에 마냥 재미만 쫓을 수도, 그렇다고 입시에만 몰두하기에도 애매한 시기입니다. 중학영어교육의 핵심은 내신 영어와 실용 영어를 모두 안고 가는 것에 있습니다. 내신 영어의 목적은 고등학교 전에 자신에게 맞는 학습습관 형성에 있고, 실용 영어는 더 장기적인 관점에서 우리의 삶에 도움이 되는 공부를 하는 것에 있습니다. 내신 영어와 실용 영어라는 두 마리의 토끼를 잡기 위해 다음 내용들을 유념해주시기 바랍니다.

내신 공부의 시작

초등학교 교육과정과 중학교 교육과정의 가장 큰 차이는 중학교에서는 점수화된 평가가 존재한다는 사실입니다. 학기마다 수행평가와 지필평가 점수를 합산하여 나의 실력을 평가받습니다. 자신의 영어 실력이 A부터 E까지 등급으로 매겨진다는 의미입니다. 객관적인 수치로 자신의 실력을 점검할 수 있다는 의의가 있기는 합니다. 하지만 초등학교에서 중학교로 갓 올라온 학생과 부모님들에게는 이 모든 것이 두렵게만 느껴집니다. 그러나 내신 공부에 막연한 두려움을 가지실 필요는 없습니다. 기본적인 원칙만 잘 기억한다면 중학교에서는 좋은 성적을 기대할 수 있기 때문입니다.

'학교 수업에 충실하라'는 말은 중학교 내신 공부를 위해 잊지 말아야 할 기본 원칙입니다. 학교 현장에는 매우 당연한 이 원칙을 지키지 못하는 학생들이 생각보다 많습니다. 선행학습으로 중학영어를 미리 접한 학생들에게 중학교 영어수업은 너무 쉽게 느껴지는 것입니다. 더 정확하게 말하자면, 이미 다 아는 내용이라고 생각하는 것입니다.

그렇지만 선행학습을 했다고 해서 실제로 수업 내용을 100% 완벽하게 이해하는 학생은 많지 않습니다. 자신이 이미 잘 아는 내용이라 착각하고 학교 수업을 소홀히 하는 것뿐입니다. 그렇지만 일련의 교육과정에 따라 차곡차곡 기본기를 쌓아갈 수 있는 학교 수업을 충실히 듣는 것은 무엇보다 중요한 일입니다. 자신이 이미 안다고 생각할지라도 수업 중 선생님의 설명을 듣고, 연습 문제를 풀어가며 다시 한번 점검해볼 필요가 있습니다.

학교 수업에 충실해야 하는 또 다른 이유는 교육과정 – 수업 – 평가는 하나의 덩어리이기 때문입니다. 교육과정을 기반으로 하여 교과수업이 꾸려지고, 수업한 내용을 토대로 평가가 이뤄집니다. 쉽게 말해 교육과정에 없는 내용은 수업에서 가르치지 않고, 수업에서 가르치지 않는 내용은 시험에 나오지 않습니다. '선생님의 농담까지도 필기하라'는 우스갯소리가 있습니다. 농담 섞인 말이기는 하지만 이 말이 회자되는 데에는 이유가 있습니다. 수업 중 선생님의 말을 필기하다 보면 자연스레 시험에 나올 내용이 예측되는 것입니다. 학교에서 수업하다 보면 학생들에게 필기를 구걸하는 웃지 못할 상황이 생기기도 합니다. 아무리 중요하다고 강조를 해도 그것을 적는 학생이 많지는 않습니다. 하지만 수업에 경청하고 중요 내용을 필기하는 습관을 반드시 들여야 합니다. 중요 내용을 알고 시험 출제 포인트를 예측할 수 있다면 효율적인 내신 공부가 가능하기 때문입니다.

중학교 내신 공부의 성공을 위해 학생들이 갖춰야 할 자세로 딱 한 가지만 고르라면, 그것은 바로 '성실함'일 것입니다. 요즘 수행평가는 과정을 중심으로 평가하는 추세입니다. 일회성으로 훌륭한 결과물을 뽑아내는 것이 아니라, 수업의 전 과정에 충실히 참여한 학생에게 높은 점수를 부여하는 것입니다. 이런 추세에서 성실한 학생들이 단연 두각을 나타냅니다. 성실한 학생들은 수행평가의 내용을 꼼꼼하게 확인하고 일정에 맞게 필요한 내용을 준비하기 때문에 높은 점수를 받는 것입니다. 중학교에 올라가면 더는 부모님들께서 쫓아다니며 숙제를 챙겨줄 수 없기에 학생들 스스로 이런 자세를 갖춰 수업에 임할 수 있게 해야 합니다.

자신의 흥미에 맞춘 실용 영어 공부 병행하기

중학교는 내신 공부가 본격적으로 시작되는 시기입니다. 문법을 어려운 용어로 배우기 시작하는 것도 바로 이때입니다. 영어를 부담 없이 재미있게 받아들이던 초등학교 때와는 확연히 다르다는 것을 아이들도 몸소 느낍니다. 초등학교 때까지 영어를 좋아하던 아이들도 중학교에 올라와 시험을 몇 번 치르고 나면 영어가 더는 재미있지 않다고 느끼기도 합니다. 하지만 고등학교까지 이어지는 입시영어를 따라가기 위해서는 영어 자체에 대한 흥미를 결코 잃어서는 안 됩니다. 그래서 비교적 여유가 있는 중학교 때에 내신 영어와 실용 영어 공부를 반드시 병행해야 합니다.

　이때 중요한 것은 아이들의 흥미에 맞춘 방법으로 실용 영어 공부를 돕는 것입니다. 아무리 유익한 영어 동화책, 원서도 아이가 흥미로워하지 않는다면 도움이 되지 않을 수도 있습니다. 특히 몸과 마음이 훌쩍 자란 중학생 아이들에게 영어 동화책은 다소 유치하게 느껴지기도 합니다. 핸드폰 속 세상에 재미있는 소식이 넘쳐나기 때문에 동화책 이야기가 중학생 아이들에게는 흥미로운 자극이 되지 못하는 것입니다.

　그렇기에 다른 방법을 써야 합니다. 아이들이 흥미를 잃지 않고 실용 영어를 배울 수 있어야 합니다. 영어는 단순히 도구일 뿐이며, 그 자체가 신이 나는 공부를 시켜야 합니다. 그중 하나로 추천하는 것이 그래픽 노블 (Graphic Novel)입니다. 그래픽 노블은 쉽게 말해 만화와 소설의 중간 형식으로 아이들이 만화보다는 무겁지만, 소설보다는 가볍게 영어를 받아들일 수 있습니다. 흡사 만화처럼 생겨 비교육적일 것이라는 오해를 받기도 하지만 사실은 그렇지 않습니다. 안네의 일기, 앵무새 죽이기와 같은 외국의 유명 소설들도 이미 그래픽 노블로 출간되어 있습니다. 소설의 스토리가 삽화와 함께 어우러져 문학작품에 대한 이해가 쉬워집니다. 외국에서도 이 같은 그래픽 노블의 교육적 가치를 인정하여 그것을 활용한 수업이 점차 많아지고 있습니다. 수준과 장르도 다양하여 아이들의 실력과 흥미에 맞추어 책을 고를 수 있다는 장점도 있습니다.

그래픽 노블 예시

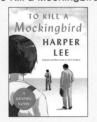

또 다른 방법으로는 유튜브를 활용한 실용 영어 공부입니다. 아이들의 관심사는 천차만별입니다. 아이돌 그룹, 메이크업부터 축구, 게임까지 좋아하는 것이 서로 다릅니다. 그렇기에 영어를 도구로 자신이 좋아하는 분야를 즐기게 해야 합니다. 방탄소년단을 좋아하는 아이라면 RM이 UN에서 연설한 영상을 갖고 공부하게 하고, 축구를 좋아하는 아이라면 영국의 프리미어 리그 경기를 영어 중계로 보게 하는 것입니다. 자신이 좋아하는 분야와 영어를 접목한다면 아이들은 자연스레 영어에 대한 긍정적인 느낌을 키워갈 수 있습니다.

방탄소년단 RM UN 연설
(한글자막)

출처: 연합뉴스

방탄소년단 RM UN 연설
(한영자막)

출처: 그릿 영어 TV

방탄소년단 RM UN 연설
분석 영상

출처: Bridge TV

나만의 영어 공부법 찾기

절대평가라는 이점 100% 활용하기

절대평가는 중학교 내신의 가장 큰 특징입니다. 다른 학생들과 비교하지 않고 오롯이 나의 실력대로 평가받을 수 있습니다. 또한 중학교 내신은 대학입시에 직결되지 않기에 비교적 여유가 있는 시기입니다. 따라서 이 절대평가라는 이점을 중학교에서 100% 활용하는 것이 중요합니다. 고등학교에 올라가서 숱한 시험을 치르면서 나만의 영어 공부법을 찾기에는 늦은 감이 있고 부담이 어마어마합니다. 그렇기 때문에 중학교 시험에서 반복되는 자신의 실수를 발견하면서 이를 보완할 수 있는 영어 공부법을 반드시 찾아야만 합니다.

모든 공부가 그러하듯 하나의 정답이 되는 영어 공부법은 없습니다. 예를 들어 단어 공부법만 하더라도 유명한 방법이 수도 없이 많을 것입니다. 무작정 단어를 따라 쓰며 외우는 방법부터 이미지를 활용해 연상하는 방법까지 다양하게 존재합니다. 수많은 공부법 중 내게 맞는 것을 찾기 위해서는 유연한 사고와 자세가 필요합니다. 공부법 a를 적용하고 그 결과를 냉정하게 관찰하는 것입니다. 결과가 좋지 않다면 공부법 b, 공부법 c 등으로 바꿔 적용하는 유연함이 있어야 합니다. 무작정 따라 쓰며 단어를 외우는 방법을 택했는데 단어 시험의 점수가 계속해서 좋지 않다면 즉시 그 방법을 이미지를 활용해 연상하는 방법으로 바꾸는 것입니다.

수행평가도 마찬가지입니다. 특정 영역의 점수가 내 기대에 미치지 않는다면 방법이 적절했는지의 여부를 냉정하게 판단해야 합니다. 예를 들어 말하기 평가에서 기대보다 낮은 점수를 받았다고 가정해 봅시다. 말하기 평가 안에도 유창성(발음, 억양, 강세), 정확성(어휘 및 어법의 적절성), 태도(자신감) 등으로 평가 기준이 세분화되어 있습니다. 세부 기준 중 구체적으로 어떤 부분에서 감점이 된 것인지 확인할 필요가 있습니다. 이를 위해서는 영어선생님께 직접 찾아가 물어볼 수 있습니다.

모든 수행평가는 세부기준안에 따라 점수가 매겨지는 것이기 때문에, 이에 대해 질문하는 것은 전혀 문제가 되지 않습니다. 감점 요인을 찾으면 부족한 부분에 새로운 방법을 시도할 수 있습니다. 중학교 3년 동안 이 과정을 반복하여 영역별로 내게 맞는 영어 공부법을 찾아가야 합니다.

선행학습 < 심화학습

초등학교까지는 중심을 잘 잡으며 자녀교육을 해 왔어도, 자녀가 일단 중학교에 입학하게 되면 부모님들의 마음에 불안이 찾아옵니다. 주위에서 선행 학습을 어서 시작해야 한다고 재촉하는 말들이 귀에 들리기 시작합니다. 하지만 영어교육이 단기간에 끝나는 과정이 아님을 알기에, 속도가 아닌 방향과 방법이 중요함을 잊지 말아야 합니다. 큰 안목으로 바라본다면, 학습에 있어서 선행보다는 심화가 더 중요한 과정임을 알게 됩니다.

어휘 학습, 양보다는 질

중학교에 진학하면, 상대적으로 음성언어보다 문자언어의 비중이 높아져서 '읽기' 활동이 좀 더 강조됩니다. 그렇기에 학생으로서는 초등시절

보다 절대적인 학습량이 늘어난 것으로 여겨질 수 있습니다. 또한 내신이라는 본격적인 평가가 시작되는 시기이므로 학생들이 평가를 받는다는 것 자체에 긴장하고 스트레스를 많이 받게 됩니다. 그러다 보니 자녀가 뒤처질 것 같은 불안감에 '선행학습'을 시키려는 부모님들이 있습니다. 하지만 아이가 스스로 학습에 투자할 수 있는 시간이 하루 스케줄 안에 어느 정도로 제한되어 있기에, 시간 대비 효율성을 따져봐야 합니다. 선행학습과 심화학습 중에 하나의 선택을 해야 한다면 '심화학습'이 실은 더 효과적이라고 말씀드리고 싶습니다.

우리가 영어 어휘 학습에 관해 말할 때, 대부분 어휘 학습의 '양'을 의미합니다. 중학교에서 학습해야 할 어휘의 수는 초등학교보다 대폭 늘어납니다. 영어교육을 받는 초등학교 4년(3~6학년) 동안 학습해야 하는 기본 어휘는 모두 500개입니다. 반면에 중학교 3년 동안 학습해야 하는 기본 어휘는 모두 750개입니다. 단순히 어휘의 양만 증가하는 것이 아니라, 초등학교보다 음절 수가 많은 어휘들이 본격적으로 등장하고 기본 어휘에서 확장된 파생어들도 나오기에 어휘 학습에 대한 인지적 부담이 커집니다. 부모로서 아이들에게 많은 영어 단어를 빨리 외우라고 재촉해야 할 것 같은 마음이 듭니다.

읽기를 위한 최소한의 어휘를 확보하기 위해, 영어 단어장으로 어휘를 익히는 것은 분명 필요합니다. 그런데 많은 양의 단어를 짧은 시간 안에 빠르게 끝내려고 하면 부작용이 생길 수 있습니다. 급한 마음에 빠르게 많은 양의 어휘를 암기하려다 보면, 해당 어휘의 발음도 정확히 모르면서 (심지어 소리 내어 읽을 수도 없으면서) 철자와 우리말 뜻을 통으로 외우는 아이들도 간혹 있습니다. 시간의 단위 '분'을 뜻하는 minute을 /마이뉴트/라고 어림짐작하여 잘못 발음하는 경우도 있습니다. 또는 어휘의 뜻은 어렴

풋이 알지만, 품사는 알지 못하는 경우도 종종 있습니다. 이런 경우에 그 어휘를 제대로 안다고 말할 수 있을까요?

장기적으로, 아이가 고등학교에 진학하여 난도가 더 높은 텍스트를 읽어야 한다는 현실을 고려해 보면, 어휘 학습에서 어휘의 '양'을 늘리는 것만으로 충분하지 않습니다. 어휘 학습의 '질'도 함께 높이는 것이 중요합니다. that을 초등 기본 어휘라고 보통 쉽게 생각합니다. 하지만 that은 다의어이기 때문에 문장 안에서 다양한 품사로 쓰일 수 있습니다. 예를 들어, 저 사람을 뜻하는 '지시대명사'로 쓰일 수도 있고, 하나의 문장을 이끄는 '접속사'로 쓰일 수도 있고, 또는 형용사를 꾸며주는 '부사'로도 쓰일 수 있습니다. 하나의 단어가 다양한 문맥 속에서 어떤 품사로 쓰였는지 구분할 수 있어야 합니다.

- Who's <u>that</u>? (저 사람 / 지시대명사)
- I'm glad <u>that</u> you're all right. (~라서 / 접속사)
- Was it really <u>that</u> bad? (그렇게, 그만큼 / 부사)

정리하면, 어휘의 기본적인 뜻 한두 개만 익힌다고 어휘 학습이 끝나는 것이 아닙니다. 선행학습을 통해, 단어장을 통해 어휘의 양을 빠르게 늘릴 수 있지만, 이것 자체로는 어휘 학습의 완결이 아닌 시작일 뿐입니다. 어휘를 익힐 때, 발음과 품사를 꼭 짚고 넘어가며, 다양한 문맥 속에서 해당 어휘를 만나서 기본적인 의미에서 새로운 의미까지 가지를 치듯 의미를 확장해가야 합니다. 그렇기에 어휘 학습은 선행이 아닌 '심화'가 더욱 중요합니다.

평소에 학생이 중학교 기본 어휘를 단어장을 통해 외워도 좋고, 교과서에 나온 순서대로 외워도 좋습니다. 다만, 아직 배우지 않은 단어는 모를지언정 이미 학습한 단어만큼은 반복을 통해 내 것으로 소화하겠다는 자세로 임해야 합니다. 아이가 평소에 활용하면 좋은 단어 학습법은 다음과 같습니다.

단어 학습법

• 새로운 단어를 보면 강세와 발음을 확인하여 소리 내어 읽어보기

• 단어의 우리말 뜻을 확인하기

• 우리말 뜻이 이해되지 않는다면 구글에서 이미지로 검색하기

• 예문을 다시 보고 단어의 뜻이나 느낌을 떠올려보기

• 단어의 의미가 생각나지 않는다면 형광펜으로 단어에 밑줄 긋기

• 밑줄 그은 단어를 예문과 함께 따로 종이에 적어 책상 위에 붙이거나 사진으로 찍어서 자투리 시간에 복습하기

영문법, 나만의 목차로 재구성하기

선행보다 심화가 중요한 것은 어휘에서만이 아닙니다. 영문법에서도 역시나 심화학습하는 과정이 필요합니다. 영문법을 공부할 때 학생들이 흔히 놓치는 부분이 있습니다. 바로, 당장 시험에 나오는 영문법 개념만 공부하는 것입니다. 중학교 2학년의 첫 지필고사는 1학년 영어 교과서에

나오는 영문법 개념을 학생들이 이미 학습했다는 가정하에서, 좀 더 심화된 내용을 다룹니다. 그렇기 때문에 영문법 개념은 학습할 때마다 기존에 배운 개념을 복습하여, 영문법 개념 노트에 나만의 목차 순서로 정리하는 것이 필요합니다. 예를 들어, 천재교육에서 발간된 중학교 영어 교과서를 보면, to 다음에 동사원형이 따라오는 'to부정사' 개념이 모든 학년에 등장합니다. 1학년 교과서에서는 to부정사가 동사의 목적어로 사용되는 경우(명사적 용법)와 어떤 행동을 하는 목적의 의미로 사용되는 경우(부사적 용법)를 다룹니다.

<표 3-9> 중학교 1학년 교과서에 등장하는 'to부정사' 설명

1학년 6단원

● 'to+동사원형'을 동사의 목적어로 사용하여 '~하는 것'이라는 뜻을 나타냅니다.

| I | want | to see my aunt in Mokpo. |
| | plan | to visit her this winter. |

1학년 7단원

● 어떤 행동을 하는 목적을 나타낼 때는 'to+동사원형'을 덧붙입니다.

| I go to | the cafeteria | to have lunch. |
| | the gym | to play basketball. |

출처: 이재영 외(2015). 『Middle School English 1』. 천재교육. 6, 7단원

2학년 교과서에서는 to부정사가 명사나 대명사 뒤에 와서 꾸며주는 경우(형용사적 용법)가 새롭게 등장하며, 의문사 다음에 to부정사가 오는 경우와 가주어 it을 쓰는 경우를 통해 명사적 용법의 개념이 심화하여 나옵니다.

〈표 3-10〉 중학교 2학년 교과서에 등장하는 'to부정사' 설명

2학년 2단원

◎ 의문사 뒤에 'to+동사원형'이 오면 명사 역할을 합니다.

Decide	where to go	when you plan a trip.
	when to leave	
	what to do	
	how to travel	

2학년 3단원

◎ 'to+동사원형'이 주어 역할을 할 때, 보통 주어 자리에 It을 쓰고 'to+동사원형'은 뒤에 씁니다.

It	is fun	to **learn** to swim.
	is not easy	to **walk** a dog.
	will be nice	to **become** a musician.

2학년 3단원

◎ 'to+동사원형'이 '~(해야) 할'이라는 뜻으로 명사나 대명사 뒤에 와서 꾸며 줍니다.

I have	some letters	to write.
It is	time	to leave.
They need	something	to drink.

출처: 이재영 외(2015), 『Middle School English 2』, 천재교육. 2, 3단원

3학년 과정에서는 to부정사의 의미상의 주어를 쓰는 경우가 등장하여, 명사적 용법의 개념을 한층 심화합니다.

이처럼 학년마다 흩어져 있는 영문법 개념을 자신만의 언어로, 자신만의 목차로 재구성하는 것이 필요합니다. 예를 들어, 'to부정사'라는 상위 개념 아래에 명사적 용법, 형용사적 용법, 부사적 용법과 같은 하위 개념으로 정리해보는 것입니다. 영문법을 재구성할 때 정답은 없습니다. 영문법 개념들의 순서를 학생이 스스로 이해하기 편한 방식으로 재배열하는 것입니다. 이 과정을 통해 학년이 올라갈수록 영문법의 기본기를 단단하게 쌓을 수 있습니다.

〈표 3-11〉 중학교 3학년 교과서에 등장하는 'to부정사' 설명

- 'to+동사원형'에서 행동의 주체를 나타낼 때는 전치사 for를 사용합니다.

It	is important	for kids	to learn	to swim.
	is hard	for me	to stay	in one place.

출처: 이재영 외(2015). 『Middle School English 3』. 천재교육. 6단원

　평소에는 새롭게 알게 된 영문법 개념을 교과서나 프린트물에 잘 필기하도록 하고, 시험 시간이 다가오면 새로운 노트에 정리하는 방법(단권화)을 추천합니다. 단권화로 정리할 때, 노트에 여백을 많이 두면서 정리합니다. 단권화 정리는 한 번으로 끝내는 게 아니라, 새롭게 알게 된 내용이 있을 때마다 계속 업데이트가 필요하기 때문입니다.

　단권화 정리를 제대로 해두면, 영문법 개념이 헷갈릴 때마다 또는 시험 대비를 위한 복습을 할 때마다 언제든지 노트를 찾아보기가 쉽습니다. 또한 단권화 노트를 휴대전화에 사진으로 찍어두면, 아이가 짧은 자투리 시간이 생길 때마다 복습하기에도 좋습니다. 더구나 중학교 시절에 잘 정리해둔 자신만의 영문법 노트는 고등학교에 가서도 유용하게 쓸 수 있습니다.

〈표 3-12〉 'to부정사'를 단권화로 정리한 예시

단권화란?
한 권의 노트에 모든 개념을 정리해두는 것

to부정사
(to+동사원형)

① **명사적 용법** (~하기)
　문장에서 주어/목적어/보어 역할을 할 수 있음.

② **형용사적 용법** (~하는)
　꾸며주는 말

③ **부사적 용법** (~하려고)
　왜? ~하려고

① **명사적 용법**
ex) It is good / to exercise regularly.
　　가주어　　　　　진주어
ex) I don't know / where to go.
　　　　　　　　　의문사

② **형용사적 용법**
　ex) I need something / to eat for lunch.
　ex) I need a chair / to sit on.
　　　　　　　　　★ 전치사 (sit on a chair)

③ **부사적 용법**
　ex) They have to produce a lot of milk / to win a prize.
　　　　　　　　　　　　　　　　　왜?　　~하려고

쓰기, 말하기로 산출하는 연습하기

영어수업을 들을 때는 고개를 끄덕이면서 다 이해되는 것 같지만, 며칠 지나고 같은 내용의 문제를 풀 때는 도무지 기억이 나지 않는 경우가 종종 있습니다. 이는 수동적으로 지식을 받아들이기만 해서 완전한 학습으로 이어지지 않았기 때문입니다. 제대로 지식을 소화하려면 단순한 복습만으로는 충분하지 않습니다. 바로 자신의 언어로 표현하는 과정이 꼭 필요합니다. 이것은 낯선 개념을 좀 더 친근하게 접근할 수 있는 개인화(personalization) 방법입니다. 자신과 조금이라도 관련되어야 학습에 대한 흥미가 올라가고 학습 효율도 좋아집니다. 다음으로 학생들이 영어 쓰기, 말하기를 통해 자신의 언어로 표현하는 방법 몇 가지를 소개하겠습니다.

첫 번째, 단어와 영문법 개념을 활용하여 자신만의 예문을 만들어보는 것입니다. 단어와 영문법을 공부할 때, 마무리 과정에서 자신의 언어로 표현하는 단계가 빠지면 그 지식은 금방 휘발됩니다. 아무리 열심히 외우고, 머리로는 이해했다고 해도 말입니다. 그렇기에 평소에 학생이 새로운 단어와 영문법 개념을 배울 때마다, 그 단어와 문장 구조를 활용하여 자신만의 예문을 만들어보는 것을 추천합니다. 만일 새로운 예문을 만드는 게 어렵다면, 사전에서 단어를 검색해서 자신의 마음에 드는 문장을 선택하는 것도 좋습니다.

예를 들어, 천재교육(이재영 외)에서 출간된 중2 교과서 1단원에 나오는 표현 'get off to a good start'를 활용하여 자신의 문장을 만들려고 합니다.

어떤 문장을 만들지 아이디어가 떠오르지 않으면, 사전에서 start를 검색해 봅니다. 사전에 나온 예문을 보니 get 대신에 be동사도 사용할 수

> Beginning a new school year is stressful to many students. How can we get off to a good start? *Teen Today* asked Raccoon 97, a popular webtoon artist, for ideas.

출처: 이재영 외(2015). 『Middle School English 2』. 천재교육. 1단원 읽기 본문

〈그림 3-5〉 start 검색 결과

> **2** [*count*] : the first part of an activity, development, event, etc. 어떤 활동, 전개, 행사 등의 첫 부분 <<시작, 출발>> — 대개 단수형 ▪ The restaurant is off to a promising/shaky *start*. ▪ His parents gave him a good *start* in life. ▪ Their marriage **got off to a good/bad start**. [=was good/bad at the beginning] — 흔히 + *of* ▪ We missed the *start of* the game. ▪ Their discovery could be the *start of* something big. — see also FLYING START, RUNNING START, *a slow start* at ¹SLOW

출처: 메리엄 웹스터 코어 사전 http://coredictionary.com

있음을 알게 됩니다. 또한 good 대신에 다른 형용사를 사용하면, 또 다른 의미를 만들 수 있다는 것도 학습하게 됩니다.

사전을 통해 새롭게 알게 된 정보를 바탕으로 다음과 같은 문장을 만들어낼 수 있는 것입니다. 이처럼 자신에게 의미가 있는 예문이나 직접 만든 문장을 노트에 차곡차곡 모은다면, 언제든 다시 찾아볼 수 있는 나만의 영어 문장 사전으로 활용할 수 있습니다.

교과서 표현
get off to a good start

자신만의 문장으로 만들기
My new school year got off to a great start.
(나의 새학기는 순조롭게 시작되었다.)

My new school year was off to a bad start.
(나의 새 학기는 시작부터 꼬였다.)

두 번째, 교과서에서 배운 표현을 직접 소리 내어 말해보는 것입니다. 혼자서 말하는 연습을 하는 것만으로 부족함을 느낀다면, '구글 어시스턴트' 앱을 활용하는 것을 추천합니다. 해당 앱을 설치한 뒤에 언어를 영어로 설정하면, 구글 어시스턴트와 영어로 대화를 주고받을 수 있습니다. 영어 학습에서 영어 문장을 직접 소리 내어 말하며 '의미'를 만들어내고, 상대방과 그 의미를 나누는 경험은 정말 중요합니다. 영어 학습의 목표는 문장을 외워 앵무새처럼 말하는 게 아니니까요. 하물며 앵무새도 자신이 하고 싶은 말을 하는 겁니다.

구글 어시스턴트 앱을 활용하여 "I'm tired."라고 소리 내어 말하면, 구글 어시스턴트가 다음과 같이 대답합니다. "That's because you've been working hard. You deserve to rest."(그건 당신이 열심히 일해 왔기 때문이에요. 당신은 쉴 자격이 있어요.) 이렇게 구글과 유의미한 소통을 하면서 내가 표현하고 싶은 문장도 전달해보고, 더불어 상황에 맞는 유용한 표

〈그림 3-6〉 구글 어시스턴트 앱

현들도 함께 익힐 수 있습니다.

　학부모님께서는 자녀가 배운 것을 쓰기와 말하기로 꼭 표현해 보도록 격려해 주세요. 이때 원어민 같은 발음보다는 소통할 수 있는 이해 가능한 (intelligible) 발음으로 자신감 있게 말하는 것이 중요하다는 메시지도 함께 전해주시길 바랍니다. "If you don't use it, you will lose it."처럼 영어는 사용하지 않으면 금방 잊어버립니다. 자신이 하고 싶은 말을 영어로 표현하는 연습을 조금씩, 꾸준하게 함으로써 아이는 지치지 않고 즐거운 영어 공부를 이어갈 수 있습니다.

학년별 특징과
학습 포인트

1학년 학습 포인트

중학교 1학년 과정은 기초를 차곡차곡 쌓아올리는 단계입니다. 따라서 과하게 욕심을 부리는 것이 오히려 독이 될 수 있습니다. 아이들이 소화하기 힘든 내용을 무턱대고 시키는 것은 영어에 대한 반감만 키울 뿐, 크게 효과적이지 않을 수도 있습니다. 때문에 중학교 1학년에는 '단어, 문장, 영문법'과 같은 기초에 집중하여 코어 근육을 단단하게 만들어야 합니다. 중학교 1학년 동안 배우는 내용은 입시영어에서 뿐만 아니라, 앞으로 살아가며 삶 속에서 마주할 실용 영어에서도 중심을 차지하는 기본이 될 것입니다.

중학영어 기초 잡기

문장 구조, 기초영문법 등 기초를 쌓는 단계

중학영어 기초를 잡기 위해서, 단어 – 문장 – 문법으로 이어지는 세 단계의 공부를 철저히 해야 합니다. 어휘력에 관해서는 앞 장의 '어휘 학습, 양 보다 질'에서 기본적인 어휘 학습의 방향을 제시하고 있기 때문에 생략하도록 하겠습니다. 어휘력은 기초 중에 기초라는 점을 기억하고, 앞서 제시된 기본 방향에 따라 실천 가능한 계획을 세워 꾸준히 암기하도록 합니다.

다음은 문장의 기초 세우기입니다. 우선 다음의 예시 문장으로 중학교 1학년 문장 구조의 난이도를 알아보도록 하겠습니다.

> ① I am 14 years old.
>
> ② Food is a big part of Korean culture.
>
> ③ Many people are taking pictures in front of the building.
>
> ④ My dad had a creative idea, but they did not trust him.
>
> ⑤ We cancelled our trip because of the rain.

보통 중학교 1학년의 첫 단원은 '자기 소개'를 주제로 합니다. 그렇기에 첫 단원에서는 'Hello, my name is James.'와 같은 쉬운 구조의 문장으로 내용을 구성합니다. 위의 예시 ①번 문장처럼 단순한 문장 구조로 시작하여, 학년말 즈음에는 ④, ⑤번 문장과 같은 복잡한 구조로 발전해 가는 형식입니다. 복잡한 구조라 할지라도, 간단한 접속사나 전치사를 활용한 정도이기에 아주 어렵지는 않습니다. 이처럼 비교적 문장 구조가 단순한 시기에 시작해야 하는 공부법이 있습니다. 바로, 주어, 동사, 목적어 등의 문장 성분으로 문장을 쪼개어 읽는 법(phrasing)입니다. 학년이 올라 문장의 길이도 길어지고, 구조도 더 복잡해지기 이전에 문장을 끊어 읽는 연습을 시작해야 합니다. 문장을 끊어 읽는 것은 어렵지 않습니다. 해석을 기반으로 문장의 성분을 나눠주면 됩니다. 예시로 문장 하나를 활용하여 끊어 읽는 법을 보여드리면 다음과 같습니다.

1. 1단계 끊어읽기

I   /   like   /   . taking pictures.

나는   /   좋아한다   /   사진찍기를

2. 2단계 끊어읽기

I like   /   taking pictures.

나는 좋아한다   /   사진찍기를

I   /   like taking pictures.

나는   /   사진찍기를 좋아한다

3. 3단계 끊어읽기

I like taking pictures. /

나는 사진찍기를 좋아한다. /

1단계 끊어읽기는 한국에서 영어를 배웠고 현재 기초가 없는 경우에 권장하는 방법입니다. 주어＋동사＋나머지 성분으로 구성되는 마디를 끊어서 조사를 붙여 해석하다 보면 쉽게 해석이 되서 편리합니다. 이 과정이 숙달되면 2단계처럼 주어+동사를 한 덩어리로 보거나 주어가 짧은 경우에는 동사+나머지 성분을 '술어'로 한 덩어리 해석을 하면 됩니다. 만약 어릴 때 원서를 많이 읽거나 엄마표 영어로 자란 아이들의 경우에는 최소 문장 단위로 읽어가면서 내용을 곱씹어보는 긴 호흡의 끊어읽기를 하면 됩니다.

중요한 것은 우리말 순서에 맞게 번역할 필요가 없고 영어 어순대로 이해해야 한다는 점입니다. 중학교 저학년 때 각자 특성에 맞는 단계로 끊어읽기를 연습하면 고학년이 되어서 긴 문장을 만나도 사선(/)을 거의 긋지 않고 호흡하면서 글을 읽어나갈 수 있습니다.

이러한 문장 단위의 학습을 체계적으로 하도록 제작한 것을 '영어 구문' 학습이라고 합니다. 요즘에는 중학, 고등 수준에 맞는 구문학습을 위한 교재, 인터넷 강의가 다양하게 있습니다. 해당 교재를 강의와 함께 1~2회 완독하게 되면 영어 글을 체계적으로 읽는 데 큰 도움이 될 것입니다.

이제 영문법의 기초를 세워보겠습니다. 중학교 1학년 때 배우는 영문법은 장기적인 관점에서 보더라도, 코어 근육으로 작용할 중요한 내용입니다. 중학교 1학년 과정에서 배우는 영문법 개념을 정리하면 다음과 같습니다. 중학교 1학년 과정만 훌륭하게 이수해도 외국에서 영어로 의사소통하는 데 전혀 무리가 없을 정도로 핵심적인 내용인 것을 알 수 있습니다.

be동사	과거시제
일반동사	미래시제
현재진행	4형식동사
조동사	비교급과 최상급 등
to부정사와 동명사	

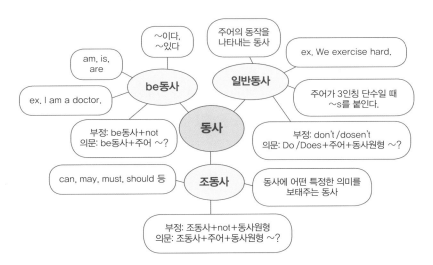

〈그림 3-7〉 '동사'에 대한 마인드맵

　따라서 기초영문법을 대할 때는 안다고 자만해서는 안 됩니다. 이미 아는 내용, 쉬운 개념이라고 치부해버린다면, 코어가 단단히 잡힐 수 없습니다. 그렇게 되면, 흔들리는 때가 분명 오게 됩니다. 중요한 것은 알던 개념이라도 나만의 말로 정리하며 내 것으로 완벽하게 만들어야 합니다. 이때 추천하는 방법은 '마인드맵'입니다. 학교에서는 위의 개념들을 분절하여 가르칩니다. 1년 안에 나누어 가르쳐야 하기에, 학생들은 한 단원에서 2~3개의 개념만을 배우게 되는 것입니다. 예를 들어, be동사와 일반동사는 1단원에서 배우는데, 비슷한 개념인 조동사는 3단원에서 배웁니다. 이 분절된 개념들을 하나로 묶어주는 것이 마인드맵입니다. 따로 배운 개념을 비슷한 것들끼리 묶어 마인드맵으로 정리하다 보면, 개별 내용에 대한 이해도 깊어질 수 있습니다. 방법은 위의 마인드맵을 참고하시기 바랍니다.

　또 하나의 방법은, 개념의 이해에서 멈추지 않고 적용하는 문제를 풀이하는 것입니다. 시중의 문법 문제집에 나오는 연습 문제를 풀어보면서 개별적인 개념을 적용해보는 연습을 합니다. 수업을 듣고 완벽하게 이해가 되었다고 한들, 직접 풀어보지 않는다면 내 것이라 볼 수 없으니 꼭 이 단계를 거치기 바랍니다. 하지만 어느 정도의 기초가 잡힌 학생이라면, 연습문제가 쉽게 느껴질 수도 있습니다. 그때 추천하는 방법은 방금 배운 개념으로 예문을 무작위로 만들어보는 것입니다.

이미 교과서나 문제집에 있는 연습문제가 도전적인 과제로 여겨지지 않는다면, 연습장을 꺼내어 영작해봅니다. 말이 되든, 되지 않든 일단은 내가 이해한 내용을 바탕으로 예문으로 만들어 내는 것입니다. 그러다 보면, 해당 개념에 대한 깊은 이해가 가능해지며, 일석이조로 서술형 연습도 할 수 있습니다.

예문 만들기 예시

to부정사의 명사적 용법

To eat is my pleasure.
To learn Korean is not easy.
To learn English is hard.
I love to eat.
I love to swim.
I love to play the guitar.
I want to meet him.
I want to go home.
My dream is to be a teacher.
My job is to save people.

자유학년제 활용법
성적 부담 없이 평가에 익숙해지기

자유학년제를 두고 부모님들께서 많이 염려하시는 부분이 있습니다. 학교에서는 시험을 보지 않기 때문에 아이들은 공부를 대충하며 마냥 놀기만 한다는 것입니다. 이렇게 놀기만 해도 되는지, 학원을 더 보내야 하는 것은 아닐지 불안감이 커져갑니다. 하지만 불안해만 하며 흘려보내기에는 1년은 생각보다 긴 시간입니다. 자유학년제로 보내는 1년이라는 시간이 우리 아이들에게 의미 있는 경험으로 남을 수 있도록, 부모가 그 방법을 알고 도와야 합니다. 현장에서 아이들을 가르치며 알게 된 자유학년제 활용법 몇 가지를 소개하고자 합니다.

'시험을 보지 않고, 교과성취도를 산출하지 않는다'는 것이 자유학년제의 가장 뚜렷한 특징입니다. 이 부분에서 부모님들의 걱정이 큰 것은 사실입니다. 하지만 이를 바꿔 생각할 수도 있습니다. 시험을 보지 않고 교과성취도를 산출하지 않기 때문에, 성적에 대한 부담 없이 중학교 수업, 평가에 익숙해질 수 있겠다고 생각하는 것입니다. 앞선 내용에서 설명하였듯이, 자유학년제의 1학년 영어수업의 운영 방식이 2, 3학년의 수업과 크게 다르지 않습니다. 평가도 마찬가지입니다. 점수로 결과를 내지 않을 뿐, 수행평가의 종류나 진행 방법은 다른 학년과 비슷합니다.

때문에 1학년 때는 성적 부담에서 벗어나, 영어수업의 전체적인 흐름이나 수행평가의 내용에 익숙해지기에 딱 좋은 시기입니다. 내신에 들어가지 않는다고 하더라도 수행평가에 성실히 임하며 그 흐름을 익혀야 합니다. 실제 수업 속에서 어떤 단계로 수행평가가 진행되는지에 대해 꼼꼼히 살피는 것입니다. 1학년 때부터 차근차근 '평가의 루틴'에 익숙해진다면,

본격적인 내신 공부가 시작되는 2, 3학년 때 당황하지 않을 수 있습니다.

또한 자유학기 활동의 하나인 '주제선택' 활동을 잘 활용하면 좋습니다. 주제선택 활동 시간에는 교과에서 확장된 다양한 주제로 프로그램이 개설됩니다. 교과 시간에는 여러 제약상 깊이 있게 배우지 못하는 주제에 대해 배워볼 수 있는 좋은 기회가 됩니다. 영어 교과의 경우에는 '영화로 배우는 영어회화', '팝송노래교실', '나만의 영어동화책 만들기', '영어로 하는 뮤지컬' 등 다양한 주제로 프로그램이 개설될 수 있습니다. 긴 호흡으로 특정 주제의 수업을 듣는 것이기 때문에, 영어 자체에 대한 흥미를 끌어올릴 수 있습니다. 실제로 학교 현장에서 지켜보면, 학생들이 교과수업보다 주제선택 시간을 더 재미있어하고, 기다리곤 합니다. 영어를 좋아하지 않는 아이라면, 더욱 영어를 주제로 한 프로그램을 선택하게 하는 것을 추천합니다. 주제선택 수업을 들으며, 아이들은 교과서에서는 알지 못했던 '영어의 재미'를 깨닫게 됩니다. 주제선택 프로그램의 선택은 보통 선착순으로 이뤄지기 때문에, 이점 유의하여 사전 공고를 보고 일정을 잘 확인하시기를 바랍니다.

자유학년제는 시간의 여유가 좀 더 필요한 공부를 하기에 적합한 시기입니다. 내신 시험 준비를 따로 하지 않아도 되다 보니, 수업을 듣고 집에 와 복습을 다 끝내더라도 시간이 꽤 남습니다. 잉여시간을 똑똑하게 활용하는 것이 성공하는 학습자의 비결입니다. 영어에 한정하여 어떤 공부를 하면 좋을지 소개해보자면, 기본 영단어 학습과 기본 작문 연습입니다. 시험 진도에 쫓기지 않고 기본기를 다질 수 있는 좋은 시기입니다. 시중에 나온 단어장, 작문 문제집을 구매하여 꾸준하게 공부합니다. 무리해서 계획을 세우기보다는, 작심삼일에서 끝나지 않을 수 있도록 개별학습자에게 맞는 하루 공부량을 정합니다. 매일 단어 10개 외우기, 작문 문제집 한 챕터 풀기도 괜찮습니다. 꾸준히 지킬 수 있는 양을 정하여, 오래도록 유지하는 것이 중요합니다.

자신의 실력 확인
Test Your Vocab, 평가문제집, 진단평가 기출문제 사이트의 활용

1학년은 성취도가 산출되지 않기 때문에, 아이의 객관적인 실력 확인이 어렵습니다. 때문에 개별적으로라도 실력을 점검해보는 과정이 반드시 있어야 합니다. 이에 객관적인 수치로 자녀의 영어 실력을 알아보기 위해 활용할 수 있는 여러 방법을 아래와 같이 소개합니다.

먼저, 기초학력 진단평가 기출문제 사이트를 활용하는 방법입니다. 학교마다 학년 초에 의무적으로 기초학력진단평가를 시행하기는 합니다. 그러나 중학교에서는 전체 과목을 대상으로 실시하지는 않으며, 학교에서 일부 과목을 골라 그 과목들을 대상으로 한 검사만을 실시합니다. 영어는 기초학력 미달인 학생 수가 많은 편이라 학교에 따라서는 영어를 진단평가 과목에서 제외하기도 합니다. 하지만 학교에서 실시하지 않는다고 해서, 걱정하실 필요는 없습니다. 앞서 소개되었던 '배우고 이루는 스스로 캠프(http://plasedu.org/plas/, 충남대학교 응용교육측정평가연구소 운영)'를 활용하여 개별적으로 확인하는 방법이 있습니다. 사이트 내 '예비 중학생 진단(영어)', '중학교 1학년(영어)', '중학교 준비영어(문법)' 검사 등을 통해 자녀의 실력을 점검할 수 있습니다. 각 시·도교육청의 기초학력 진단–보정 시스템 사이트 주소도 다음 페이지에 함께 안내합니다.

서울	http://s-basic.sen.go.kr	강원	http://basic.gweduone.net
인천	http://basic.ice.go.kr	경기	http://basic.goe.go.kr
세종	http://basic.sje.go.kr	충북	http://basics.cbe.go.kr
충남	http://basic.edus.or.kr	경북	http://glms.gyo6.net
대전	http://dtbs.edurang.net	대구	http://shine.edunavi.kr
전북	http://basic.jbedu.kr	울산	http://basic.use.go.kr
광주	http://can.gen.go.kr	부산	http://candi.pen.go.kr
전남	http://obt.jnei.go.kr	경남	http://basic.gne.go.kr
제주	http://basic.jje.go.kr		

다음으로는 추천하는 방법은 출판사의 평가문제집을 풀어보는 것입니다. 학교에서 교과서를 받았다면, 우선 출판사를 확인하여 해당 출판사에서 출간한 평가문제집을 구매하도록 합니다. 보통 출판사에는 교과서 내용을 바탕으로 한 자습서와 평가문제집을 판매합니다. 자습서는 교과서 내용을 깊이 있게 분석하는 데 도움을 주고, 평가문제집은 교과서 지문을 활용한 다양한 유형의 문제를 풀어보는 데 유용합니다. 우리는 실력 점검을 목표로 하므로, 평가문제집을 구매하면 됩니다. 평가문제집 안에는 중간, 기말시험과 유사한 유형으로 출제된 문제들이 있습니다. 단원마다 내용 이해도를 묻는 형성평가부터 몇 개의 단원을 묶어 만든 총정리 평가까지 알찬 구성입니다. 교과서 진도에 따라 문제를 풀어보며, 시험에 나오는 문제 유형을 익히면 됩니다. 물론 실제 시험은 평가문제집의 내용보다 쉬울 수도, 또는 어려울 수도 있습니다. 그렇지만 문제 유형에 대한 감을 익히는 것만으로도 충분한 의의가 있습니다. 또한 정답을 확인하며 채점하는 것이

자녀의 수업 이해도, 실력 등을 객관적으로 판단해보게 할 것입니다.

　마지막으로 소개하는 방법은 자녀의 어휘 실력을 확인해보는 데 유용한 사이트를 활용하는 것입니다. 이 방법은 학생들은 물론이고, 성인 학습자에게까지 적용될 수 있는 내용입니다. 다음 링크(http://testyourvocab.com)를 따라 들어가 안내에 따라 검사에 참여하면 됩니다. 본인이 아는 단어를 체크하고, 간단한 질문에 답을 하면, 맞힌 단어 수로 최종 결과를 알려줍니다. 사이트의 안내 문구에 따르면, 영어권 원어민은 20,000~35,000개 단어 정도가 결과로 나오며, 영어를 배우는 외국인은 2,500~9,000개 단어 정도가 나온다고 합니다. 실제로 평균 학력의 한 중학교 1학년 학생 100여 명을 대상으로 직접 검사를 실시한 결과, 다음의 분포도가 나왔습니다(<그림 3-8> 참조). 평균은 5,000개 단어 정도이며 3,000~6,000개 단어가 가장 흔한 값이었습니다.

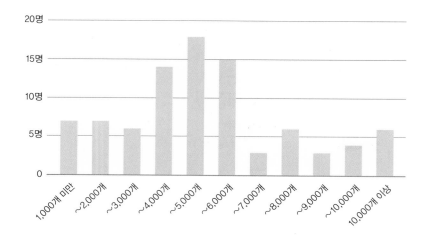

〈그림 3-8〉 Test Your Vocab 검사 결과 분포도

　　그뿐만 아니라, 검사 결과를 10으로 나누면 렉사일 지수(137쪽 참조)에 근사한 값을 구할 수 있다는 말이 있어, 이 부분을 직접 사이트 제작자에게 문의한 결과, 정확한 공식은 아닐지라도 어느 정도 비슷하게 가늠해 볼 수 있다는 답변을 받았습니다. 이 내용도 함께 참고하여, 검사 결과를 렉사일 지수에 어림잡아 해석하셔도 좋을 것으로 생각됩니다. Test Your Vocab 사이트는 공부 자극이 필요한 중학교 1학년 학생들에게 자신의 위치를 확인하도록 돕는 따끔한 자극제가 될 수 있으니 자녀와 함께 검사해 보실 것을 추천드립니다.

2학년 학습 포인트

중학교 2학년 과정은 단단한 기초 위에 뼈대를 쌓아 올리는 단계입니다. 이 시기에는 아이가 중학교 생활에 어느 정도 익숙해진 상태에서 첫 지필고사를 보게 됩니다. 시험을 통해 학생 자신의 실력이 어느 정도인지 가늠해보고 자신에게 맞는 공부법을 찾아야 하는 것이 이 시기에 해야 할 중요한 과업 중 하나입니다. 자신에게 맞는 공부법을 도구 삼아 효과적인 영어 학습 경험을 쌓아가야 합니다.

중학영어 기본 잡기

복잡해진 문장 구조, 기본영문법 등 기본기를 잡는 단계

어휘 학습

영어 단어를 학습할 때에 무엇을 외우는지보다 어떻게 외우는지가 더 중요합니다. 새로운 단어를 만날 때마다 항상 발음 기호를 확인하거나 인터넷으로 검색하여 발음을 듣고 소리 내어 읽어보는 것을 추천합니다. 스스로 소리 내어 읽지 못하는 단어는 듣기에서 잘 들리지 않기 때문입니다. 단어의 소리를 확인하고 그 다음 단계로 단어의 품사와 기본 의미를 파악한 후에, 예문에서 해당 단어의 의미를 떠올릴 수 있는지를 점검해야 합니다. 자연스럽게 의미를 떠올릴 수 없다면, 해당 단어가 들어간 문장을 실감 나게 연기를 하듯이 여러 번 읽어보는 것도 좋습니다.

마지막으로, 교과서에 등장하는 단어를 공부할 때 '클래스카드' 앱을 활용하는 것을 추천합니다. 클래스카드에서는 초중고 영어 단어를 교과서 출판사별로 모두 제공하고 있어서 교과서 단어를 예습하거나 복습하기에 간편합니다. 교사가 클래스를 개설하면 학생이 단어시험을 볼 수 있도록 활용할 수 있습니다. 또한 학생이 직접 클래스카드 앱에 가입해도 교과서

〈그림 3-9〉 클래스카드를 활용한 교과서 단어 학습

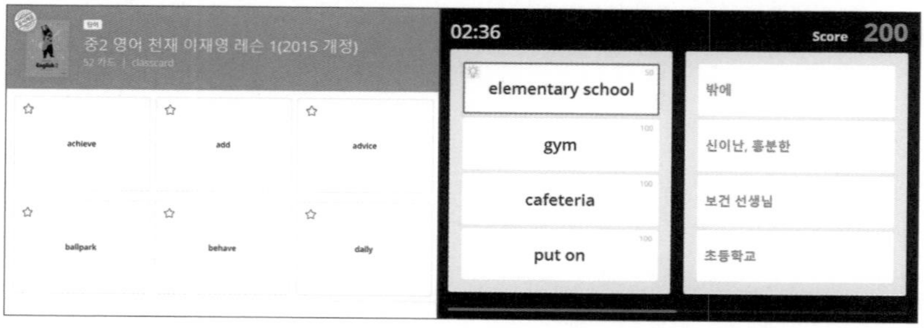

출처: https://www.classcard.net

어휘를 예습, 복습하는 데 이용이 가능합니다.

영문법 학습

중학교 2학년 과정에서 배우는 영문법은 출판사별로 조금씩 다르기는 하지만 일반적으로 〈표 3 – 13〉과 같은 개념으로 다뤄집니다.

〈표 3-13〉 중학교 2, 3학년 교과서에 등장하는 영문법 개념 예시

2학년	3학년
수동태	수동태의 심화
to부정사	to부정사의 심화
동명사	동명사의 심화
현재완료	과거완료
조동사	조동사의 심화
관계대명사	관계사
접속사	접속사의 심화
비교급과 최상급	비교 구문
분사	분사 구문
	*가정법(처음 등장하는 개념)
	*일치와 화법/특수구문(처음 등장하는 개념)

2학년 교과서에서는 이른바 대표적인 영문법 개념들이 모두 등장하며, 3학년 교과서에서는 2학년 과정에서 다뤘던 영문법 개념이 조금 더 심화된 내용으로 나옵니다. 예를 들어, 2학년 교과서에서 기본적인 수동태의 구조가 제시되었다면, 3학년 교과서에서는 조동사를 포함한 수동태가 등장합니다.

<표 3-14> 중학교 2, 3학년 교과서에 등장하는 '수동태'의 비교

2학년 It <u>was created</u> by the famous Dutch artist Vincent van Gogh in 1889.
(그것은 유명한 네덜란드의 예술가 빈센트 반 고흐에 의해 1889년에 만들어졌습니다.)

3학년 You may think volcanoes <u>can be found</u> only on earth.
(여러분은 화산이 지구에서만 발견될 수 있다고 생각할지도 모릅니다.)

2, 3학년 영문법 개념을 보면 학습해야 할 양이 방대한 것처럼 여겨집니다. 하지만 영문법 개념이 한꺼번에 등장하는 것이 아니라 단원별로 제시되기 때문에 너무 걱정하지 않아도 됩니다. 영문법 개념이 등장할 때마다 제대로 소화하는 것만으로도 충분합니다.

앞서 1학년 과정에서는 영문법 개념을 '마인드맵'을 사용하여 정리하는 것을 말씀드렸습니다. 2학년에서는 여기에서 한 단계 더 나아가 나만의 목차로 재구성한 '영문법 노트'를 만드는 것을 추천합니다(179쪽 참조). 평소에 새로운 영문법 개념을 학습할 때마다 노트에 잘 정리해두면, 시험 기간에 복습용으로 유용하게 사용할 수 있습니다.

영문법은 단순히 외워야 하는 대상이 아니라 이해하고 적용해야 하는 대상입니다. 즉, 자신이 표현하고 싶은 '의미'를 가장 잘 담아낼 수 있는 '구조'를 선택하여 문장으로 만들어내는 것입니다. 그렇기 때문에 새로운 영문법 구조를 만났을 때, 그것이 담고 있는 '의미'와 '느낌'을 파악하는 것이 중요합니다. 예를 들어, 미래를 나타내는 조동사 will을 be going to로 바꿔쓸 수 있다고 기계적으로 외우지 말고, will과 be going to는 어떻게 다른 뉘앙스를 지니는지를 파악하는 것입니다. 참고로 will은 의지를 담고 있어서 즉흥적으로 어떤 일을 하겠다고 말할 때 쓰이며, be going to는 이미 결정되거나 계획된 일에 대해 쓰일 수 있습니다.

앞서 1학년 과정에서 영문법을 공부할 문장을 의미 덩어리로 끊어 읽는 연습을 하고 개념을 적용해보기 위해 문제 푸는 것을 말씀드렸습니다. 이와 같은 기본적인 학습법은 2학년에서도 계속 이어가는 동시에, 나만의 목차로 재구성한 영문법 개념 노트를 만드는 것을 다시 한 번 추천합니다.

반복 읽기

중학영어의 기본기를 잡기 위한 또 하나의 팁을 알려드리면, 교과서 읽기 본문으로 반복 읽기(repeated reading)를 하는 것입니다. 반복 읽기는 읽기의 유창성을 길러줄 수 있는 활동입니다. 읽기 본문에 등장한 영문법 개념을 어느 정도 이해했다면, 본문을 여러 번 읽어 보는 것입니다. 이때 해당 영문법이 담고 있는 의미를 머릿속에서 이미지로 떠올려보도록 합니다. 무작정 여러 번 읽는 것을 반복하면 학생이 지루해할 수 있어서, 읽는 방법을 아래와 같이 다양하게 바꾸는 것을 추천합니다.

1회차 읽기   교과서 음원을 들으며 눈으로 따라 읽기
2회차 읽기   소리 내어 읽기
3회차 읽기   소리내지 않고 묵독하기(silent reading)
4회차 읽기   교과서 음원을 1.2배속으로 들으며 눈으로 따라 읽기

반복 읽기 활동에 필요한 교과서 음원은 각 출판사 사이트에서 다운 받을 수 있습니다. 또는 디지털교과서 사이트(https://webdt.edunet.net)를 활용하여 들을 수 있습니다. 이 경우에는 해당 지역의 e학습터(https://cls. edunet.net)에 미리 가입해야 합니다.

〈그림 3-10〉 각 출판사의 교과서 자료실에서 음원 다운받기

출처: 천재교육 출판사 사이트

점수화된 평가
나에게 맞는 내신공부법 찾기

중학교 2학년이 되면 첫 지필고사를 보게 됩니다. 중학교에 입학해서 처음으로 점수화된 평가를 받게 되는 것입니다. 자신의 객관적인 실력을 가늠해볼 기회를 통해 학습 과정에서 어떤 부분이 부족했는지를 파악할 수 있습니다. 이때 점수에 연연하기보다는 자신에게 맞는 공부법을 찾는 것이 중요합니다. 이 기간에 여러 공부법을 시도해 보고 시험이 끝난 후에 어떤 공부법이 효과가 있었는지를 스스로 평가해야 합니다. 어떤 것이든 처음이 가장 어렵지요? 그래서 시험대비 계획 세우기 - 교과서 활용 영작하기 - 오답 분석하기의 3단계 방법을 제공하고자 합니다. 막막하던 자녀에게 좋은 기준점이 될 것이니 이를 바탕으로 자신에게 맞는 방법을 찾도록 권장하면 될 것 같습니다.

시험대비 계획 세우기

시험 날짜가 정해지고 보통 4주 전부터 시험대비를 시작하는 것을 추천합니다. 〈표 3 - 15〉는 내신대비를 위한 4주간의 영어공부 계획의 예시입니다. 이를 참고하여 학생이 직접 일주일 단위로 구체적인 공부 계획을 짜는 것을 권합니다.

먼저, 시험 4주 전에는 교과서와 프린트물의 필기를 모두 취합하여 평소 선생님이 중요하다고 언급했던 개념 위주로 정리합니다. 이때에는 노트에 적어보거나, 필기를 소리 내어 읽어보는 등 자신에게 편안한 방법을

〈표 3-15〉 내신대비 영어공부 계획 예시

시험 4주 전	교과서/프린트물의 필기 위주로 개념 정리하기
시험 3주 전	평가문제집 풀기
시험 2주 전	교과서/프린트물에서 핵심 문장 뽑아 영작하기
시험 1주 전	자주 하는 실수와 오류 위주로 복습하기

사용하면 됩니다.

시험 3주 전부터는 해당 교과서의 출판사에서 나온 평가문제집을 빠르게 풀어봅니다. 이것은 학생의 취약한 부분을 파악하는 것이 목적입니다. 자신이 어느 부분에서 주로 실수하는지, 어느 부분을 잘 몰랐는지를 알게 되면 개념 이해에 대한 보충이 가능하기 때문입니다.

이어서, 시험 2주 전부터는 교과서와 프린트물에서 핵심 문장을 뽑아 영작하는 연습을 하길 추천합니다(교과서 영작 공부법은 205쪽 참조). 여기서 핵심 문장을 고르는 팁은 각 단원의 표지를 잘 살펴보는 것입니다. 단원의 표지에는 의사소통 기능과 언어 형식이 명시적으로 나와 있는 경우가 많습니다. 의사소통 기능과 언어 형식을 고려하여, 자신이 출제자가 되었다는 마음으로, 교과서와 프린트물에서 핵심 문장을 선택해 보는 것입니다.

특히 핵심 문장으로 영작 연습을 하는 것은 중학교 지필평가의 서술형 문항에 대비하는 효율적인 방법이 될 수 있습니다. 그 이유는 서술형 문항으로 자주 등장하는 유형으로 어법이 틀린 문장을 고쳐 쓰거나, 그림이나 표를 보고 문장을 완성하거나, 올바른 순서로 배열하여 문장을 완성하는 문항 등이 출제되기 때문입니다. 영작 연습을 통해 학생들이 영문법 개념의 '이해' 단계에서 '적용' 단계로 넘어가는 것이 관건입니다.

마지막으로, 시험 1주 전에는 자신이 주로 했던 실수(mistake)와 오류(error) 위주로 교과서와 프린트물을 총복습합니다. 여기서 '실수'와 '오류'를 좀 더 명확히 하자면, 실수는 정확히 알고 있지만 부주의하여 순간적으로 틀리는 것이고 오류는 자신이 알고 있는 지식이 부정확해서 틀리는 경우를 말합니다. 이 두 개념을 명확히 하여 시험에서 안타까운 감점을 피해야 할 것입니다. 가령 지필고사의 서술형 문항에서 스펠링 실수가 잦은 학생이라면 시험 전에 단어나 문장을 의식적으로 정확하게 쓰려는 노력을 기울여야 하고, 답안 작성 후 다시 한 번 확인해보는 절차를 꼭 밟아야 합니다. 즉, 시험 전과 시험 보는 중에도 신경 써야 하는 부분입니다. 반면 오류는 시험 전에 시험 범위의 개념을 자신이 설명해 보면서 막히는 부분, 설명이 이상하거나 틀린 부분을 체크하는 것으로 줄일 수 있습니다.

교과서 활용 영작하기

중학교 내신을 효율적으로 대비하기 위해 주의해야 할 점이 있습니다. 바로 교과서를 통째로 암기하거나 많은 양의 문제 풀이를 하는 식의 시험공부는 지양해야 하는 것입니다. 교과서의 내용을 무작정 다 외워버리면 시험이 끝나자마자 바로 잊어버리기 마련입니다. 또한 드물지만 경쟁

교과서를 활용하여 영작하기

- 교과서 본문 문장을 번호를 매기면서 한글로 해석해서 쓰기
- 자신이 쓴 해석을 번호 순으로 보면서 영작하기
- 교과서와 비교하며 틀린 부분을 체크하기
- 틀린 부분 위주로 개념 공부하기

함께 시청하면 좋은 영상

https://youtu.be/demrtjN5218

이 치열한 학군지의 경우에는 지문의 내용이나 일부 어휘를 수정하여 출제하는 곳도 있습니다. 그렇기에 통 암기보다는 교과서 본문 문장을 활용하여 다음과 같이 영작하는 방법을 추천합니다. 우리말 문장을 영어로 다시 바꿔보는 과정에서 학생 자신이 무엇을 알고 무엇을 모르는지가 선명해집니다. 자신이 모르는 부분을 확인하고 보충 공부를 함으로써 부족했던 개념을 확실하게 학습할 수 있습니다.

평소에 성실한 자세로 공부에 임한다면 사실 중학교 영어 내신에서 높은 점수를 받는 것은 그리 어렵지 않습니다. 문제는 중학교의 높은 내신 점수가 고등학교에서의 A등급으로 꼭 이어지는 것은 아니라는 사실입니다. 그러므로 점수 자체에 일희일비할 필요가 없습니다. 영어 학습에서 자신의 부족한 부분을 발견하고 이를 채울 수 있는 기회로 활용하면 됩니다. 시험에 대한 부담감을 내려놓고, 시행착오를 통해 크게 성장할 수 있는 시기를 알차게 보내길 바랍니다.

오답 분석하기

진정한 공부는 시험이 끝난 후에 비로소 시작됩니다. 시험을 본 것으로 학습이 끝나는 것이 아닙니다. 오답 분석을 통해 자신이 무엇을 몰랐는지를 알아차리고 그 부족한 부분을 보충할 때 학습이 성공적으로 마무리되는 것입니다. 또한, 시험 분석을 통해 선생님의 출제 스타일을 파악하여 다음 시험을 대비할 기회로 삼을 수 있습니다.

다음은 오답 분석의 예시입니다. 틀린 문제에 대해 어떤 이유로 틀렸는지를 파악하는 것이 우선입니다. 아는 문제를 실수로 틀렸는지 아니면 정말 몰라서 틀렸는지를 구분해야 합니다. 또 하나 중요한 점은 확실히 알

출처: 2020년 국가수준 학업성취도 평가 중3, 서답형 6번 문제

지 못했지만 맞은 문제에 대해서도 보충 학습을 해야 한다는 것입니다.

오답 분석을 하고 난 후에는 학생의 성향에 따라 오답 노트를 만드는 것이 좋을 수도 있고 아닐 수도 있습니다. 왜냐하면 오답 노트를 작성하면서, 문제를 오리고 붙이는 데 시간이 더 들 수 있기 때문입니다. 오답 노트보다 왜 그 문제를 틀렸는지를 이유를 확인하는 게 더 중요합니다. 상위권 학생이라면, 오답 노트 대신에 영어 시험지 위에 모르는 개념을 정리하여 한 폴더에 차곡차곡 모으거나, 사진 파일로 보관하는 것이 더 효율적일 수 있습니다.

〈그림 3-12〉 오답노트 작성의 예시

16. 다음 글의 요지로 가장 적절한 것은?　　　　　　**맞췄지만 해석이 잘 안 됨!**

It's quick and easy to post photos online. But posting photos might not be such a clever idea. It could give away too much information about ourselves. The problem with posting photos on the Internet is that you can't control what happens to them. They can be copied and shared, and then they can appear anywhere. Once they appear on the Internet, deleting them all is almost impossible. So, you need to think twice before posting photos.

① 타인에게 상처를 주는 댓글을 달지 않도록 유의해야 한다.
② 중요한 행사의 사진 촬영은 전문가에게 맡기는 것이 좋다.
③ 온라인 정보를 사용할 때에는 출처를 분명히 밝혀야 한다.
④ 온라인에 사진을 게시할 때에는 신중해야 한다.
⑤ 글을 쓸 때에는 맞춤법 오류가 없어야 한다.

　　　　　　　　주어　　　　　　　　　　　　　　　　　　동사
The problem with posting photos on the Internet / is / that you can't control what happens to them.

해석: 사진을 인터넷에 올릴 때의 문제는 당신이 사진에 일어나는 일을 제어할 수 없다는 것입니다.

핵심 표현:
1. The problem with A is that ~ : A의 문제는 ~이다.
　* that 절: that 다음에 주어 + 동사의 완전한 문장이 온다.
2. 관계대명사 what: ~하는 것
　* what 다음에 주어 + 동사가 오지만, 완전한 문장은 아니다.

출처: 2020년 국가수준 학업성취도 평가 중3, 16번 문제

3학년 학습 포인트

중학교 3학년 과정은 쌓아 올려진 뼈대 위에 살을 붙이는 단계입니다. 이 과정에서 단단하게 쌓아 올린 영문법 개념은 고등학교 과정에서 큰 자산이 될 수 있습니다. 중3 시기에는 학생과 부모님이 고등학교 진학에 관해 부담을 많이 느낄 수 있습니다. 한편으로 마지막 시험을 보고 나면 고등학교 입학까지 넉넉한 시간이 있기에 상대적으로 여유로울 수도 있습니다. 이 기간을 알차게 활용하여 중학교 과정에 등장하는 영문법 개념을 총정리하는 기회로 삼는 것을 추천합니다.

중학영어 심화

영문법 학습

2학년 과정에서 영문법의 대표적인 개념이 등장하는데, 3학년 과정에서는 그 개념이 더욱 심화되어 나옵니다. 예를 들어, 2학년 교과서에서 관계대명사의 주격/목적격 용법이 등장했다면, 3학년 교과서에서는 관계대명사의 계속적 용법과 생략을 다루며, 더 나아가 관계대명사 what이 등장합니다. 또한 영문법 개념이 심화되는 가운데, 일치(수의 일치/시제의 일치), 화법(간접화법/직접화법), 특수구문(강조/생략/도치)이 새롭게 등장합니다.

중 2 교과서 예문

주격 관계대명사	She told me about her coworkers who had special talents.	중2 미래엔(최연희 외), 4단원
목적격 관계대명사	He was the person whom Kenneth respected the most in the world.	

중 3 교과서 예문

관계대명사 what	What you do today can change the world.	중3 미래엔(최연희 외), 2단원
관계대명사의 계속적 용법	Thor soon found Loki, who was drinking at home.	
'관계대명사+ be동사'의 생략	He ate a basket of tomatoes in front of many people watching him.	

중 3 과정에서 영문법을 공부할 때는 영문법 개념들을 개별적으로 분리해서 외우는 것이 아니라, 단원을 넘어서서 서로 유기적으로 '연결'할 수 있어야 합니다. 예를 들어, 앞에 등장한 '관계대명사+be동사'의 생략은 관계대명사라는 범주 아래에만 머무는 것이 아니라, 명사를 뒤에서 꾸며주는 분사라는 개념과도 연결됩니다.

> He ate a basket of tomatoes in front of many people (who were) watching him.
> (그는 자신을 지켜보는 많은 사람들 앞에서 한 바구니의 토마토를 먹었다.)

영문법 개념을 서로 연결하여 넓은 시야에서 볼 수 있도록, 영문법 개념 노트를 만드는 것을 앞서 추천했습니다. 교과서의 학년과 단원에 상관없이 영문법 개념을 새로운 순서로 재구성하여, 하나의 노트에 자신이 이해하기 쉬운 언어로 정리하는 것을 말합니다. 그러나 한 번에 완벽한 개념 노트를 쓸 수는 없습니다. 자신의 학습 과정에 따라 내용을 추가하거나 순서를 다시 바꾸면서 개념 노트는 계속 수정해 갑니다.

이때 학생이 영문법 개념을 자신에게 소리 내어 설명하는 연습을 해보는 것을 추천합니다. 자신의 말로 쉽게 바꿔서 설명하는 과정에서 막연히 안다고 생각했지만 실은 몰랐던 부분이 드러날 수 있습니다. 자신에게 부족했던 부분을 스스로 찾아가며 보충하여 개념 노트에 정리해 봅니다. 이를 통해 영문법 개념을 제대로 소화하면 고등학교에 진학해서도 영어에 대한 어려움을 극복할 수 있는 단단한 영어 코어근육이 될 수 있습니다.

어휘 학습

영어 단어를 공부할 때는 발음 기호를 확인하여 소리 내어 읽는 것이 중요하고 예문에서 단어의 뜻을 이미지로 떠올리는 연습도 병행하라고 앞서 말씀드렸습니다. 그동안 단어의 단편적인 의미 위주로 학습했다면, 이제는 단어 지식에 대한 확장이 필요합니다.

첫 번째 방법은 중학영어 기본 어휘의 파생어를 함께 학습하는 것입니다. 이것은 어원을 활용한 어휘 학습법으로도 잘 알려져 있습니다. 예를 들어, 단어 happy를 아는 것에 그치는 것이 아니라, 접두사 un-을 붙인 unhappy와 접미사 -ness를 붙인 happiness까지 함께 공부하는 것입니다. 이미 아는 단어를 기반으로 새롭게 파생되는 단어를 쉽게 익힐 수 있어 아주 효율적인 방법입니다. 시중에 어원 학습을 위한 단어장이 현재 많이 나와 있습니다. 이 중에 하나를 골라 꾸준히 공부하기를 권합니다.

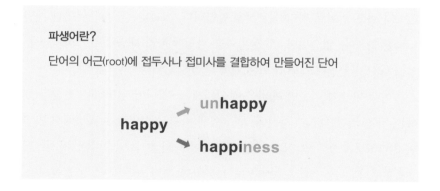

파생어란?
단어의 어근(root)에 접두사나 접미사를 결합하여 만들어진 단어

happy → **un**happy
happy → **happi**ness

두 번째, 단어의 콜로케이션(collocation, 연어) 지식도 함께 늘리는 것이 필요합니다. 응용언어학자 김성우 박사의 비유에 따르면, 콜로케이션

은 바로 '짝꿍단어'를 의미합니다. 즉, 짝꿍처럼 함께 다니는 단어 간의 조합을 의미합니다.

예를 들어, 진한 커피를 영어로 하면 heavy coffee 또는 strong coffee 중에 어떤 것이 자연스럽나요? 정답은 strong coffee입니다. 그러면, 연한 커피는 weak coffee라고 표현할 수 있습니다. 이렇게 콜로케이션은 단어와 단어가 높은 빈도로 습관적으로 만나는 것을 의미하는데, 여기에는 우리가 흔히 알고 있는 숙어 표현이나 구동사(phrasal verbs)도 포함됩니다. 어휘를 학습하면서 콜로케이션을 알게 되면, 원어민에 가까운 자연스러운 표현을 구사하는 데 도움이 됩니다.

콜로케이션 지식을 얻기 좋은 학습 자료로 오즈딕 사전(www.ozdic.com)과 롱맨 온라인 사전(www.ldoceonline.com)을 함께 추천합니다.

콜로케이션(collocation)이란?
습관적으로 함께 사용되는 단어와 단어 간 연결

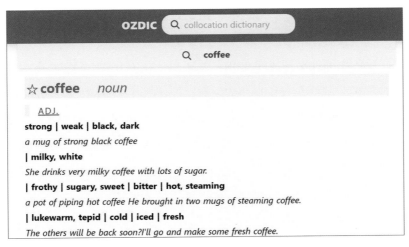

출처: ozdic.com

총정리의 시간

영문법 개념 복습하기

중학교 3학년은 마지막 지필고사가 끝난 시점부터 고등학교에 입학하기 전까지 시간상으로 여유가 많습니다. 이 기간을 헛되이 보내지 않기 위해서, 첫 번째로 중학교 1~3학년 교과서에 등장했던 영문법 개념을 총복습하는 것을 추천합니다. 고등영어에서는 학생들이 읽어내야 할 지문의 난도가 중학영어에 비해서 급격하게 상승하여 학생들이 큰 부담감을 느끼게 됩니다. 특히 고등영어의 내신에서 상위권 학생을 가르는 변별력이 높은 문항은 주로 어법 문제입니다. 학생이 고등영어에 어려움을 이미 느끼고 있는 상황에서, 영문법 개념에 대한 이해까지 부족하다면 이는 낮은 학업 성취로 이어질 수 있고, 자칫하면 영어 자체를 포기하게 되는 결과를 초래할 수 있습니다.

하지만 중학교 과정의 영문법을 제대로 소화한다면, 이것은 학생에게 고등영어의 어려움을 극복할 코어가 될 수 있습니다. 마음이 급할수록 천천히 돌아가라고 했습니다. 중학교 영문법 개념만 제대로 정리해도 내신과 수능의 어법 문제는 충분히 풀어낼 수 있습니다.

영문법 개념에 대해서 얼마나 알고 있는지 자가진단하는 가장 쉬운 방법은 바로 목차를 활용하는 것입니다. 자신이 가진 영문법 문제집의 목차를 펴서, 자신 있는 단원에는 O를 표시하고, 전혀 모르는 단원에는 X를 표시하고, 아는 것 같기도 하고 모르는 것 같기도 한 단원에는 △를 표시합니다. 그다음에 △를 표시한 단원부터 차근차근히 영문법 개념을 학습하는 것이 중요합니다. 그 이유는 X를 표시한 단원부터 공부하게 되면, 공부하고자 하는 의욕이 꺾일 수 있기 때문입니다. 학습에 대한 심적인 부담을 줄이도록, △ → X의 순서로 공부하길 추천합니다.

고1 3월 모의고사 풀기

두 번째로, 고등학교 입학 전에 고1을 대상으로 하는 3월 전국연합학력평가를 풀어보는 것을 추천합니다. 중학교 내신 문제와 비교하여, 고등학교 과정에서는 문제 유형이 어떻게 달라지는지를 미리 파악하는 데 도움이 됩니다. 전국연합학력평가 문제지는 고교 EBSi(www.ebsi.co.kr)에서 다운받을 수 있습니다.

EBSi ◐● : 수능 D-149

고1　고2　**고3·N수**

선생님	모든강좌	교재	모의고사	기출문제	입시정보	DANCHU3 맞춤학습
고3·N수 선생님	전체 시리즈	전체 시리즈	나의 성적 분석	나의 기출문제	입시설명회	AI 문제추천
국어	수준별 맞춤형 시리즈	시기별 추천교재	모의고사 오답노트	고1	뉴스/공식발표자료	시험지만들기
수학	듀냐위키	수능 연계교재	사전준비	고2	입시 매거진	학습현황
영어	시기별 추천강좌	기본서/내신특화	풀서비스	고3·N수	대입상담실	시험지리그
한국사	영역별 강좌	수능대비/연계보완	역대 등급컷/오답률		1:1 논술첨삭	AI 강좌추천
사회	대학별고사	기출/모의고사	연계내역분석		대학별 입시정보	푸리봇 문제검색
과학	학/모평 해설강의	교재 자료실	시험일정/출제범위		학습유형검사	
직업		교재 정정 신청	영어듣기능력평가		진로탐색검사	
제2외국어		우상 교재 신청				
일반/진로/교양		교재 검색				
대학별고사		복고임				

만일 중위권 이하의 학생이라면, 중3 대상으로 하는 국가수준 학업성취도 평가를 풀어보길 권합니다. 국가수준 학업성취도 평가는 한국교육과정평가원(www.kice.re.kr) 자료마당에서 다운받을 수 있습니다. 중3 학업

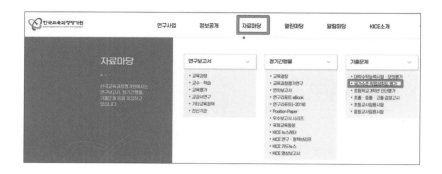

성취도 평가를 다시 풀어보는 것은 자신의 부족한 부분을 찾아 보충학습을 하고자 위함입니다.

예측하며 읽기

세 번째로, 영어 지문을 읽을 때 다음 내용을 예측하는 연습을 권합니다. 글을 읽는다는 것은 내용을 수동적으로 받아들이는 것이 아니라, 내용의 이해에 적극적으로 참여하는 활동입니다. 즉, 글을 적극적으로 이해하도록, 문장을 읽어가다가 잠시 멈추어 방금 읽은 것에 대해 생각하고, 질문을 던지고, 다시 읽으며 질문에 대한 답이 나오는지 확인하는 것입니다.

30. 주어진 글 다음에 이어질 글의 순서로 가장 적절한 것은?

About 2,500 years ago, builders in ancient Greece thought of a way to use the sun's free energy. They built big cities with all the houses facing south, the sunniest direction.

출처: 2019년도 중3 학업성취도 평가

질문을 던지고 답을 찾는 과정을 통해 다음에 이어질 내용을 예측하는 힘을 기를 수 있습니다. 앞에서 등장한 바 있는 중3 학업성취도 평가 문제로 예측하며 글을 읽는 연습이 무엇인지 구체적으로 알려 드리겠습니다.

첫 문장을 보면, 약 2500년 전에 고대 그리스의 'builders'라는 사람들은 태양 에너지를 사용하는 법을 생각해냈다는 내용이 나옵니다. 첫 문장의 builders를 읽고 '이들은 무엇을 짓는 사람인가?'라는 질문이 떠올랐다면, 이어지는 표현 'built big cities'에서 그 답을 발견할 수 있습니다. 바로 '큰 도시'를 짓는 사람들이었습니다. 이 사람들은 모든 집을 남향으로 지었습니다. 그러면 자연스레 '왜 남향으로 지었을까?'라는 생각을 하게 됩니다. 이렇게 문장을 읽어가는 중에 잠시 멈춰서 질문을 던지고, 이어지는 표현 'the sunniest direction'에서 '남향이 햇볕이 가장 잘 드는 방향이어서 그렇구나'라는 답을 스스로 찾아보는 겁니다.

또한 가장 쉽게 적용해볼 수 있는 방법으로 모의고사 읽기 지문의 첫 문장을 읽고 나서 내용을 예측해 보거나 또는 마지막 문장을 읽고 내용을 예측해 보는 것도 좋습니다. 사실, 고등학교에서 다루는 지문은 단순히 영어 실력만으로 이해하기에는 어려운 편입니다. 글의 내용을 제대로 이해하려면 풍부한 배경지식과 문해력이 요구되기 때문입니다. 다음에 이어질 내용을 예측하는 것은 글을 읽는 과정에서 특히 배경지식을 활성화하는 데 도움이 되기에, 짧은 단락부터 예측하며 읽는 연습을 해보는 것을 추천합니다.

교내대회 혼자 준비하는 팁

지역별, 학교별로 편차가 있을 수는 있겠지만 중학교 영어과 교내대회의 경우에는 크게 두 종류로 나뉩니다.

첫째는 말하기(speech) 대회입니다. 말하기 대회의 대표적인 형식은 학생들에게 특정 주제에 관한 짧은 연설을 하게 하는 것입니다. 주제는 학교별로 상이하며 간혹 학교에서 진행하는 사업과 연계하여 주제를 고르는 경우도 있습니다. 예를 들어 통일 연구학교의 경우라면 통일의 장단점, 통일 후 기대되는 우리 사회의 모습 등 통일에 관한 주제로 대회를 진행하는 것입니다.

둘째는 쓰기 대회입니다. 쓰기 대회의 형식도 다양할 수 있지만 영어독후감쓰기 대회나 에세이쓰기 대회가 대표적입니다. 영어독후감쓰기 대회는 학교에서 지정하는 영어도서 혹은 학생들이 자율적으로 고른 영어도서에 대한 줄거리, 소감 등을 적는 대회입니다. 에세이쓰기 대회에서는 특정 주제에 관한 짧은 글을 쓰게 됩니다.

이외에도 영어 노래를 외워 부르는 팝송부르기 대회, 뮤직비디오 장면을 패러디하는 영어UCC만들기 대회, 영어 단어의 철자를 맞추는 영단어골든벨 대회나 스펠링비(Spelling Bee) 대회 등 학교별로 다양한 종류의 대회

중학교 영어과 교내대회의 종류	
말하기 대회	특정 주제에 관한 짧은 연설하기
쓰기 대회	영어독후감 쓰기 혹은 특정 주제에 관한 짧은 글(에세이) 쓰기
기타	팝송부르기 대회, 영어UCC만들기 대회, 영단어골든벨 대회, 스펠링비(Spelling Bee) 대회 등

가 있습니다.

중학교 교내대회를 준비할 때는 시간을 많이 들이는 것이 가장 중요합니다. 특히 다년간의 현장 경험으로 지켜본 바에 따르면 영어과 대회는 애초에 포기하는 학생의 수가 다른 교과보다 많습니다. 따라서 조금의 노력만 기울이더라도 좋은 결과를 기대할 수 있습니다. 이제부터 대회의 종류에 따른 구체적인 준비 방법을 알아보도록 하겠습니다.

말하기 대회 준비를 위해서는 사전에 대본을 작성해보는 것이 좋습니다. 대본 작성 시 특히 유의해야 할 점은 간결하고 쉬운 문장으로 구성해야 한다는 것입니다. 간혹 중학교 수준을 벗어나 지나치게 복잡한 문장 구조나 어려운 어휘를 활용하는 학생들을 보지만, 고난도의 대본이 반드시 좋은 결과를 보장하지는 않습니다. 중학교 수준을 벗어나지 않는 선에서 문장을 꾸리는 것은 내용의 전달력을 높일 수 있고, 후에 대본을 더 쉽게 암기하도록 도울 수도 있습니다. 대본이 완성되고 나면 그래머리 사이트(http://www.grammarly.com)(222쪽 참조), 인스타텍스트 사이트(http://www.instatext.io)를 활용하거나 영어선생님께 직접 찾아가 피드백을 부탁하여 문법적으로 맞게 쓴 것인지 확인해 볼 수 있습니다. 영어선생님을 찾아뵙는 것이 실례라고 생각할 수도 있지만, 실제로 열의를 갖고 교무실까지 찾아와 질문하는 학생이 많지 않아 그런 학생들을 오히려 기특하다고 여기는 선생님들이 대다수이기에 어렵게 생각하지 않도록 합니다. 완성한 대본을 외워 말하는 연습을 할 때는 발음, 억양, 강세도 중요하지만 자신감 있는 태도를 가장 신경 써야 합니다. 이에 부모님들께서 자녀가 연설하는 모습을 녹화해 함께 보며 자녀가 객관적인 눈으로 자신의 연설을 보게 한다든가, 많은 가족들 앞에서 연습하도록 독려하는 것으로 도움을 줄 수 있습니다. 자녀의 연설을 볼 때 언어적 요소(발음, 억양, 강세 등)에 지나치게 신경을 쓰기보다는, 비언어적 요소(눈 맞춤, 손짓 사용 등)에 초점을 맞춰 보도록 합니다. 관찰한 내용에 대해서는 부모님들의 따뜻한 격려와 함께 비언어적 요소 위주의 피드백을 제공한다면, 실제 대회에서는 더 자연스럽고 자신감 넘치는 태도로 연설을 마칠 수 있을 것입니다.

쓰기 대회 준비를 위해서는 빈 연습장에 해당 주제에 관한 글을 충분히 써 봐야 합니다. 반복해서 같은 내용의 글을 쓰다 보면 자연스레 중요 내용을 숙지할 수 있습니다. 전체 내용을 통째로 암기하기보단 반복해서 써 보면서 중심 키워드를 중심으로 주요 내용을 기억하도록 합니다. 문법적으로 맞게 쓴 것인지 헷갈린다면 여기에서도 앞 단락서 언급한 방법들을 활용하도록 합니다. 더 나아가 부모님들께서 평소에도 틈틈이 자녀의 쓰기 대회 준비를 돕고 싶다면, 인터넷에서 에세이 주제를 검색하여 그 주제로 노트 한 장 분량의 글을 써 보도록 연습시킬 수 있습니다. 구글에 'TOEFL writing questions'라는 검색어로 검색을 해 보면 좋은 에세이 주제를 많이 찾을 수 있습니다. 지나치게 어려운 주제는 피하고, 자녀의 수준에 맞는 선에서 주제를 골라 쓰기 연습을 시키면 됩니다.

다음은 기타로 언급된 대회들의 준비 방법입니다. 팝송부르기 대회나 영어 UCC만들기 대회 등은 학생의 직접적인 영어 실력보다는 학생의 열의나 창의성을 요구하는 편입니다. 노래 실력이나 동영상 편집 능력은 부수적인 것이며 심사 기준에서 큰 비중을 차지하지 않는 경우가 많습니다. 따라서 이런 대회를 준비할 때는 자녀가 다른 학생들과의 차별점을 찾을 수 있도록 도와야 합니다. 이때 부모님들께서 유튜브라는 훌륭한 정보의 장을 적극적으로 활용할 것을 추천합니다. '학교 팝송대회', '팝송 UCC', '뮤비 패러디' 등의 검색어로 유사한 주제의 콘텐츠를 검색한 결과를 참고하여 아이디어를 발전시키는 것입니다. 실제로 영상물을 창작할 때 이 같은 방법을 많이 활용하며 창의적인 결과물을 만들어낼 때 유용할 수 있습니다.

영어 단어의 철자를 맞추는 영단어 골든벨 대회나 단어 철자를 하나씩 말하는 스펠링비(Spelling Bee) 대회는 보통 대회 이전에 어휘 목록을 제공하며, 어휘의 수준은 해당 학년 혹은 중학교 수준을 벗어나지 않는 선입니다. 이를 준비하기 위해서 결국은 단어 암기가 우선되어야 하는데, 기억해야 할 점은 철자를 하나하나 입으로 소리 내어 공부해야 한다는 것입니다. 예를 들어, difficult라는 단어를 암기한다면 'D(디), I(아이), F(에프), F(에프), I(아이), C(씨), U(유), L(엘), T(티)'와 같이 개별 알파벳을 또박또박 발음하며 철자를 외웁니다. 부모님들께서는 실전처럼 연습시켜 보기 위해 어휘 목록에서 직접 문제를 내고 자녀가 작은 화이트보드에 답을 써 보게 한다든가, 단어의 철자를 제한 시간 내에 하나하나 발음해 보게 하며 도울 수 있습니다.

요컨대, 중학교 교내대회는 난도가 높지는 않습니다. 학생들의 절대적인 영어 능력을 평가하기보다는 열의, 성실도 등을 높게 평가하여 수상자를 정하는 경우가 많습니다. 그렇기에 대회 당일 주제를 공개하여 즉석에서 말하게 하거나 쓰게 하는 대신, 사전 공고를 통해 학생들이 대회를 준비할 시간을 충분히 주는 것입니다. 사전 공고에서는 대회의 형식이나 주제, 일정 등에 관해 자세히 안내합니다. 따라서 공고를 잘 확인하고 시간을 들여 대회를 준비 한다면 충분히 좋은 결과가 있을 것입니다.

[문법교정 사이트] 그래머리(http://www.grammarly.com) 사용법

직접 영작을 하거나 번역기를 사용하면, 문법적으로 맞게 쓴 것인지 확신이 서지 않을 때가 있습니다. 그럴 땐, 문법교정 사이트인 그래머리를 활용하면 좋습니다. 무료버전으로도 꽤 괜찮은 첨삭을 받을 수 있다는 장점이 있습니다.

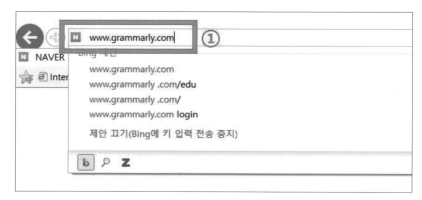

① 인터넷창에 주소(www.grammarly.com) 입력

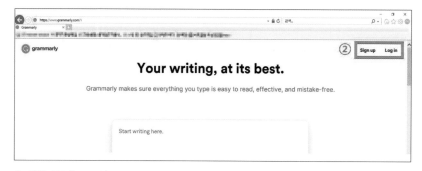

② 회원가입 후 로그인(기존의 페이스북, 구글, Apple 계정으로 회원가입 가능)

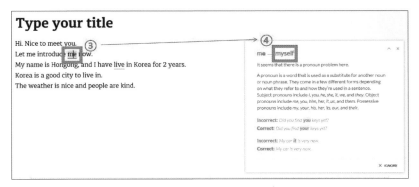

③ 첨삭을 원하는 글을 입력하고, 수정이 필요한 부분(빨간색으로 표시) 클릭

④ 대안(초록색으로 표시)을 확인한 후, 수정하기

　(초록색 대안을 누르면 원문에 자동으로 수정, 반영됩니다.)

현장의 목소리

[중학생 부모님들의 실제 질문 FAQ]

 Q1 **중학교 1학년이 된 아들이 독해를 매끄럽지 않게 해요. 처음 보는 단어도 잘 안 읽어보려고 합니다. 아마도 틀렸을 거란 전제하에 지적받는 게 싫은 것 같은데 어찌하면 좋을까요?**

독해가 매끄럽지 않다는 것은 문장의 구성 성분에 따라 끊어 읽는 것에 어려움이 있는 것으로 볼 수 있습니다. 우선, 단어 공부와 함께 구문 공부를 병행하는 것을 추천합니다. 구문 공부는 영문법 개념을 이해하는 데 최적화된 문장을 끊어 읽기를 통해 분석하는 것을 말합니다. 구문 공부를 통해 의미 단위로 문장을 끊어 읽는 것에 자신감이 생겼을 때, 아이에게 단어 발음을 찾는 방법을 알려주시면 좋을 것 같습니다. 구글에서 새로운 단어를 'pronunciation'과 함께 검색하면 실제 소리를 확인할 수 있습니다. 느리게 듣는 기능을 활용하여 천천히 정확한 발음으로 소리내어 읽어보는 것도 추천합니다.

 Q2 **학원에서 중등 내신대비로 교과서 외우기를 하는데 꼭 해야 할까요? 본문 내용 인지라는 차원에서는 이해하겠지만 장기적으로 영어에 도움이 될까요?**

교과서를 통으로 외우는 것은 효과적인 학습법이라 볼 수는 없습니다. 개념에 대한 정확한 분석 없이 외우면, 시험이 끝나면 금방 잊어버리게 됩니다. 당장 중학교 지필 시험에서는 효과가 있는 듯 보이지만, 고등학교 수준의 영어 시험에서는 효과적이지 않습니다. 고등학교 시험 출제 시에 읽기 지문을 그대로 쓰지 않고 변형하는 경우가 많기 때문입니다. 교과서를 외우기보다는 교과서를 활용한 영작하기를 추천합니다. 교과서 본문을 번호로 매기면서 한글로 해석을 쓰고, 한글 해석을 보고 다시 영작하는 방법입니다. 이 과정에서 자신이 잘 몰랐던 개념을 확인하여 보충학습을 하는 것입니다. 이 내용은 본문 205쪽의 교과서 활용하여 영작하기 부분을 참고 하시면 큰 도움이 될 것입니다.

Q3 초등 5학년 아이가 중학 영단어 공부를 시작하려고 합니다. 평소 단어암기 앱을 활용하고 있는데 단어책 대신 계속 앱으로만 공부해도 될까요?

단어암기 앱은 단어의 뜻을 빠르게 반복적으로 외우는 데 도움이 되고 복습 기능에 있어서도 편리함이 있습니다. 단어암기 앱으로 단어 공부를 시작하는 것은 괜찮을 것 같습니다. 다만, 단어 학습에 심화가 필요한 시점이 되었을 때에는, 단어책도 같이 보는 것을 추천합니다. 궁극적으로 어휘학습은 양과 질을 모두 고려해야 합니다. 단어의 기본적인 뜻에서 새로운 의미로 확장시키고, 단어의 파생어도 함께 학습해야 하는 시점이 왔을 때에는, 잘 정리된 단어장을 보는 것이 어휘 학습에 효율적인 도움이 될 것입니다.

Q4 중학교 2학년이 된 아이가 영어 문법을 작년에 처음 시작했어요. 현재 주 3회 영어학원, 주 3회 수학학원에 다닙니다. 혼자 공부하는 시간이 부족해 보이고 숙제에 끌려다니는 듯 힘들어 보입니다. 중2면 지금 영어와 수학 모두 중요한 시기인데 언제까지 이렇게 해야 할까요? 영어학원을 그만두고 혼공TV 강의와 문제 풀이만 해도 충분할까요?

뒤처질까 하는 불안한 마음에 학원에 가는 경우가 참 많습니다. 문제는 학원을 다닌다고 해서 학습이 꼭 이뤄지는 것은 아니라는 점입니다. 학원에 다니더라도 배운 내용을 스스로 소화할 시간이 없으면 안 됩니다. 스스로 모르는 개념을 고민하면서 답을 찾아보는 과정에서 영어의 진짜 실력이 쌓이는 것입니다. 당장, 학원에 보내서 내신을 대비할 수는 있겠지만, 넓은 시야에서는 아이가 시행착오를 하며 스스로 공부하는 법을 익히는 것이 중요합니다. 공부법이나 학습 전략에 대한 책을 찾아보고, 아이와 함께 학습 계획과 시험 대비 계획을 같이 짜보는 것을 추천합니다. 무엇보다 어떤 과목에서 어떤 부분이 부족하여 보충하기 위해, 문제집을 풀거나 온라인 강좌를 듣거나 학원을 선택해야 합니다. 학원은 선택의 문제이지 당위성의 문제가 아닙니다.

 시험이 없는 중1 학생들이 1년 동안 영어 공부를 어떻게 효과적으로 하면 좋을지 궁금해요. 그리고 중학교 들어가기 전에 어느 정도의 기준을 잡고 최소한 완성해 놓아야 하는지, 문법은 몇 학년 때 시작하는 게 좋은지 궁금해요. 리스닝 향상을 위해 추천하시는 공부 방법도 알려주세요.

자녀가 초등학생이라면 사실 문법이 가장 급한 것은 아닙니다. 이 시기에는 영어에 대한 흥미를 느끼는 것이 제일 중요합니다. 어느 정도 영어에 대해 긍정적인 경험을 갖게 되었다면, 5학년에서 늦어도 6학년 겨울방학 때 중학 영문법 공부를 시작해도 충분합니다. 이때 문법 용어 자체에 매달리기보다는, 단어의 품사(명사, 형용사, 동사, 부사 등)를 이해하고 문장의 구성

성분(주어, 동사, 목적어, 보어 등)에 따라 문장이 어떻게 구성되는지 파악하는 것이 중요합니다.

그리고 자유학년제가 실시되는 중학교 1학년은 시험에 대한 부담 없이 영어 공부하기 참 좋은 시기입니다. 학교 영어와 더불어 자신의 흥미에 맞춘 실용영어 공부도 병행하길 추천합니다. 자신이 관심 있어 하는 주제로 영어 자료를 꾸준히 접할 수 있도록 도와주세요.

또한 듣기 향상을 위해서는 꾸준하게 듣기 양을 쌓아가는 것이 중요합니다. 평소에 좋아하거나 즐겨 읽는 원서가 있다면, 같은 책의 오디오북을 듣는 것을 추천합니다. 한 챕터씩 읽어가며 미리 줄거리를 파악하면, 듣기에 대한 부담을 덜 수 있습니다. 등하교 시간을 활용하여 틈틈이 습관처럼 듣는다면 듣기 실력은 어느새 쑥 올라갈 것입니다. 상위권 학생이라면, 청소년 영어 뉴스를 듣는 것도 권장합니다. 다양한 이슈에 관한 영어뉴스 듣기를 통해 어휘도 확장해갈 수 있습니다. 청소년이 들을 수 있는 영어 뉴스에는 대표적으로 '브레이킹 뉴스 잉글리시'와 'CNN 10'이 있습니다. 브레

이킹 뉴스 잉글리시는 뉴스 콘텐츠의 수준을 레벨 0부터 레벨 6까지 나누어 제공하기에 학습자가 스스로 자신의 레벨에 맞게 선택해서 들을 수 있다는 장점이 있습니다. CNN 10은 YBM 사이트에서 대본과 해석, 단어 설명도 함께 무료로 제공되어 편리하게 이용할 수 있습니다.

마지막으로, 2학년이 다가오는 1학년 2학기에 독해집, 영문법 문제집 등을 통한 문제 풀이를 할 것을 권합니다. 이를 통해 입시 영어도 시기적절하게 대비할 수 있고, 그 동안 배운 내용에 대해 정확성을 확인할 수 있어 1석 2조입니다.

 Q6 **단어 암기를 시작하려는데 영영사전과 영한사전 둘 중 무엇으로 시작해야 하나요?**

단어 암기는 사실 단어장과 단어앱 등을 통해 효율적으로 할 수 있습니다. 단어장을 자주 보면서 익히고, 단어앱으로 짧게 자주 노출하는 방식을 통하면 예전에 빽빽하게 쓰면서 외우던 방식을 탈피할 수 있습니다. 문제는 앞에서도 언급한 대로 단어 학습의 질적인 면을 고려해야 한다는 점입니다. 그래서 사전 사용법은 필수적으로 숙지해야 합니다.

영한사전은 한국어로 뜻을 바로 확인할 수 있다는 장점이 있지만, 보통 일본어 중역을 거친 경우가 많아 순우리말이 부족하고 번역투 표현을 담고 있다는 비판을 받아 왔습니다. 그래서 영한사전의 대안으로 영영사전을 보는 것이 더 낫다고들 합니다. 물론 영영사전은 풍부한 예문을 제공한다는 것이 장점이지만, 단어의 설명이 영어로 되어 있다보니 초보 학습자들이 이해하기에 어려움이 있습니다. 단어를 몰라서 영영사전을 찾아본 것

Merriam-Webster Core Dictionary

Search: [   ] Go

viv·id 🔊 /ˈvɪvəd/ adjective

[more vivid; most vivid] **1** of a picture, memory, etc. : seeming like real life because it is very clear, bright, or detailed 매우 분명하거나 밝거나 자세하기 때문에 현실 같은 <<생생한, 박진감 넘치는, 실제로 보는 듯한>>
▪ He gave a *vivid* description of the scene. ▪ The book includes many *vivid* illustrations. ▪ The dream was very *vivid*. ▪ She could remember the dream **in vivid detail**. ◇ **vivid imagination** 실재하지 않는 것을 매우 선명하고 쉽게 상상함

2 : very bright in color 색깔이 아주 밝은 <<선명한, 산뜻한>>
▪ The fabric was dyed a *vivid* red.

인데 설명에 있는 단어를 또 찾아봐야 하는 경우가 생길 수 있습니다. 그래서 대안으로 추천드리고 싶은 사전은 바로 코어 사전(www.coredictionary.com)입니다. 코어 사전은 영어 설명과 한국어 설명을 모두 담고 있어서 모든 수준의 학습자에게 적합합니다. 또한 우리말 뉘앙스도 잘 담고 있습니다. 영한사전에서 vivid를 검색하면 '생생한, 선명한'이라는 의미로 나오는데, 코어 사전에서는 '박진감 넘치는, 실제로 보는 듯한'이라는 설명이 추가되어 있어서 단어에 대한 이미지를 더 생생하게 그릴 수 있습니다. 또한 활용 팁으로 평소에 코어 사전을 컴퓨터 바탕화면이나 핸드폰 홈화면에 즐겨찾기로 추가해서 사용하는 것을 추천합니다.

물론 단어 학습을 하는데 너무 많은 시간이 걸린다면 사전을 통해 단어를 하나하나 찾는 것은 현실적으로 힘들 수 있습니다. 그렇기 때문에 평소에 단어장이나 앱으로 단어 암기를 효율적으로 하면서, 새로운 단어나 외우기 힘든 단어가 나타났을 때 틈틈이 사전을 통해 익힌다면 이 점을 보완할 수 있을 것입니다.

★고등영어★

PART 04

고등영어
교육과정 기본 정보

목표/수업 시수/수업 방법/난이도/평가

고등학교 영어교육과정은 어떻게 보면 우리나라의 10년간 공교육에서의 영어교육을 마무리 짓는 시기라 볼 수 있습니다. 특히 대학입시라는 마지막 관문을 통과하기 위한 최종적 단계입니다. 따라서 고등학교 영어교육과정의 경우에는 내신도 중요하지만 대학입시라는 큰 산을 넘는 것을 최종 목표로 합니다.

이에 따라 고등학교 교육과정의 근본적인 목표를 비롯하여 실제 수업에서는 과목별로 몇 시간 동안 진행되는지, 수업 방법은 중학교와는 어떻게 다른지, 실제 배우는 내용의 수준이 어떻게 되는지 등을 알아보고자 합니다. 나아가 학교에서 배운 내용을 바탕으로 평가는 어떻게 이루어지는지도 함께 확인하면서 고등학교 영어 학습 전략에 대해 알아보도록 하겠습니다.

고등영어 교육과정의 목표

    고등학교 영어는 학습자들이 중학교에서 배운 영어를 토대로 일반적인 주제에 관한 영어를 이해하고 표현하는 영어 의사소통 능력을 심화 및 발전시켜 나가는 것을 목표로 합니다. 현재 교육과정에 나와 있는 고등학교 영어의 목표는 아래와 같습니다.

> 가. 영어 학습에 대한 지속적인 학습 동기를 가지고 영어 사용 능력을 신장시킨다.
> 나. 친숙한 일반적인 주제에 관하여 목적과 상황에 맞게 영어로 의사소통을 할 수 있다.
> 다. 영어로 된 다양한 정보를 이해하고, 진로에 따라 필요한 영어 사용 능력을 기른다.
> 라. 우리 문화와 외국 문화에 대해 관심과 올바른 이해를 바탕으로 각 문화의 고유성을 존중하는 태도를 기른다.

    대학 입시에 초점을 맞춘 고등학교의 영어 학습도 알고 보면, 영어 사용 능력 신장과 의사소통 능력을 기르는 데 중점을 두고 있습니다. 또한 다양한 문화에 대한 올바른 이해를 바탕으로 영어 학습을 추구한다는 사실을 확인할 수 있습니다.

고등영어 교과 수업 시수

〈표 4-1〉 2015 개정 영어과 교육과정의 고등학교 과목

구분	과목
공통과목	영어
일반선택	영어 회화
	영어 I
	영어 독해와 작문
	영어 II
진로선택	실용 영어
	영어권 문화
	진로 영어
	영미 문학 읽기
전문교과 I	심화 영어 회화 I
	심화 영어 회화 II
	심화 영어I
	심화 영어II
	심화 영어 독해 I
	심화 영어 독해 II
	심화 영어 작문 I
	심화 영어 작문 II

각 학교별 영어교과 수업 시수는 상이할 수 있습니다. 고등학교 수업은 1시수에 50분간 진행되고, 한 학년당 평균 주당 3~5시수 정도 수업을

진행합니다. 과목명은 학기마다 다르게 학교교육과정 편제표에 넣을 수 있어서 변경될 수도 있습니다. 공통으로 가르치는 1학년 공통과목 '영어'는 1년 동안 필수과목에 들어가고, 나머지 과목은 일반 선택, 진로 선택, 전문교과 I 등으로 구분하여 학교에서 교육과정 이수 과목으로 선정한 과목이 각 학년에 배치됩니다. 그리고 학기별로 과목이 바뀌는 경우도 있으니 이를 잘 확인할 필요가 있습니다. 예를 들어, 1학기에는 '영어 I'을 배치하고, 2학기에는 '영어 II'를 배치하여 학기별로 다른 과목을 배우게 됩니다.

고등영어수업 운영방식

대체로 고등학교에서 영어수업은 교과서를 기본으로 하고 부교재를 많이 활용합니다. 그 이유는 수능 영어에 대한 대비 때문입니다. 수능과 관련된 영어 지문과 수능 문제 유형을 내신 수업과 더불어 함께 준비하기 위함입니다.

특히 고3의 경우에는 EBS 수능 연계교재를 적극 활용하고 있습니다. 참고로 EBS 연계교재는 1월에 『수능특강』 영어영역 3권(영어듣기, 영어, 영어독해연습), 6월에 출시하는 『수능완성』 영어영역(영어) 1권으로 구성되어 있습니다. 2022학년도 수능부터는 연계율이 50%로 축소되고, 직접 연계 없이 모두 간접연계로 바뀌었습니다. 참고로 직접연계는 연계교재에 나온 지문을 그대로 활용하여 다른 유형의 문제로 출제하는 것이며, 반면 간접연계는 지문이 다르지만 소재나 주제가 비슷한 지문을 활용하여 출제하는 것을 의미합니다. 비록 간접연계로 바뀌었지만, 여전히 수능 문제와

가장 유사한 EBS 수능 연계교재의 활용은 계속될 것이라 예상됩니다. 고
1, 고2의 경우에도 교육과정 안에 있는 전국연합평가 문제지나 이와 비슷
한 수준의 모의고사 문제가 들어간 부교재를 활용하여 내신과 수능을 모두
잡기 위해 노력합니다.

이에 따라, 평소 수업은 수능에서 평가하는 듣기와 독해 영역을 중심
으로 운영되고 있는 것이 현실입니다. 대신 수행평가와 같은 과정중심의
평가를 통해 말하기 또는 쓰기 영역을 학습할 기회를 마련하여 학생들이
발표하고 결과물을 만들어내는 활동을 합니다. 예전에는 교사 중심의 강
의식 수업이 주를 이뤘다면, 2015 개정 교육과정의 중점사항인 과정중심
교육과정을 실천하기 위해 학생참여 수업을 운영하고자 교사들도 많은 노
력을 하고 있습니다.

고등영어 난이도

우선 고등학교 영어의 난이도는 어휘 수로 확인해볼 수 있습니다. 초
등학교와 중학교까지 누적하여 배운 낱말 수는 총 1,250개입니다. 고등학
교 교육과정에서 공통으로 배우는 '영어'의 경우에는 1,800개 내외로 규정
하고 있고, 전문교과 중 '심화 영어 독해 II'의 경우에는 3,500개 이내입니
다. 이로써 적게는 550개, 많게는 2,250개의 어휘를 더 익혀야 합니다.

그런데 일반고의 경우에는 전문교과 과목을 선택하는 경우가 드물기
때문에 너무 걱정할 필요는 없습니다. 전문교과를 제외한 선택과목을 확
인해보면 평균적으로는 누적 어휘 수는 2,000~2,500개 정도입니다. 그
리고 수능시험을 준비하고자 한다면, 교육과정에서 제시하는 사용 빈도가

높은 누적 어휘 2,500개 정도를 필수로 학습해야 한다고 보면 됩니다. 참고로 교육과정에 없는 어휘는 수능에서는 각주에 어휘를 제시해 줍니다. 이는 초등학교와 중학교에서 충분히 어휘 학습을 해왔다면 무리 없이 정복 가능한 수준입니다. 아래는 2015 개정 고등학교 선택과목별 어휘 수를 보여주는 표입니다.

2015 개정 고등학교 선택과목별 어휘수		
과목명		어휘수
공통	영어(8)	1,800 내외
일반 선택	영어 회화(5)	1,500 이내
	영어 I (5)	2,000 이내
	영어 독해와 작문(5)	2,200 이내
	영어 II (5)	2,500 이내
진로 선택	실용 영어(5)	2,000 이내
	영어권 문화(5)	2,200 이내
	진로 영어(5)	2,500 이내
	영미 문학 읽기(5)	3,000 이내
전문 교과 I	심화 영어 회화 I	1,800 이내
	심화 영어 회화 II	2,000 이내
	심화 영어 I	2,500 이내
	심화 영어 II	2,800 이내
	심화 영어 독해 I	3,300 이내
	심화 영어 독해 II	3,500 이내
	심화 영어 작문 I	2,000 이내
	심화 영어 작문 II	2,300 이내

다음 페이지의 표를 보면 수능 영어의 평균 AR지수는 9~10 정도로 나오는 것을 알 수 있습니다. 물론 쉬운 독해 지문의 경우에는 4점 때도 있고, 어려운 지문의 경우에는 14점에 가깝게 나오기도 합니다. 그런데 지문의 주제나 소재가 어려운 이론과 관련된 내용이 나오기도 하기에 단순히 AR지수로만 수준을 파악하는 건 어렵습니다. 다만 대략적인 어휘 수준이 어느 정도인지 파악하는 데 도움이 된다고 볼 수 있습니다. 다행인 것은 수능에는 반복해서 자주 나오는 주제가 있기 때문에 그 주제에 맞게 어휘나 독해 관련 배경지식을 쌓는 것이 도움이 됩니다.

AR지수란?

AR(Accelerated Reader)은 미국 학생들의 읽기 실력을 학년 수준(Grade level)으로 분류해 놓은 지수입니다. 미국 르네상스러닝사가 17만 여 권에 해당하는 방대한 양의 도서를 분석하고, 해당 도서를 읽은 3만 여 명의 학생으로부터 얻은 데이터를 분석해서 만들었습니다. 현재 미국 초·중·고등학교 3분의 1 정도가 활용하고 있을 정도로 공신력이 높은 지수입니다.

수능 영어 AR지수 분석

RENAISSANCE

문항 번호	Text Level				
	2021	2020	2019	2018	2017
18	5.9	5.9	7.2	7.2	7.3
19	4.5	6	3.9	5.8	4.4
20	9.5	10.9	10.9	8.5	10.3
21	9.2	8.3	9.5	7.7	12
22	11.3	10.2	13.5	11.8	11.7
23	11	11.2	13.3	12.8	11.8
24	7.9	13.7	10.8	9.6	10
25	9	11.5	10.1	8.6	9.1
26	10	8.7	9.3	9.4	8.2
27	6.4	8.8	7.7	8.3	5.8
28	5.4	7	5.7	7.8	9.2
29	11.8	10.9	8.4	10.3	8.9
30	8.2	9.3	9.9	7	8.5
31	13.1	11.5	10	12.1	11.6
32	11.5	10.7	11.4	6.2	11.8
33	11.7	9.3	11.8	11.9	9.8
34	11.3	11.4	11.1	10.8	11.4
35	10.6	10.1	9.9	11.7	7
36	9.9	10.2	11.4	10.3	9.7
37	12	12.1	11.1	10.5	8.8
38	11	12.7	9.9	10.7	9.6
39	10.1	11	9.8	11	10.2
40	11.3	10.9	13.7	13.4	13.6
41-42	11.9	11.3	11.2	9.8	9.8
43-45	5.3	4.6	5.6	5.3	7.7
평균 Level	9.592	9.928	9.884	9.54	9.528

출처: http://m.edu.donga.com/news/view.php?at_no=20210104132858415308

게다가 고등학교 영어 수준을 파악하기 위해서는 어휘량에 대한 이해와 더불어 배우는 내용과 주제에 대한 이해가 필요합니다. 우선 교과서에 나오는 독해 지문의 경우에는 꿈과 진로, 언어, 음식과 문화, 자연현상, 안전, 예술, 자원봉사, 여행, 생활, 환경, 스포츠, 과학, 심리 등 다양한 주제를 바탕으로 10개 내외 단원으로 구성되어 있습니다. 교육과정의 목표에서 설명한 것처럼 일상생활과 관련된 주제를 주로 다룹니다. 〈그림 4−1〉은 고등학교 1학년 공통과목인 '영어' 교과서의 목차입니다.

〈그림 4−1〉 공통과목 '영어' 교과서 목차 예시

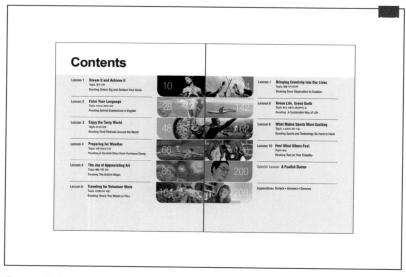

출처: 박준언 외(2015), 『영어(High School English)』. YBM

그리고 교과서 내용 중 독해 지문의 경우 보통 최소 10개 이상의 문단을 한 단원에서 다룹니다. 〈그림 4−2〉에 제시된 문단은 고등학교 1학년 공통과목 『영어(High School English)』 교과서 1과 독해 지문의 한 부분으로 다양한 복문(2개 이상의 문장 결합)으로 구성된 것을 확인할 수 있습니다.

또한 영문법적인 측면에서도 중학교 영문법보다 조금 더 심화된 문장이 등장하는 걸 볼 수 있습니다. 예를 들어, 'to 부정사'의 경우 단순한 문장이 아닌 영문법이 혼합된 더 복잡한 형태로 나오기도 합니다. 'James was happy to have been elected student president.'(James는 학생회장으로 선출되어 기뻤다.) 이 문장의 경우에는 'to 부정사'와 'have p.p.'(완료형)가 혼합된 문장으로 쓰여서 정확히 의미를 파악하기 위해서는 두 가지 영문법 요소를 함께 알아야 합니다.

물론 〈그림 4-2〉는 공통과목 내용 중 1과에 해당하기 때문에 조금은 간단한 문장으로 구성되어 있습니다. 진로선택이나 전문교과 과목의 경우에는 어휘 수준은 높아지고, 문장의 길이도 복잡해지며, 더 난해한 내용이 포함되어 있습니다.

〈그림 4-2〉 공통과목 '영어' 교과서 독해 지문 일부 내용

Put Your Dreams on Paper

It is a common practice among successful people to write down their dreams on paper. They make lists of dreams and put them where they will see and read them often. They will put them under a glass cover on their desk or carry them about in their pocket so that they will be constantly reminded of the goals they set for themselves. The following story is about John Goddard, an adventurer, explorer, and writer. In 1972, he was featured in LIFE, a famous American magazine, as a man who achieved his teenage dreams.

출처: 박준언 외(2015), 『영어(High School English)』, YBM

끝으로, 수능 영어 독해 지문의 길이는 도표나 내용일치와 같은 단순 사실적 정보를 확인하는 지문이 아닌 이상 140~160개 단어 정도로 구성되어 있습니다. 물론 장문 독해의 경우에는 300개 단어 이상의 긴 지문이 나오기도 합니다. 대신 한 지문에 2문항 또는 3문항으로 이루어져 있으니 평균적으로는 거의 비슷한 분량이 된다고 볼 수 있습니다. 〈그림 4-3〉은 2021학년도 수능 영어 독해영역 21번 문항의 지문입니다. 이 정도 길이의 지문에 포함된 단어 수가 160개 정도입니다.

〈그림 4-3〉 2021학년도 수능 영어영역 21번 문항

21. 밑줄 친 the role of the 'lion's historians'가 다음 글에서 의미하는 바로 가장 적절한 것은?

There is an African proverb that says, 'Till the lions have their historians, tales of hunting will always glorify the hunter'. The proverb is about power, control and law making. Environmental journalists have to play the role of the 'lion's historians'. They have to put across the point of view of the environment to people who make the laws. They have to be the voice of wild India. The present rate of human consumption is completely unsustainable. Forest, wetlands, wastelands, coastal zones, eco-sensitive zones, they are all seen as disposable for the accelerating demands of human population. But to ask for any change in human behaviour — whether it be to cut down on consumption, alter lifestyles or decrease population growth — is seen as a violation of human rights. But at some point human rights become 'wrongs'. It's time we changed our thinking so that there is no difference between the rights of humans and the rights of the rest of the environment.

① uncovering the history of a species' biological evolution
② urging a shift to sustainable human behaviour for nature
③ fighting against widespread violations of human rights
④ rewriting history for more underrepresented people
⑤ restricting the power of environmental lawmakers

고등영어 평가(내신/수능)

서두에 밝힌 것처럼, 고등학교 영어는 입시영어와 관련이 많습니다. 우선 내신은 학교 내에서 치르는 시험이고, 대학수학능력시험(이하 수능)의 경우에는 모든 수험생들이 준비하는 대학입시의 기준이 되는 시험입니다. 결국 '내신'과 '수능' 두 마리 토끼를 모두 잡아야 하는 것이 고등영어에서의 실제 목표라고 할 수 있습니다.

① 내신평가

〈표 4-2〉 고등영어 평가 방법

(1) 지필평가
- 선택형(객관식) 문항 : 진위형, 선다형, 연결형, 배열형
- 서답형(주관식) 문항 : 단답형, 제한적 논술형(서술형), 논술형

(2) 수행평가
- 논술형, 논술형(서술형), 수업 활동(관찰, 구술, 면접, 시연, 토론) 등

우선 내신은 중학교 평가체계와 동일하게 지필평가와 수행평가로 나누어집니다. 지필평가는 한 학기에 2회 실시를 원칙으로 하되, 일부 과목의 경우에는 과목의 특성에 따라 1회 혹은 실시하지 않는 경우도 있습니다. 수행평가의 경우도 과목별로 실시하는 횟수가 다르지만, 지필평가와는 달리 지식을 묻는 평가라기보다는 절대적 기준을 가지고 과정 중심으로

평가를 진행합니다. 그렇다보니 지필평가는 선택형(객관식) 혹은 서답형(주관식) 문항으로 주로 평가하고, 수행평가는 관찰, 구술, 면접, 시연 등 활동 중심으로 평가하는 경우가 많은 편입니다. 물론 수업을 진행하는 교사에 따라 적절하게 평가방법을 혼용하는 경우도 있으니 아래 평가 방법을 참고해주시길 바랍니다.

평가와 관련하여 학교에서는 각 과목별로 학기 초에 평가계획서를 작성하여 공지를 합니다. 이에 따라 평가는 평가계획서에 제시된 방법과 절차를 따르며 학습자가 평가의 세부 절차와 유의 사항을 분명히 알 수 있도록 사전에 명확하게 안내합니다. 평가계획서는 주로 학교 홈페이지, 학교 알리미 사이트, 학급 게시판 등에 게시하여 안내합니다. 평가의 종류, 반영비율, 유형, 시기 등 정확한 정보를 확인하여 평가에 앞서 철저하게 준비할 수 있도록 합니다.

〈표 4-3〉 영어 과목 평가계획서 예시(1학기 중간고사)

평가 종류	지필평가		수행평가			계
구분	1차	2차	영어 듣기	한국문화 소개	진로 에세이	
반영 비율	10%	10%	10%	40%	30%	100%
유형	선택형/ 서답형	선택형/ 서술형	수업 활동, 선택형	발표 및 시연, 논술형 (서술형)	수업 활동, 논술형 (서술형)	
만점	100점	100점	100점	100점	100점	
논술형(서술형 포함) 평가 반영 비율	-	-	-	20%	21%	41%
평가 시기	5월 1일 ~ 5월 4일	7월 13일 ~ 7월 16일	4월 중	상시	5월 중	

② 수능평가

〈표 4-4〉 2021학년도 수능 영어영역 출제 방향

출제의 기본 방향

영어영역은 영어과 교육과정의 내용과 수준에 맞추어 '고등학교 영어과 교육과정 성취 기준의 달성 정도'와 '대학에서 수학하는 데 필요한 영어 사용 능력'을 측정하는 문항을 출제하고자 하였다. 영어 영역의 구체적인 출제 기본 원칙은 다음과 같다.

- 2015 개정 영어과 교육과정에 제시된 다양한 소재의 지문과 자료를 활용하되 교육과정 기본 어휘와 시험 과목 수준에서 사용 빈도가 높은 어휘를 사용하여 출제한다.

- 동일한 능력을 측정하는 유사한 문항 유형을 가감하거나 교체할 수 있는 모듈형 원칙에 따라 검사지를 구성한다.

- 영어의 유창성뿐만 아니라 정확성을 강조하여 균형 있는 언어 사용 능력을 측정하기 위해 언어형식과 어휘 문항을 포함한다.

- 듣기는 원어민 대화 및 담화를 듣고 이해하는 능력을 직접 측정하고, 말하기는 불완전 대화 및 담화를 듣고 적절한 의사소통 기능을 적용하여 이를 완성하는 능력을 간접적으로 측정한다.

- 읽기는 배경 지식 및 글의 단서를 활용하여 의미를 이해하는 상호작용적 독해 능력을 직접 측정하고, 쓰기는 글의 내용을 이해하고 이를 문장으로 요약하거나 문단을 구성할 수 있는 능력을 간접적으로 측정한다.

출처: 2021학년도 대학수학능력시험 출제본부(2020.12.3). 〈2021학년도 대학수학능력시험 보도자료〉 p.14

수능의 경우에는 영어 교육과정 평가 영역 중 듣기(간접 말하기 포함)

와 독해(간접 쓰기 포함) 영역을 평가합니다. 수능 영어 시험은 총 45문항을 70분에 해결해야 하는 시험입니다. 여기서 듣기는 17문항, 독해는 28문항으로 모두 선택형(객관식) 문항으로 이루어져 있습니다. 고3의 경우, 한국교육과정평가원에서 주관하는 평가는 11월 '수능시험'을 포함하여, 6월과 9월에 '수능모의평가'가 있습니다. 또한 각 시·도교육청에서 실시하는 전국연합평가를 3월, 4월, 7월, 10월에 치르게 됩니다. 고1, 고2의 경우, 각 시·도교육청에서 실시하는 전국연합평가를 3월, 6월, 9월, 11월 이렇게 총 4회 실시합니다.

실제 평가는 듣기와 읽기로 평가되지만, 앞 페이지 〈표 4-4〉의 수능 영어영역 출제 방향에 나와 있는 것처럼 간접 말하기 및 간접 쓰기 형식으로 평가를 하고 있습니다. 이런 유형의 문제가 고난이도 유형으로 분류되는 만큼 고등학교 영어 교육과정에서 성취하고자 하는 듣기, 말하기, 읽기, 쓰기 4영역을 골고루 발달시킬 수 있도록 충실하게 학습할 필요가 있습니다.

고등영어 교육의 핵심과
부모 가이드

중학교와 차원이 다른 난이도/수준

고등학교 영어는 중학교와 비교하기 힘들 정도로 난도의 상승폭이 큽니다. 영어 지문이 더 어려워지고, 다뤄야 할 지문의 숫자가 기하급수적으로 늘어납니다. 중학교 때 학년별로 상승하던 수준, 양의 증가폭과 비교하기 어려울 정도입니다. 문제는 이러한 현상이 고등학교 전반에 걸쳐 서서히 일어나는 것이 아니라는 점입니다. 대부분의 학생들은 고등학교 1학년 첫 학기가 시작됨과 동시에 이 문제를 피부로 느끼게 됩니다.

그간 단단하다 생각했던 영어 실력에 큰 구멍이 드러나고, 긴 지문을 소화해야 하느라 영어 호흡이 달리게 됩니다. 그나마 외워서 성공했던 중학교 영어 공부 방법은 사실상 통하지 않습니다. 물론, 끝까지 다 꾸역꾸역 외우면서 가는 학생들도 있지만, 고등학교에서 영어만 공부할 수는 없는 실정입니다. 자, 그럼 지금부터 고등영어 교육의 청사진을 보고 효율적으로 공부할 전략을 알아보도록 합시다.

어휘의 증가

학생들이 가장 부담을 느끼는 것이 어휘, 바로 영단어 학습입니다. 학생들에게 영단어의 숫자는 곧 '외워야 할 단어 수'를 의미하기 때문입니다. 초등에서 500단어를 익혔다면, 중학에서는 그 단어를 제외하고 750여 개를 더 익혀야 합니다. 고등에서는 선택과목에 따라 다르지만 심화 영어 독해 II(3,500개 기준)를 기준으로 하면 최대 2,250개의 단어를 추가적으로 학습해야 합니다. 게다가 최근 수능을 기준으로 이 수준 이상의 단어도 종종 등장하고 있어 학생들의 어휘 공포증에 충분히 공감이 됩니다.

하지만 그렇다고 모든 단어를 다 외운다는 목표를 세울 필요는 없습니다. 수능을 치르기까지 모든 단어를 다 외우고 고사장에 가는 것은 현실적으로 어렵기 때문입니다. 하지만 문맥의 힘을 빌려 지문의 핵심을 이해하기 위해서 필요한 수준인 '한 지문당 90% 이상'의 단어를 반드시 숙지해야 합니다.

그럼 학생들은 고등학교 어휘를 어떻게 공부해야 할까요? 가장 중요한 3가지 원칙은 다음과 같습니다.

고등학교 어휘 공부 3원칙

원칙1 영단어장의 적절한 선택 및 활용
원칙2 예문 – 단어 – 우리말 뜻의 순서 학습
원칙3 짧게, 자주, 매일 학습

사실 자녀가 고등학생이 되면 부모가 영어를 구체적으로 가르쳐주는

것은 불가능에 가깝습니다. 하지만 이 세 가지 큰 그림을 학습 계획에 반영하도록 가이드 해주거나 넌지시 추천해주는 것은 가능합니다. 앞에서 말한 세 가지 어휘 학습법에 대해서 좀 더 자세히 풀어보겠습니다.

원칙1, 영단어장의 적절한 선택 및 활용입니다. 일단 초·중학교 때 엄마표 영어 기반, 학원 기반, 학교 기반으로 공부한 학생이라 하더라도 고등영어에서 영단어장을 활용하는 것이 효율적입니다. 먼저 엄마표 영어를 기반으로 한 아이들은 영어 원서를 많이 읽었을 확률이 높습니다. 그래서 단어의 양과 깊이가 상당합니다.

하지만 엄마표 영어로 자란 아이들의 독서, DVD 시청의 결은 아이들마다 다릅니다. 아이들이 어떤 시리즈를 특별히 많이 봤는지, 어떤 분야에 빠져 있었는지에 따라 편중된 부분도 있습니다. 그래서 그 아이들의 경험의 합을 고등학교 영어 교육 필수 단어와 비교하여 균형을 잡아줄 필요가 있습니다.

학원 기반, 학교 기반으로 공부해온 아이들도 마찬가지입니다. 그동안 초등·중학이라는 학교급에 맞춰서 어휘를 학습했습니다. 이제 고등으로 학교급이 또 하나 더 상승하기 때문에 반드시 바뀐 학교급의 어휘 풀(pool)을 경험해야 합니다. 보통 영단어장은 학교급이 바뀔 때, 바뀌기 직전에 보는 것이 아주 효과적입니다. 그래서 초등학교에서 중학교로 넘어가는 겨울방학 때 중학 어휘를, 중학교에서 고등학교로 넘어가는 겨울방학 때는 고등 어휘를 공부할 것을 권장합니다.

이와 같은 이유로 고등학교 영단어장은 필수라고 생각합니다. 늦어도 중학교 3학년 겨울방학 때는 자녀와 함께 서점을 방문해서 단어장을 선택해야 합니다. 단어장을 선택하는 기준은 다음과 같습니다.

첫째, 단어별로 예문이 충분히 있는가?

둘째, 자녀가 보기에 단어장의 분량이 과도하지 않은가?

셋째, 고등학교 교육과정, 수능 빈출 어휘를 다루고 있는가?

원칙2, 단어장의 생명은 '예문'입니다. 단어장에서는 예문이 생명이기 때문에 예문 작업을 가장 까다롭게 합니다. 그래서 단어장을 고를 때 예문 구성을 잘 봐야 합니다. 특히 어떤 맥락의 예문을 사용하는지에 따라 그 단어에 대한 첫 실타래가 달라집니다. 그래서 예문 속에 들어가 있는 다른 단어가 너무 어렵지 않은지 반드시 살펴야 합니다. 그렇지 않다면 맥락 자체를 활용할 수 없기 때문에 예문을 공부하면서 나온 추가 단어 학습에 엄청난 부담을 느끼게 되고, 결국 그 단어장을 완독할 확률이 크게 떨어집니다.

그 다음으로 '분량'입니다. 아무리 평점이 높고 베스트셀러라도 자녀가 소화할 만한 분량을 넘어서게 되면 무용지물입니다. 그렇기 때문에 서점에 꼭 같이 가서 분량을 체크해야 합니다. 자녀가 스스로 학습할 수 있을 법한 분량을 고려하여 해야 합니다. 마지막으로, 고등학교 교육과정 및 수능 빈출 어휘는 다행히도 대부분의 단어장이 반영하고 있습니다. 하지만 기본적인 사항인 만큼 표지나 내지 구성을 통해 꼭 확인해야 합니다.

원칙3, '짧게, 자주, 매일 학습하는 것'입니다. 이제 단어장을 선택했으면, 하루 목표량을 가장 적게 잡도록 가이드하는 것입니다. 가령 하루에 10개를 목표로 잡아도 좋습니다. 그 10개를 하루에 7~8회 공부하도록 하는 것이 효율적입니다. 다른 공부를 하다가 2~3분 스치듯이 한번 보면 1회로 간주합니다. 그리고 또 다른 공부를 40~50분 하다가 사이에 2~3분 스치듯이 보게 하면 됩니다. 그 짧은 반복이 망각을 극복하게 만들어 줍니다. 단어를 보는 방식은 ①예문 – ②단어 – ③우리말 뜻의 순서입니다.

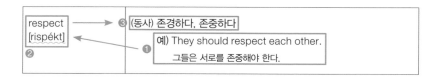

영단어장 보는 순서

예문을 볼 때 우리말 뜻을 먼저 보면 안 됩니다. 예문 자체를 작은 문맥으로 생각하고 그 문장 자체를 해석하려 노력한 다음, 우리말 뜻을 참고합니다. 그다음 단어 자체를 '발음'해보며(마음속으로 또는 직접 소리내기 둘다 가능) 마지막으로 단어 뜻과 품사를 확인하면 됩니다. 이렇게 하루에 짧게, 자주 반복하면 됩니다. 그리고 잘 외워지지 않는 것에 V 표시를 합니다. 외워지지 않는 것에 스트레스 받을 필요가 없습니다. 망각은 자연스러운 현상이기 때문입니다. 대신 이런 방법으로 주기적으로 짧게 반복하면 자연스럽게 외워지는 '즐거움'이 쌓여갈 것입니다.

원칙3인 짧게 자주 학습하는 방법을 한 주 흐름을 통해 보도록 합시다. 월~토요일까지 누적학습을 해갑니다. 화, 수, 목으로 시간이 갈수록 앞선 요일에 했던 단어는 훑어보면서 V 표시가 많은 것들만 재빨리 학습합니다. 그렇게 일요일까지 갑니다. 일요일에는 한 주 동안 공부한 단어를 직접 써보는 '스펠링 데이'를 운영합니다. 평소에 계속 쓰면서 공부하기 힘들기 때문에 이 방법을 추천하는 편이고, 지필고사에 스펠링으로 인한 감

월	화	수	목	금	토	일
월 10개	월 10개 화 10개	월 10개 화 10개 수 10개	월 10개 화 10개 수 10개 목 10개	월 10개 화 10개 수 10개 목 10개 금 10개	월 10개 화 10개 수 10개 목 10개 금 10개 토 10개	월 10개 화 10개 수 10개 목 10개 금 10개 토 10개 추가단어 없이 스펠링만 연습

점을 막는 좋은 대비책이기도 합니다. 이렇게 한 주 루틴(routine)이 끝나면 그다음 단어를 다시 10개부터 시작하며, 10개가 부족하다고 판단되면 하루 학습량을 조금씩 올려서 1회독까지 가게 하면 됩니다.

문장 난도 상승

중학교 영어와 고등학교 영어에서 단연 두드러지는 것은 문장의 난이도 차이입니다. 좀 더 자세히 들여다보면 다음과 같은 부분에 주목할 수 있습니다.

문장의 길이   **문장의 구조**   **문장 속 어휘**

그렇다면 중학교 3학년과 고등학교 3학년이 치르는 시험에서 뽑은 긴 문장을 보도록 하겠습니다.

중학교 3학년 학업성취도 평가	고등학교 3학년 수능 모의고사
As another example, by observing kingfisher birds in nature, engineers made the first high-speed trains have the same shape as the birds' triangle-shaped head.	More important, television performers, or people who depend on television, such as politicians, are evaluated by viewers(voters) on their ability to meet time compression requirements, such as the one sentence graphic statement or metaphor to capture the moment.

고3 수능 모의고사 기준으로 볼 때 문장의 길이가 중학교 3학년 지문의 2배 정도가 되는 것을 알 수 있습니다. 동시에 여러 가지 기법이 쓰여서 한 문장의 구조가 깔끔하게 눈에 들어오지 않습니다. 즉, 단순 단어 암기를 통해서 성적 향상을 꾀하기는 무척 어렵습니다. 혹자는 엉덩이 힘을 강조하며 단어만 잘 외워도 리딩 스킬을 통해 고득점을 올릴 수 있다고 하는데, 이 의견을 좀 더 자세히 반박해 보겠습니다.

먼저 단어가 중요한 것은 맞지만 단어는 기본적인 사항일 뿐 결국 고등학교 독해에서는 고차원적인 사고력이 등급을 결정합니다. 단어는 앞에서 알려드린 대로 효율적으로 누적 반복 학습을 하는 것이지 지긋이 앉아서 엉덩이 힘으로 공부하는 영역에 넣어서는 곤란합니다. 아울러 리딩 스킬은 필요한 부분이긴 하지만 문장의 구조와 길이에 대한 본질적 이해 없이 스킬만으로 고층 탑을 쌓으려면 결국 탈이 납니다. 결국 단어와 리딩 스킬의 조합은 코어가 부족한 '점수 지향적인 학습법'이 될 확률이 큽니다.

자, 다시 문장을 자세히 들여다보면 당연히 고3 지문의 어휘가 더 어렵다는 것을 알 수 있습니다. 대표적인 단어 몇 개만 지문에서 뽑아서 대조해보겠습니다.

중학교 3학년 학업성취도 평가	고3 수능 모의고사
example 예, 예시 observe 관찰하다 shape 모양, 형태	evaluate 평가하다 meet 충족하다 compression 압축 requirements 요건 statement 진술 metaphor 비유적 표현

어려운 단어가 더 많이 나오지요? 어렵다는 것은 그 단어의 길이, 추상성을 말합니다. 아울러 우리가 잘 안다고 생각했던 meet도 '만나다'가 아니라 '충족하다'와 같은 뜻으로 쓰입니다. 이렇게 고등영어는 문장의 길이, 구조, 어휘라는 세 가지 측면에서 깊이가 확연하게 달라집니다. 단지 단어를 많이 외워서 절대 고득점으로 이어지게 할 수 없습니다. 그렇다면 학부모는 자녀들이 올바른 길로 갈 수 있도록 어떻게 가이드를 해줄 수 있을까요?

먼저, 앞에서 나온대로 단어 학습부터 짧게 자주 공부하는 습관을 들일 수 있도록 해야 합니다. 진득하게 한 시간 동안 단어를 공부하는 행위는 지양해야 합니다. 아름다워 보이지만 비효율적입니다. 단어는 매일 짧게 자주 벽돌을 쌓는다는 의미로 접근하게 해야 합니다. 그렇게 단어 학습의 부담으로부터 자녀를 탈출시켜야 합니다.

둘째, 고등학교 입학 전후에 '구문 독해'를 꼭 학습하도록 안내해야 합니다. 단어 – 리딩 스킬 – 문제풀이로 이어지는 방법은 구멍이 너무나 많습니다. 그래서 시험마다 시험환경, 컨디션을 탓하며 불안에 떨어야 합니다. 더 많은 문제풀이를 하는 함정에 빠질 수도 있습니다. 구문 독해 공부를 통해 문장 구조를 눈으로 익히면, 아무리 긴 문장이라도 뼈대를 빠른 시간에 파악하고 정확한 의미를 파악할 수 있습니다. 따라서 고등학교 초기에 구문 독해를 튼튼하게 익히도록 해야 합니다.

중학교 자녀를 둔 학부모라면 추상성을 대비하라고 알려드리고 싶습니다. 영어뿐 아니라 우리말 독서에 있어서도 비문학을 섞을 필요가 있습니다. 그렇지 않으면 긴 영어 지문을 우리말 번역본으로 보더라도 이해가 되지 않는 상황이 옵니다. 결국 영어 학습은 국어 학습과도 치밀하게 연결되어 있습니다.

어법 심화

고등학교를 통틀어 어법(문법)은 굉장히 큰 의미를 가지고 있습니다. 먼저 학교 평가, 즉 내신의 큰 축인 수행평가와 지필평가에서도 어법은 큰 위력을 발휘합니다. 수행평가에서 영작을 한다 하더라도 어법을 통해 바른 문장을 만들 수 있습니다. 아울러 전국 대부분의 고등학교에서 치러지는 지필고사는 어법 문항이 '킬러 문항'으로 작용합니다. 당연히 학교 수업시간에서도 가장 하이라이트를 장식하고, 학원 수업에서 어법은 빼놓을 수 없는 핵심 파트입니다.

사실 영문법 전체 개념을 두고 본다면 중학교에서 고등학교로 넘어갈 때 뼈대 자체는 큰 변화가 없습니다. 말 그대로 좀 더 깊게 들어가는 정도입니다. 그렇기 때문에 중학교 때 영문법을 얼마나 탄탄하게 쌓느냐가 굉장히 중요합니다. 당연히 문장에 나오는 어휘(단어)의 수준과 문장의 길이 자체가 길어지기 때문에 발생하는 난도 상승이 있습니다. 하지만 뼈대를 제대로 볼 수 있는 눈이 있다면 금방 따라갈 수 있습니다.

수능에서 어법 문제는 현재 1개 문항만 출제되고 있습니다.

〈그림 4-4〉 2021학년도 수능 영어 영역 29번 문항

29. 다음 글의 밑줄 친 부분 중, 어법상 틀린 것은? [3점]

Regulations covering scientific experiments on human subjects are strict. Subjects must give their informed, written consent, and experimenters must submit their proposed experiments to thorough examination by overseeing bodies. Scientists who experiment on themselves can, functionally if not legally, avoid the restrictions ① <u>associated</u> with experimenting on other people. They can also sidestep most of the ethical issues involved: nobody, presumably, is more aware of an experiment's potential hazards than the scientist who devised ② <u>it</u>. Nonetheless, experimenting on oneself remains ③ <u>deeply</u> problematic. One obvious drawback is the danger involved; knowing that it exists ④ <u>does</u> nothing to reduce it. A less obvious drawback is the limited range of data that the experiment can generate. Human anatomy and physiology vary, in small but significant ways, according to gender, age, lifestyle, and other factors. Experimental results derived from a single subject are, therefore, of limited value; there is no way to know ⑤ <u>what</u> the subject's responses are typical or atypical of the response of humans as a group.

* consent: 동의   ** anatomy: (해부학적) 구조
*** physiology: 생리적 현상

앞서 말한 대로 문장, 어휘, 추상성 등이 상승함으로 오는 복합적 난도 상승이 원인이지 어법 자체가 크게 심화되지는 않습니다. ①~⑤까지를 분석해보면 다음과 같습니다.

① 분사　　② 대명사　　③ 부사　　④ 동사　　⑤ 명사절

전부 중학교에서 배운 개념입니다. 다만 앞서 언급한 복합적 난도 상승이라는 맥락 속에서 '어법성 판단'을 해야 하기 때문에 어법이 어렵다는 인식을 주게 되었습니다. 결국 중학교 때 영문법을 탄탄하게 익혀놓는 것이 가장 훌륭한 토대입니다. 중학교 때 고등 수준의 영문법을 익히라는 의미가 절대 아닙니다. 쉽고 재미있게 개념을 완벽하게 숙지하라는 의미입니다. 그 탄탄한 기초를 바탕으로 고등영어를 쌓아올릴 때 학습 연비가 잘 나옵니다.

그렇기 때문에 기초도 안 된 아이에게 어렸을 때부터 텝스, 토플 등을 선행시켜 공부하는 것은 큰 의미가 없습니다. 오히려 영어 공부로부터 거리를 두게 만드는 악수입니다. 다시 한번 강조하겠습니다. 어법은 쉽게 탄탄하게 기초를 쌓는 것이 가장 중요합니다. 그리고 그 기초를 바탕으로 심화 내용을 얼마든지 흡수할 수 있습니다. 학습 연비를 얼마나 잘 나오게 해주느냐가 관건입니다.

아울러 중학교 때 영문법을 잘 익히지 못했다 하더라도, 중3 겨울방학이나 고1 때 영문법을 충분히 익힐 수 있습니다. EBSi의 『정승익 선생님의 개념잡는 대박노트』 시리즈나 유튜브 혼공TV의 『혼공 기초 영문법 Level 1,2,3』을 통해 빠른 시간 내에 개념을 잘 쌓을 수 있으니 참고하시면

**EBSi 『정승익 선생님의
개념잡는 대박노트』**

수준 고교입문

강사 정승익 선생님

강의 무료

강수 30강(강별 50분 내외)

교재 정승익의 개념 잡는 대박노트

**혼공쌤의
『혼공 기초 영문법 Level 1,2,3』**

수준 중학 총정리

강사 혼공(허준석) 선생님

강의 무료

강수 90강(강별 20분 내외)

교재 혼공기초영문법 Level 1,2,3(총 3권)

좋습니다.

가령 중학 영문법 개념이 상당히 부족한 자녀라면 혼공 시리즈로 하루 1시간 정도 공부하면 2~3개월에 걸쳐 중학교 3년 개념을 다 잡을 수 있습니다. 그 이후에 정승익 선생님의 대박노트를 활용하면 고등학교 1학년 1학기 안에 고등학교 영어 개념학습부터 수능 기초까지 완전히 다 익힐 수 있습니다.

만약 중학교 영문법 개념이 어느 정도 잡힌 자녀라면 바로 대박노트를 통해 고교 영어 기초 전반을 익힐 수 있습니다. 두 프로그램 다 무료 강의를 통해 학습할 수 있어 좋고, 영문법 파트는 영상과 함께 익힐 때 최고의 효율을 낼 수 있습니다.

내신/수능 투 트랙 병행

고등학교는 진정한 투 트랙 싸움의 시작입니다. 하나는 내신이요, 다른 하나는 수능입니다. 물론 대입이라는 큰 그림이 어떻게 변하느냐에 따라 둘의 중요성은 조금씩 달라집니다. 여기서 말하는 중요성이라는 것은 자녀들 개개인의 현재 상황에 따라서도 달라집니다. 수시 모집에 지원할 확률이 크면 내신에 좀 더 무게가 쏠립니다. 반대로 정시 모집에 지원할 확률이 크면 수능에 좀 더 무게가 쏠리게 됩니다. 이상적으로는 내신과 수능 둘 다 준비하면서 고3 말까지 공부하는 것입니다. 하지만 현실적으로 상당수 고등학생들은 고등학교 1학년 1차 지필고사를 친 이후 심리적 마지노선을 만들기 시작합니다.

가령 지필고사를 목표치에 근접하게 받거나, 만회가 가능한 수준까지 도달한 경우에는 내신성적에 대한 희망을 이어나갑니다. 하지만 목표치에 턱없이 부족하게 받는 경우에는 표면적으로 열심히 하지만 마음 속 깊은 곳에 '수능' 올인에 대한 마음이 싹트기 시작합니다. 그 마음이 점점 커지면 학교 수업은 서서히 멀리하게 되면서 수능 위주의 공부에만 몰두하기 시작합니다. 사실 내신성적을 받기 힘든 비평준화 지역의 일반고나 특목고 및 자사고에서 자주 볼 수 있는 현상입니다. 그리고 내신을 따기 위해 진학한 평준화 지역의 일반고에서도 고1, 2 내신성적이 기대치에 못 미칠 때 일어나는 현상이기도 합니다.

이런 연유로 자녀의 학습 성향을 고려해서 고등학교에 진학하는 것이 무척 중요합니다. 경쟁적인 분위기 속에서 잘 해내는 아이라면 비평준화 지역의 일반고 혹은 특목고나 자사고를, 그렇지 않다면 평준화 지역의 일반고 선택이 확률적으로 유리합니다. 그리고 진학 이후 고등학교 1학년 1학기 내신성적을 면밀히 관찰해야 합니다. 부모는 이런 큰 그림 속에서 자녀의 학습 방향을 가이드해주어야 합니다.

고1에는 초반 내신성적을 잘 받을 수 있는 환경을 조성하도록 돕고, 효율적인 학습법을 안내해줘야 합니다. 그것을 바탕으로 모의고사 성적과 내신을 비교하는 것이 베스트입니다. 모의고사는 수능과 비교해서 아직 쉬운 수준이고 내신성적에 반영되지 않기 때문에 크게 중요하지는 않습니다. 다만, 모의고사에 출제되었던 지문을 내신 시험범위에 포함시키는 경우가 많기 때문에 그 내용을 잘 복습하도록 안내하는 것이 중요합니다. 고2는 내신과 수능 모의고사 성적을 꾸준히 비교하면서 두 개 모두 좋은 성적을 받을 수 있도록 격려해줘야 합니다.

수능 영어는 사실 영어 기초를 잘 닦았다면 고득점을 받을 수 있는 방법이 다양합니다. 하지만 내신은 다시 복구하기 힘듭니다. 그렇기 때문에 내신이라는 기반 위에 모의고사라는 투 트랙을 가져가는 것을 명심해야 합니다. 그리고 내신에 대한 기대치의 '하방(하한선)'을 깨고 내려가지 않도록 해야 합니다. 모의고사는 성적이 낮아도 수능시험 당일에 잘 보면 된다는 최후의 보루가 있지만, 내신은 일단 하방이 깨지면 아이들의 마음에 균열을 불러일으키기 때문입니다. 내신이 깨지고, 수능 올인을 하는 가운데 고3 여름까지 모의고사 성적이 잘 안 나오면 자녀는 마음속으로 '재수'를 생각하게 됩니다. 겉으로 드러나지 않지만, '질 수도 있다'라는 마음을 가지고 수능과 싸우게 되는 안타까운 상황이 벌어집니다.

요컨대 고1~3까지는 내신의 하방을 사수하면서 모의고사의 정확도를 올려가는 그림이 유리합니다. 물론 목표치가 하방이라는 말은 아닙니다. 최고의 성적을 위해 최선을 다하면서 동시에 심리적 마지노선을 철저하게 지켜야 자녀가 안정적으로 영어 교과를 공부할 수 있다는 의미입니다. 이 투 트랙 싸움은 큰 그림이 아주 중요합니다. 자녀가 고1이 되기 직전 또는 직후에 꼭 가족회의를 통해 큰 그림을 같이 그리고 공동의 목표를 위해 노력해야 합니다.

내신 영어

지필, 수행

고등학교 내신은 중학교와 동일하게 지필평가와 수행평가가 있습니다. 지필평가는 일제고사 형식으로 주로 이루어지고, 수행평가는 수업시간을 활용하여 활동 중심으로 진행되는 과정 중심 평가로 이루어집니다. 평가 방식이 구분되어 있기는 하지만 내신 점수 100%에 지필평가와 수행평가 모두 반영되기에 어느 하나라도 소홀히 하면 안 됩니다.

따라서 지필평가와 수행평가 실시 횟수 및 문항 유형 등 두 평가와 관련된 정보에 대한 전반적인 이해를 통해 대비할 필요가 있습니다. 특히 서술형, 논술형 평가의 중요성이 강조되고 있는 현실이기에 어떤 방식으로 평가가 이루어지는지 확인하시길 바랍니다. 상위권으로 도약하느냐 못 하느냐의 갈림은 서술형, 논술형 평가를 얼마나 잘 준비했느냐에 따라 달라질 수도 있습니다. 준비 방법을 알면 생각보다 많이 어렵지 않으니 차근차근 알아보도록 합니다.

지필고사의 구성과 해법

중학교 때와 달리 고등학교 지필고사는 1학년 때부터 바로 실시하고, 학기당 2회 실시를 기본 원칙으로 합니다. 다만, 진로선택 교과의 경우에는 지필평가를 1회만 실시할 수 있습니다. 혹은 1단위(주당 1시수) 과목의 경우에도 지필평가를 1회 실시할 수 있습니다. 영어 과목의 경우에는 최소

〈표 4-5〉 **고등학교 영어 교과목과 지필평가 횟수**

구분	과목	지필평가 실시 횟수
공통과목	영어	학기당 2회
일반선택	영어 회화	
	영어 I	
	영어 독해와 작문	
	영어 II	
진로선택	실용 영어	1회 실시 가능
	영어권 문화	
	진로 영어	
	영미 문학 읽기	
전문교과 I	심화 영어 회화 I	학기당 2회
	심화 영어 회화 II	
	심화 영어 I	
	심화 영어 II	
	심화 영어 독해 I	
	심화 영어 독해 II	
	심화 영어 작문 I	
	심화 영어 작문 II	

2단위 이상으로 구성되어 있기 때문에 진로선택 교과를 제외하고는 보통 학기당 2회 실시한다고 생각하시면 될 것 같습니다. 참고로 진로선택 교과에는 실용 영어, 영어권 문화, 진로 영어, 영미 문학 읽기가 해당됩니다.

〈그림 4-5〉 객관식 문항 예시

24. 다음 글의 제목으로 가장 적절한 것은?

Hierarchies are good at weeding out obviously bad ideas. By the time an idea makes it all the way up the chain, it will have been compared to all the other ideas in the system, with the obviously good ideas ranked at the top. This seems like common sense. The problem is that obviously good ideas are not truly innovative, and truly innovative ideas often look like very bad ideas when they're introduced. Western Union famously passed on the opportunity to buy Alexander Graham Bell's patents and technology for the telephone. At the time, phone calls were extremely noisy and easy to misinterpret, and they couldn't span long distances, and Western Union knew from its telegram business that profitable communication depended on accuracy and widespread reach. And Wikipedia was considered a joke when it started. How could something written by a crowd replace the work of the world's top scholars? Today it is so much more comprehensive than anything that came before it that it's widely considered the only encyclopedia.

① When Innovation Turns into Disappointment
② Why We Are Attracted to Daring Innovation
③ How Hierarchies Miss Out on Innovative Ideas
④ Collective Intelligence: A Tool for Breakthroughs
⑤ Patents: Fundamental Assets for Innovative Firms

출처: 2020학년도 3월 고1 영어 전국연합평가 24번

지필평가 유형은 객관식 문항과 주관식 문항으로 나뉩니다. 우선 객관식 문항은 선택형 문항이라 하고, 여러 개의 선택지 중에서 옳은 답을 고르는 유형입니다. 보통 5개의 선택지를 제시하기 때문에 5지 선다형이라고 불립니다. 선다형은 많은 시험 범위 내에서 대표하는 내용을 추출하여 평가하기가 용이하기에 주로 활용되는 문항 유형입니다. 채점 시 주관성도 배제하고, 내용타당도(평가할 내용이 적절히 반영되었는지에 대한 여부)도 높일 수 있으며, 단순 지식 확인 평가가 아닌 고등능력(논리력)을 평가할 수 있는 장점이 있어 주로 활용되는 평가 유형입니다.

두 번째로 주관식 문항은 서답형이라 하고, 지필평가에서 단답형, 서술형, 논술형 문항으로 출제됩니다. 단답형은 말 그대로 간단한 형태의 정답이 나오도록 하는 유형이고, 서술형은 주어진 정보와 조건에 맞게 내용

〈그림 4-6〉 단답형 문항 예시

【서답형 4】 다음을 읽고, 주어진 〈조건〉에 맞게 글의 주제를 쓰시오.

Is homework a good thing? Many educators say doing homework has several benefits. First, homework can give students the opportunity to explore their interests. This can lead to in-depth learning. Studies show that students should engage in 40 to 50 minutes of homework every day. It gives them plenty of time to think deeply. Also, teachers claim the value of homework is in allowing students to be more responsible. Giving meaningful projects as homework motivates students to take more responsibility of their own learning. In addition, it's important for students to do homework to improve learning management skills. Doing homework will allow students to work at their own pace and manage their time more efficiently. For these reasons, doing homework can have positive effects on students.

───────〈조 건〉───────
○ 아래의 주어진 단어만 사용하여 총 4단어로 작성할 것
○ 단어는 한 번씩만 사용할 것
homework / skills / benefits / of / responsibility / doing

출처: 2020년 국가수준 학업성취도 평가 고2 영어 서답형 4번

을 작성하거나 추가로 자신의 의견을 간략히 문장으로 쓰도록 하는 문항입니다. 논술형 문항은 개인의 의견, 주장을 논리적으로 설득력 있게 조직하여 기술하도록 하는 평가입니다.

〈그림 4-7〉 서술형 문항의 예시

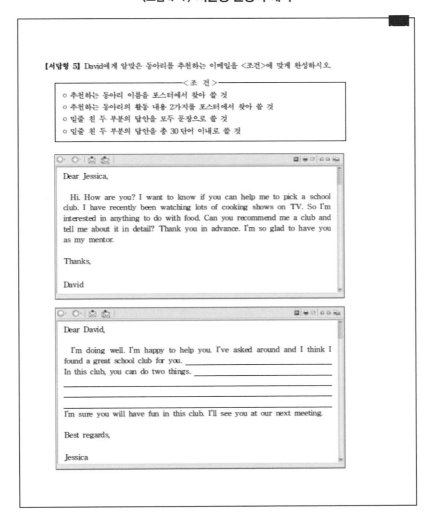

출처: 2020년 국가수준 학업성취도평가 고2 영어 서답형 5번

실제 논술형 문항을 필수로 평가에 넣어야 한다고 지침이 내려왔던 초기에는 지필평가에도 논술형 문항이 자주 포함되었지만, 현재는 시간 제약의 이유로 논술형 평가는 수행평가에서 많이 이루어지고 있습니다. 따라서 현재는 단답형과 서술형 문항이 지필평가에 주로 활용된다고 보시면 됩니다. 대신에 논술형은 주로 수행평가에서 활용되기에 수행평가 파트에서 예시를 들겠습니다.

수행평가의 구성과 해법
평가방식-서술형, 논술형, 수업활동/해법-영작 준비

내신평가에서는 지필평가와 더불어 수행평가를 필수로 실시하게 되어 있습니다. 일부 다른 과목의 경우에는 오히려 과목 특성상 수업활동과 연계한 수행평가만으로 평가가 필요한 경우 수행평가만 실시할 수도 있습니다. 물론 영어 과목은 일반교과라서 해당되지 않습니다.

수행평가를 시행하는 횟수는 지역마다 다를 수는 있겠지만, 교육청에서 학기당 평균 2회 정도 실시하도록 권장하고 있습니다. 여기에서 중요한 점은 영어교과를 포함하여 일반교과의 경우에는 논술형(서술형 포함) 평가 반영비율을 일정 수준 이상 꼭 반영하게 되어 있다는 것입니다. 따라서 서술형과 논술형 평가에 대한 대비가 필요하다고 볼 수 있습니다.

그렇다고 너무 걱정할 필요는 없습니다. 수행평가는 말 그대로 수행하는 과정을 평가하기 때문에 과정에 충실하고 어느 정도 기준에 부합되면 점수를 받을 수 있습니다. 또한 수업 시간에 배운 내용을 바탕으로 추가 활용하는 방식으로 평가하기 때문에 수업에 참여하고, 평가지침과 같은 안내

〈그림 4-8〉

2021년 제1회 전국 16개 시·도교육청 공동 주관 영어듣기능력평가(고1)

제1회 전국 16개 시 · 도교육청 공동 주관 영어듣기능력평가(고1)

2021. 4. 13. (화) 시행　　제1학년 ___반 ___번 이름 ____________

1. 대화를 듣고, 여자가 구입할 모자를 고르시오.

① ② ③ ④ ⑤

2. 대화를 듣고, 두 사람이 하는 말의 주제로 가장 적절한 것을 고르시오.
① 플라스틱병 배출 방법　② 유리병 재사용 방안
③ 친환경 라벨 제작 절차　④ 일회용품 금지 정책
⑤ 음식물 쓰레기 처리 요령

3. 대화를 듣고, 두 사람이 아이스크림을 먹으러 가기로 한 요일을 고르시오.
① 월요일　② 화요일　③ 수요일　④ 목요일　⑤ 금요일

4. 대화를 듣고, 여자가 요가를 하게 된 이유로 가장 적절한 것을 고르시오.
① 친구가 추천해서　② 근육을 키우기 위해서
③ 유연성을 기르기 위해서　④ 마음의 안정을 얻기 위해서
⑤ 어깨 통증을 없애기 위해서

5. 대화를 듣고, 남자가 여자에게 전화한 목적으로 가장 적절한 것을 고르시오.
① A4 용지를 주문하려고　② 프린터 수리를 의뢰하려고
③ 프린터 잉크를 구매하려고　④ 프린터 구입을 상의하려고
⑤ 과제물 출력을 부탁하려고

6. 대화를 듣고, 여자의 의견으로 가장 적절한 것을 고르시오.
① 취침 전 스트레칭은 숙면을 유도한다.
② 불면증 치료에는 전문가의 도움이 필요하다.
③ 이른 아침에 공부하는 것은 암기에 효과적이다.
④ 충분한 수면은 기억력을 향상시키는 데 도움이 된다.
⑤ 스케줄 관리를 위해 아침 시간을 활용하는 것이 좋다.

7. 대화를 듣고, 남자가 지불할 금액을 고르시오.
① $15　② $18　③ $20　④ $27　⑤ $30

8. 대화를 듣고, 두 사람의 관계로 가장 적절한 것을 고르시오.
① 기자 – 과학자　② 교사 – 학부모
③ 상담사 – 학생　④ 면접관 – 지원자
⑤ 코치 – 축구선수

9. 대화를 듣고, 남자가 여자에게 부탁한 일로 가장 적절한 것을 고르시오.
① 마늘 사오기　② 샐러드 만들기　③ 식재료 다듬기
④ 냉장고 정리하기　⑤ 햄버거 패티 굽기

10. 다음 표를 보면서 대화를 듣고, 두 사람이 주문할 에어 프라이어를 고르시오.

	Model	Capacity (liters)	Material	Price
①	A	7	Stainless Steel	$ 150
②	B	9	Aluminium	$ 120
③	C	11	Stainless Steel	$ 180
④	D	13	Aluminium	$ 160
⑤	E	15	Stainless Steel	$ 250

11. *Musical Workshop*에 관한 다음 내용을 듣고, 언급되지 <u>않은</u> 것을 고르시오.
① 기간　② 목적　③ 강사
④ 참가 비용　⑤ 신청 방법

12. 다음을 듣고, *English Poem Translation Contest*에 관한 내용과 일치하지 <u>않는</u> 것을 고르시오.
① 1학년만 참가할 수 있다.　② 오후 4시에 시작된다.
③ 사전을 사용할 수 없다.　④ 상위 3명의 학생이 상을 받는다.
⑤ 신청서는 교무실로 제출해야 한다.

13. 대화를 듣고, 여자가 대화 직후에 할 일로 가장 적절한 것을 고르시오.
① 수영하러 가기　② 헬멧 구입하기
③ 장갑 세탁하기　④ 자전거 수리하기
⑤ 자물쇠 주문하기

14. 다음을 듣고, 무엇에 관한 안내인지 고르시오.
① 작가와의 만남　② 도서 기부 행사
③ 대출 도서 반납　④ 다독 학생 시상
⑤ 이달의 추천 도서

15. 다음 그림의 상황에 가장 적절한 대화를 고르시오.

① ② ③ ④ ⑤

【16-17】 대화를 듣고, 남자의 마지막 말에 대한 여자의 응답으로 가장 적절한 것을 고르시오.

16. Woman: ______________
① I can walk with you to the bus stop.
② I already know the route has changed.
③ I should repair the bus tomorrow morning.
④ Maybe I'll wait for you at the subway station.
⑤ Then I guess I have to take the subway tomorrow.

17. Woman: ______________
① Great! I've always wanted to make video clips.
② Well, to be honest, I found that book very boring.
③ Sorry, the essay submission deadline was yesterday.
④ Okay. I'll text you the website addresses right away.
⑤ Yes, I won the third prize in the English speaking contest.

【18-19】 대화를 듣고, 여자의 마지막 말에 대한 남자의 응답으로 가장 적절한 것을 고르시오.

18. Man: ______________
① I promise to take good care of him.
② I forgot to post his story on the website.
③ Our house is not appropriate for raising cats.
④ I'm surprised you're not a big fan of animals.
⑤ He will take some photos of the animal shelter.

19. Man: ______________
① Those items are not for sale.
② I bought the item for 20 dollars.
③ I saw a poster for the school festival.
④ Let's sell everything for under 5 dollars.
⑤ We need to set up the booths in the gym.

20. 다음 상황 설명을 듣고, Tim이 Hannah에게 할 말로 가장 적절한 것을 고르시오.
Tim: Hannah, ______________
① you're always working like a bee.
② stay still and wait until it goes away.
③ the weather is perfect for a barbecue.
④ ask your friend if he likes grilled beef.
⑤ don't mess up the yard that I just cleaned.

사항을 충실히 파악한다면, 충분히 좋은 결과를 얻을 수 있습니다.

규정에 따르면, 수행평가는 단순한 지식 확인보다는 역량을 평가하고, 수행 결과만이 아닌 과정도 함께 평가할 수 있도록 해야 하기 때문에 일제고사 형태로 실시할 수 없습니다. 따라서 수행평가의 유형은 서술형, 논술형, 수업활동(관찰, 구술, 면접, 시연, 토론 등)으로 나뉩니다. 또한 정규교육과정 외에 학생이 수행한 결과물에 대해 점수를 부여하는 과제형 수행평가는 실시하지 않습니다. 단, 시·도교육청에서 공동으로 실시하는 '영어듣기능력평가'는 수행평가로 간주할 수 있습니다. 참고로 시·도교육청에서 주관한 영어듣기능력평가는 4월, 9월 이렇게 1년에 두 번 실시합니다. 그런데 요새는 반영하지 않는 학교들이 점점 많아지는 추세입니다.

서술형 유형에 대해서는 지필평가에서 다뤘기에 논술형 유형에 대한 예시를 살펴보고자 합니다. 논술형 수행평가의 경우에는 학생들이 영어로 자신의 생각이나 의견을 얼마나 잘 표현하는지 평가하고자 합니다. 이에 따라 교사는 학생의 학업적 수준이나 상황을 고려하여 논술형 수행평가를 진행할 때 영어와 한국어 사용을 적절히 혼용할 수 있도록 기회를 주기도 합니다. 물론 영어 과목이기에 대부분은 영어 쓰기 영역의 성취 기준에 맞게 평가를 진행합니다. 다음 페이지 〈표 4-6〉은 에세이(쓰기) 활동 수행평가 안내문 예시입니다.

〈표 4-6〉 [논술형 수행평가 예시] 영어 수행평가(진로탐색 에세이) 안내

1. 준비 활동(1시간)
   - 자신이 관심 있는 분야, 좋아하는 분야 관련 영어자료 찾기
   - 명언, 속담, 이론적 지식 등 인용할 문장 정리

2. 에세이 작성(1시간)

   (1) 필수 내용
   - 자신이 좋아하거나 관심 있는 분야 소개
   - 관련하여 얼마나 노력하고 있고, 노력해 왔는지 경험 소개
   - 자신의 삶에 대한 자세와 가치관 소개
   - 명언, 속담, 이론적 지식 등 인용 1개 이상 꼭 하기

   (2) 분량
   - 400 단어~600 단어 (영어 기준)
   - 글자 크기 10, 줄 간격, 자간, 장평은 기본 설정 사항 변경 금지

   (3) 평가 요소
   - 필수 내용 포함 여부
   - 분량 충족 여부
   - 자신이 직접 작성했는지 여부(표절 주의: 인용규칙 지키기)

   (4) 기타
   - 인터넷 자료 및 사전활용 가능

대부분의 수행평가는 수업시간에 배운 교과서 내용과 연관지어 확장하는 활동을 통해 평가를 하고자 합니다. 특히 프로젝트 혹은 발표 형식의 경우 학생들이 주제에 쉽게 접근할 수 있도록 배운 내용과 유사한 주제를 제시합니다. 또한 학생들이 수행을 잘 할 수 있도록 구체적인 예시를 보여주며 안내하거나 설명하는 시간을 가집니다. 궁금한 점이 있으면 언제든 담당 교사에게 질문을 통해 해결할 수 있으니, 이해가 되지 않는 부분이 있으면 적극적인 자세로 궁금증을 해결하기를 바랍니다. 〈표 4-7〉은 프로젝트(발표) 형식의 수행평가 안내문 예시입니다.

〈표 4-7〉 [프로젝트(발표) 형식 수행평가 예시]
영어 수행평가 '한국문화소개' 관련 안내

Lesson 3. Enjoy the Tasty World를 통해 다양한 음식문화축제에 대해서 배웠습니다. 이와같이, 본인이 소개하고 싶은 한국문화에 대해서 소개하는 발표를 아래와 같이 실시하고자 합니다.

Step 1. 주제 선정 및 개요 작성(아래 질문에 대답을 모두 영어로 작성하여 제출하시오.)

(1) What Korean culture will you introduce to your classmates?
　　ex) About Hanbok

(2) Why did you choose it?
　　ex) In order to introduce Korean traditional costume

(3) Who is your target audience?
　　ex) Foreigners who are interested in Korean culture and costume

(4) Write down at least 3 features and explain them briefly.
　　ex) history of Hanbok(in the past)
　　ex) types of Hanbok and benefits
　　ex) Hanboks in modern times

(5) How can you introduce our culture effectively?
    ex) By sharing the information through SNS like Facebook

Step 2. 자료 수집 및 제작(사진 or PPT)
관련 사진 or 영상을 5개 내외로 준비해주세요.
PPT에는 글자보다는 사진이나 영상 위주로 작성해주세요.

Step 3. 원고작성(in English)
문법적 오류 감점 없음, 내용에 충실할 것
5분 이내로 발표할 원고를 영어로 작성 후 제출하시오.

Step 4. 한국문화소개 발표 5분 이내(수업 시간)
매 수업 시작할 때 순번에 따라 발표자 발표 예정

수행평가의 평가 방식을 알았으니 다음으로는 어떻게 준비해야 할지 고민할 필요가 있습니다. 첫 번째로 수행평가가 언제 진행되는지 날짜를 꼭 확인합니다. 간혹 수행평가가 몰리는 경우, 부담이 되어 학업에 영향을 주기도 합니다. 두 번째로는 수행평가 방식과 주제를 철저히 확인합니다. 서술형, 논술형, 발표, 프로젝트 등 해당되는 평가 방식을 알고 이에 맞게 대응해야 합니다. 또한 학기 초에 미리 주제를 알려주어 수행평가를 실시 전에 자료를 조사하고 만들 수 있는 시간을 주는 경우도 많습니다. 끝으로, 어떤 형태의 수행평가라 할지라도 영어 과목 특성상 영작문이 들어갈 수밖에 없습니다. 이때 보통은 수업 시간에 배운 문법과 구문을 활용하여 영작으로 이어지도록 유도하는 경우가 많습니다. 따라서 수업 시간에 교과서에서 배운 표현을 바탕으로 자신에게 맞게 내용을 바꿔서 영작 연습을 평소에 해두면 좋습니다.

　예를 들어, 1과 수업이 끝나면 1과에서 다룬 문법을 정리하고, 핵심 구문을 이용해서 자신과 관련된 문장으로 바꾸어보는 겁니다. 이렇게 정리해두면, 나중에 수행평가를 할 때도 자신이 써야 할 문법사항이나 구문을 확인하며 활용할 수 있기 때문에 시간도 단축되고, 수행평가에서 확인하고자 하는 요소를 정확히 짚어서 작성할 수 있기 때문에 좋은 점수를 받을 수 있을 것입니다. 사실 수행평가를 준비하면서 가장 유의할 점은 감점을 당하지 않는 겁니다. 어느 정도 수준을 넘어서면 점수를 받을 수 있기 때문입니다. 계속 강조했지만, 수행평가는 과정중심 평가라서 학생들의 수준에 맞는 평가로 진행된다는 점만 잊지 않는다면 충분히 해낼 수 있으리라 믿습니다.

수능 영어

듣기, 독해

고등학교에서 영어 과목의 최종 목표는 바로 수능 영어라고 할 수 있습니다. 수능 시험은 수험생들이 대학에 입학하는 데 매우 중요한 역할을 하는 시험이기 때문입니다. 2017년부터 절대평가로 바뀌었다고 하지만 1등급 받는 비율을 살펴보면 여전히 고득점을 받는 것은 쉽지 않다는 것을 알 수 있습니다.

그래도 수능 영어는 어떤 영역을 평가하고, 출제 유형은 어떻게 되는지 확인하시면 충분히 고득점을 받을 수 있다고 생각합니다. 따라서 수능 영어의 구성과 접근법, 유형별 전략, 시기별 해법 및 부모 가이드, 영어 문해력, 독서를 통한 문해력 기르기 방법에 대해서 지금부터 자세히 알아보도록 하겠습니다.

수능 영어의 구성과 접근법

수능 영어는 〈표 4-8〉과 같이 구성되어 있으며, 정해진 시간에 맞게 문제를 풀도록 되어 있습니다. 실제 2021학년도 수능 영어에 출제된 문항 분석을 통해 수능 영어의 구성과 접근법에 대해서 알아보도록 하겠습니다.

〈표 4-8〉 수능 영어 문항 수와 시간

- 45문항(듣기 17문항, 독해 28문항)
- 시험 시간 70분(듣기 25분 내외, 독해 45분 내외)

2021학년도 수능 영어를 기준으로 보면, 전체 문항 중 순수 듣기 문항은 총 12문항이 출제됩니다. 대화나 담화의 목적, 의견, 대화자들의 관계 등에 대한 추론적·종합적 이해를 평가하는 문항이 3개, 그림이나 대화-담화 내용 일치, 언급되지 않은 것, 지불할 금액 등과 같은 사실적 이해를 평가하는 문항이 7개, 그리고 1담화 2문항 한 세트의 복합 문항이 출제됩니다. 반면 간접 말하기 문항은 총 5문항이 출제됩니다. 짧은 대화의 응답 2문항과 긴 대화의 응답 2문항, 담화 응답 1문항이 출제됩니다. 참고로 복합문항 유형인 16번과 17번을 제외하고는 듣기영역은 모두 EBS 교재와 연계되어 출제되었으며, 일상생활에서 경험할 수 있는 다양한 상황의 대화와 담화가 제시됩니다.

<표 4-9> 수능 영어 듣기 영역 및 유형에 따른 문항 수

영역	유형	문항 수
순수 듣기 (12문항)	대화, 담화의 목적, 의견, 대화자들의 관계 등 추론적 종합적 이해	3개
	그림, 대화 및 담화 내용 일치, 언급되지 않은 것, 지불할 금액 등 사실적 이해	7개
	1담화 2문항(16, 17번 문항)	2개
간접 말하기 (5문항)	짧은 대화의 응답	2개
	긴 대화의 응답	2개
	담화 응답	1개

참고로 수능 영어는 배점이 2점과 3점짜리 문항으로 나뉘는데, 듣기 영역에서는 간접 말하기 문항이 난도가 높기 때문에 보통 3점인 경우가 많습니다. 수능 고득점을 위해서는 듣기 영역에서는 틀리지 않아야 하기 때문에 난도가 높은 간접 말하기 문항에 대해 철저히 대비하시길 바랍니다.

<표 4-10> 2021학년도 수능 영어영역 듣기 14번 간접 말하기 문항

14. 대화를 듣고, 여자의 마지막 말에 대한 남자의 응답으로 가장 적절한 것을 고르시오. [3점]

Man: _____

① Don't worry. I already found his briefcase.
② Of course. You deserve to receive the award.
③ Don't mention it. I just did my duty as a citizen.
④ Definitely. I want to go to congratulate him myself.
⑤ Wonderful. It was the best ceremony I've ever been to.

2021학년도 수능을 기준으로 보면, 영어 독해 영역의 경우에는 어법, 어휘 문항을 포함한 읽기·쓰기 영역 전체 28문항 중 순수 읽기 문항이 22개, 간접쓰기 문항이 6개 출제되었습니다. 읽기 문항은 대의를 파악하는 문항 유형(목적, 심경변화, 주장, 함축적 의미, 요지, 주제, 제목 추론)이 7개, 도표와 실용문을 포함하여 세부 정보를 파악하는 문항 유형(내용 일치/불일치)이 4개 출제되었습니다. 대의 파악과 내용 일치/불일치를 묻는 문항 11개는 EBS 교재의 지문을 그대로 활용하지 않고 EBS 문항과 주제·소재가 유사한 다른 지문을 활용하여 연계되었습니다. 동일한 능력을 측정하는 유사한 문항 유형을 가감하거나 교체할 수 있는 모듈형 원칙에 따라 문항 유형 구성이 유연하게 적용된 것으로 보입니다. 빈칸추론 유형은 빈칸이 '짧은 어구'에 해당하는 문항 1개(31번), 그리고 '긴 어구' 단위에 해당하는 문항 3개(32번, 33번, 34번)가 출제되었으며, 간접 쓰기 문항은 무관한 문장 유형 1개, 글의 순서 유형 2개, 문장 삽입 유형 2개, 그리고 문단 요약 유형 1개가 출제되었습니다.

또한 1지문 2문항 장문독해 유형과 1지문 3문항 장문독해 유형이 각각 한 세트씩 출제되었습니다. 장문독해 문항들은 예년과 마찬가지로 모두 비연계 지문으로 구성되어 있으며, 비교적 평이한 난이도의 지문으로 구성되었습니다. 1지문 2문항 유형은 6월과 9월 모의평가와 마찬가지로 제목 추론과 어휘 유형으로 구성되었고, 1지문 3문항 유형은 일상생활과 관련된 평이한 수준의 지문이 제시되었습니다. EBS 교재에서 다양한 분야의 글감이 고루 출제되었는데, 특히 최근의 사회적 변화가 반영된 여러 글감이 있었습니다.

이러한 수능 영어에 대한 가장 기본적인 접근 방법으로는 연계교재의 활용을 들 수 있습니다. 2021학년도(2020년)까지는 교육부 지침에 따라

〈표 4-11〉 수능 영어 읽기 영역 및 유형에 따른 문항 수

영역	유형	문항 수
읽기 (22문항)	어법	1개
	어휘	1개
	대의 파악(목적, 심경변화, 주장, 함축적 의미, 요지, 주제, 제목 추론)	7개
	세부정보 파악(도표, 실용문, 내용 일치 · 불일치)	4개
	빈칸추론	4개
	1지문 2문항 장문독해	2개
	1지문 3문항 장문독해	3개
간접 쓰기 (6문항)	무관한 문장	1개
	글의 순서	2개
	문장 삽입	2개
	문단 요약	1개

EBS 수능연계교재에서 70% 연계하여 출제가 되었습니다. 하지만 2022학년도(2021년 기준 고3)부터는 연계율은 50%로 줄어들고, 모두 간접연계가 됩니다. 간접연계는 똑같은 지문이 아닌 비슷한 소재나 주제를 활용한 지문을 연계하는 것을 의미합니다. 얼핏보면 연계교재가 이제 의미가 없나 생각할 수도 있겠지만, 수능에서 다루는 주제와 관련된 지문, 그리고 같은 유형의 문제가 수록되어 있어서 여전히 EBS 연계교재의 중요성이 남아있다고 볼 수 있습니다.

또한 EBS 연계교재의 경우 고3 수업에서 부교재로 사용하면서도 거의 주교재 정도의 비중을 차지하고 있기에 필수 학습 교재라고 볼 수 있습니다. EBS 사이트에서도 양질의 무료 강의도 제공하고 있어서 학습에 용이합니다. 수능 영어의 EBS 연계교재는 『수능특강(영어듣기, 영어, 영어독해연습)』과 『수능완성』으로 구성되어 있습니다. 수능특강은 보통 1월에 출시되고, 수능완성은 6월쯤 출시되니 이 점을 참고하여 학습 계획을 세울 수 있도록 합니다.

〈그림 4-9〉 2022학년도 EBS 수능 연계교재 『수능특강』 영어영역 3권

〈그림 4-10〉 2022학년도 EBS 수능 연계교재 『수능완성』 1권

지금까지 전반적인 수능 영어의 구성과 접근법에 대해서 알아보았습니다. 혹시 영상을 통해 내용을 확인해 보시길 원한다면 다음을 참고하시면 됩니다.

수능 영어 관련 유튜브 영상 링크

1. 수능 영어 기본요소의 이해

2. 수능 영어 문항수 분석

3. 수능 영어 '듣기' 유형별 분석

4. 수능 영어 '독해' 유형별 분석

5. 수능 영어 문항별 난이도 이해

6. 수능 영어 절대평가의 이해

7. 수능 영어 EBS 연계교재에 대한 이해

출처: 영어멘토링TV

수능 영어 유형별 해법 및 부모 가이드

부모가 자녀 대신 영어를 공부해줄 순 없지만, 수능 영어 해법의 큰 그림을 알고 있으면 한결 편하게 응원할 수 있습니다. 동시에 올바른 방향으로 가는지에 대한 객관적 판단도 할 수 있습니다. 판단을 할 수 있으면

상방과 하방에 대해서도 아이보다 먼저 마음을 먹고 대비할 수 있습니다. 그러면 자녀가 중심을 잃더라도 금방 회복할 수 있는 큰 힘이 됩니다.

먼저 듣기입니다. 수능 영어 듣기는 최상위권 도약을 위한 최종 변별 요소는 아닙니다. 최상위권은 만점에 수렴하기 때문입니다. 거꾸로 하위권에서는 듣기부터 메워나가야 한다는 것을 의미합니다. 안타깝게도, 하위권 학생들은 독해, 문법에 치중한 학습법을 고수하고 있습니다. 그렇기 때문에 모의고사 듣기에서 3문항 이상 실점하는 경우에는 반드시 듣기의 생활화를 해야 한다는 점을 주지시켜 줘야 합니다. 듣기 3문항이면 거의 6~8점 정도인데, 사실상 독해 킬러 문항 1개만 틀려도 90점을 받을 수 없어 1등급 확보가 무척 어려워집니다.

그렇기 때문에 저학년부터 듣기 파트의 정확성을 최우선으로 체크해야 합니다. 자녀에게도 이런 점을 주지시켜 등하교를 할 때의 자투리 시간 동안 듣기를 하도록 독려하면 좋습니다. 동시에 학교에서 치러지는 듣기 시험은 늘 집중하도록 안내해야 합니다. 이유인즉슨, 이어폰을 꽂고 듣는 평소 청취와 달리 수능 듣기는 천정에서 울려퍼지는 스피커형 청취이기 때문입니다. 그리고 청중 속에서 백색소음과 함께 들어야 하기 때문에 이어폰 청취보다 선명하게 들리지 않을 수 있습니다. 이는 고사장 환경에서의 '가변성'을 평소에 인지하고 그 환경을 100% 활용해야 한다는 것을 의미합니다.

아무리 평소에 듣기가 만점이 나온다 하더라도 수능 고사장과 같이 긴장된 분위기에서 치러지는 환경 변수는 경계해야 합니다. 그래서 '청중 듣기'의 중요성은 아무리 강조해도 지나치지 않습니다. 이렇게 듣는 환경의 '가변성'에 대비하면서 자투리 시간을 통한 청취훈련으로 잡아야 합니다. 효율적으로 공부해야 독해를 위한 공부 시간을 충분히 확보할 수 있습니다.

이제 가장 배점이 높은 독해입니다. 독해는 듣기처럼 매일 공부하는 것도 중요하지만, 여러 단계를 정해놓고 그 단계를 하나씩 밟아나가는지를 체크하는 것이 굉장히 중요합니다. 특히 분기에 한 번씩 자신이 어느 단계에 있는지 체크하면서 공부해도 큰 효과를 누릴 수 있습니다. 보통 독해 공부는 다음과 같은 흐름을 따라갑니다.

단어－구문－수능 유형별 문항－세트문항 풀기－전체 세트 문항 풀기

앞서 언급한 대로 단어는 매일 공부해야 합니다. 아울러 수행평가, 지필고사의 서술형을 대비해서 주중 1~2회는 스펠링을 써보는 작업을 꼭 해야 합니다. 짧은 시간이라도 써보는 아이들과 그렇지 않은 아이들의 차이는 무척 큽니다. 제한된 시간 속에서 답을 작성할 때 필체에서도 차이가 납니다. 실제로 급하게 쓰다 보니 n을 h처럼 쓰거나, g를 o처럼 애매하게 쓰는 학생들도 많습니다. 이런 경우에 교사는 이 학생의 다른 답안의 해당 알파벳 표기를 참고하여 합리적 판단을 내리려고 합니다. 결과를 떠나서 긴 시험기간 동안 찜찜한 변수를 만든다는 것은 좋은 일이 아닙니다. 주 단위 루틴으로 10~20분 정도 꼭 써보도록 해야 합니다.

그다음 앞서 언급했던 것처럼 1학년 늦어도 고2 1학기까지는 '구문'을 완성해야 합니다. 수능 독해 지문은 보통 지문당 6~8개의 문장으로 구성되어 있습니다. 문장 해석 자체가 애매하면 8개의 문장을 읽고 나서 머릿속에 흐릿한 상이 남습니다. 그러면 학생들은 선택지에서 상당한 시간을 소비하게 됩니다. 그래서 단어 다음으로 해야 할 학습 단계로는 구문이

중요합니다. 인터넷 강의, 또는 현장 강의와 함께 병행할 때 굉장한 도움이 됩니다. 구문 학습이 철저히 이루어져야 다음 단계인 수능 유형별 문항 공부를 할 때 '학습 연비'가 좋습니다.

수능 유형별 문항은 실용문 – 대의 파악(요지, 주제, 제목) – 간접 쓰기(빈칸추론, 순서, 무관한 문장 찾기, 문장 삽입, 요약)의 순서로 큰 그림을 잡는 것이 효과적입니다. 안타깝게도 많은 학생들이 단어 공부를 한 다음 빈칸 추론을 다루는데, 이는 기초공사 없이 고층 빌딩을 쌓는 것과 같습니다. 반드시 단어 – 구문 다음에 가장 쉬운 실용문에서 대의 파악을 집중적으로 공부해야 합니다. 대의 파악이 되면 하나의 지문을 이해할 수 있는 능력이 검증되었기 때문에 글을 분석해서 사고할 수 있게 됩니다. 그때 간접 쓰기 문항을 공략하는 것이 아주 효과적입니다.

이렇게 전 유형을 다룬 다음은 시험 테크닉의 영역입니다. 5문항을 시간 재고 풀고, 익숙해지면 10문항을 시간 재고 푸는 '세트문항 풀기'로 단거리 달리기를 연습합니다. 이렇게 짧은 시간 동안 시간 관리 하는 것에 익숙해지면 최종적으로 독해 전체 세트를 한 호흡으로 다룰 수 있게 됩니다. 사실 기초만 잘 닦는다면 이 과정은 6개월 안에 이루어질 수 있습니다. 그래서 과도한 선행보다는 제때의 한 땀이 훨씬 더 유리합니다.

자녀가 자습을 하거나, 학원에서 수업을 받고 오면 유심히 관찰해보세요. 아직 개념을 익히지 못했는데 시간을 재고 한 세트 문항을 다 푼다든지, 듣기를 1~2개 계속 틀리는데 빈칸추론을 푼다든지 이런 것들은 좋지 않은 징후입니다. 이런 것들을 감지하고 학교, 학원 선생님과 상담하면 꽤 현명한 선택을 내릴 수 있습니다.

수능 영어 시기별 해법 및 부모 가이드

앞서 다뤘던 내용을 시기별, 즉 시간의 흐름에 따라 정리해보겠습니다. 사실 내신 영어를 공부하면서 상당 부분 수능 영어의 기반을 닦을 수 있다고 봅니다. 요즘 내신 영어의 출제 트렌드가 수능 문항의 유형을 택하고 있기 때문입니다. 그러나 이때 유의할 점이 있습니다. 서술형이 포함된 수행평가 유형은 내신에만 들어갑니다. 그러니 수능을 위해서는 내신과 별개로 준비해야 할 부분도 있다는 것을 염두할 필요가 있습니다.

고1 시기에는 내신을 제외하고 수능을 따로 공부하는 것은 크게 효과적이지 않습니다. 고로 수능이라는 타이틀을 건 콘텐츠나 특강을 고1 때 듣는 것은 권하지 않습니다. 고1은 내신성적에 대한 이해, 학교생활에 대한 안착이 가장 중요합니다. 그리고 단어와 구문의 기초를 튼튼하게 다지고 고교 영문법을 정리하는 데 시간과 노력을 할애해야 합니다. 고로 학교 수업에 대한 이해, 학원 선정도 이와 같은 관점에서 이루어져야 합니다.

고2 시기에는 수능 문항 유형에 대해 깊은 탐구가 이루어져야 합니다. 사실 고1 때 이 과정이 이루어져도 관계는 없지만, 고1은 내신과 고교 생활에 대한 적응이 1순위입니다. 고1 때 튼튼히 세운 고교 영어 기본기를 바탕으로 수능 문항에 대해 유형별 분석을 해야 합니다. 대의 파악, 또는 세부내용 파악 문항인지, 간접 쓰기 문제인지 문항별 출제 의도를 먼저 알아야 합니다.

많은 학생들이 독해가 좀 된다고 생각하면 이런 분석 없이 두꺼운 기출 문제집을 사서 문제 풀이, 즉 분량 체험을 통해 정확도를 올리려고 하지만 효율적이지 않습니다. 문항의 출제 의도, 해법에 대해 온라인, 오프라인 강의 또는 학교, 학원 수업을 통해 충분히 개념이 선 다음에 기출을 풀어 나가는 것이 필요합니다.

　자녀가 두꺼운 기출 문제집을 푸는데 틀리는 문제가 많아 보이면 유형별로 개념을 익혔는지 꼭 확인해보셔야 합니다. 개념을 익히지 않는 것은 설계도 없이 주먹구구식으로 탑을 쌓는 것과 같습니다. 아울러 수능 기출, 평가원(한국교육과정평가원, 수능을 출제하는 곳) 기출을 적당히 다루어야 합니다. 최근 1~2개년 기출문제 정도만 소화해서 고3 때 최고의 감각을 키울 수 있도록 분량을 남겨두는 지혜가 필요합니다.

　고3 시기에는 수능 기출을 심도 있게 다루어야 합니다. 연계교재를 익히는 것도 중요하지만 비연계 문항에서 결국 변별이 이루어질 확률이 높기 때문에 기출을 보며 출제 성향을 파악해야 합니다. 수능은 평가원에서 출제하기 때문에 6, 9월 평가원 모의고사와 수능 기출 문항에 중점을 둬야 합니다. 특히 정답지보다는 오답지의 구성을 잘 보면서 '왜 이것이 오답일까?'라는 질문을 하는 것이 아주 유익합니다. 정답보다는 오답지의 구성을 파악하면 출제자의 관점으로 문항을 바라보게 되고, 이를 통해 자연스럽게 고득점으로 이어지게 됩니다.

　사실 오답노트 작성도 이와 같은 요령으로 이루어져야 합니다. 정답지, 단어, 문법만 분석하는 것은 크게 의미가 없습니다. 시중에 나와 있는 수많은 해설지가 이미 그 역할을 다 수행하고 있기 때문입니다. 그것보다는 내가 한 문항에 대해 평가를 내리고, 오답지에 대한 해설을 구성하는 것이 그런 것들과 차별성을 두는 방법입니다. 결국 고사장에서는 나의 사고를 통해 판단하고 정답을 결정해야 하기 때문에 다른 도구에 의존할 수 없습니다. 수능 시험 당일 흔들리지 않고 정답을 찾기 위해서는 이런 방법을 통해 스스로 정답을 찾는 기준을 강화하도록 노력해야 합니다.

　요컨대 1학년 때는 내신에 중점을 두고, 2학년 때는 수능 유형에 대해

심층 분석을 하도록 해야 합니다. 다른 방법을 사용해도 상관없지만 이 큰 흐름을 지켜줄 때 공부 연비가 가장 잘 나올 거라 생각합니다. 그리고 이런 탄탄한 기본기를 바탕으로 3학년 때 기출 분석을 극대화하는 것이 필요합니다. 이런 흐름을 지켜나가면서 다양한 문제를 풀고 내 생각을 키워 나가는 것이 어떠한 난이도의 시험에도 흔들리지 않는 '코어'를 키우는 방법일 것입니다. 수능 영어도 하나의 시험이고, 모든 시험에는 최적의 방법이 있습니다.

영어 문해력 다지기

독해의 핵심은 문해력
해석만으로는 정답을 찾을 수 없다

단순히 단어를 잘 외우면 영어를 잘 할 수 있다고 믿는 사람들이 많습니다. 하지만 단어를 다 안다고 해도 해석했을 때 다음과 같은 결과물이 나온다면 어떻게 해야 할까요?

"지난 60년 동안, 기계적 과정이 우리가 생각하기에 인간의 독특한 특성으로 여겨진 행동과 재능을 복제해 왔기에, 우리는 우리를 다른 동물, 기계와 구분시켰던 것에 대한 우리의 생각을 바꾸어야만 했다.

… (중략)

가장 아이러니한 것은, 일상적이고 실용적인 AI의 가장 큰 이득이 증가된 생산력도 아니고, 경제의 풍요로움도 아니고, 과학을 하는 새로운 방법도 아니다 — 비록 이 모든 것이 일어난다 해도.”

2018학년도 대학수학능력평가 34번 문제의 일부분을 우리말로 옮긴 것입니다. 과연 단어를 잘 외우고 구문 독해를 잘한다고 해서 이 정도 수준의 글을 편하게 이해할 수 있을까요? 한국어 원어민인 우리가 이 글을 읽어도 당장 쉽게 소화되지 않는데, 영어를 이 과정으로 이해한다면 무척 어려울 것이 뻔합니다.

왜 어려운지 좀 더 깊이 들어가보겠습니다. 첫째, 영어라는 언어는 서양철학을 기반으로 발전했고, 그런 연유로 추상적인 개념을 많이 담고 있습니다. 둘째, 우리말과 어순이 다르기 때문에 우리말로 옮겼을 때 깔끔하게 들어오지 않습니다. 셋째, 수능 지문 고갈로 인해 논문과 같은 더욱더 난해한 원문을 지문으로 삼고 있습니다. 이 세 가지가 복합적으로 작용하여 우리말 해설지를 보아도 ‘이게 무슨 말이지?’와 같은 현상이 생겨납니다.

위에 세 가지를 쉽게 설명하면 다음과 같습니다. 첫째, 영어가 가지고 있는 추상성을 우리말로 풀었을 때 한글로 옮겨서 이해하려면 위에서 언급된 ‘기계적 과정’, ‘증가 된 생산력’과 같은 다소 애매한 표현을 이해해야 합니다. 다시 말해, 영어 – 한국어 사이의 간극 자체를 그대로 떠안은 채로 가는 것입니다. 한두 개의 지문도 아니고 등급을 결정짓는 5~6개의 독해 지문에서 이런 과정을 계속 거친다면 수능 시험날 어떤 결과를 받게 될 것인지는 뻔한 일입니다. 그렇기 때문에 위 내용에서는 맥락상 ‘기계적 과정’이 ‘AI’를 의미하는 것이라고 받아들이면서 이해해야 합니다.

둘째, 어순이 다른 것은 언어상의 차이이지 이를 한국어로 다시 보정

해서 이해하는 것은 아주 위험합니다. 그래서 대부분은 영어 문장으로 나열된 정보를 '순서대로' 이해하는 것이 가장 중요합니다. 직독직해가 대세인 이유가 그것이기도 합니다. 고로, 답지의 우리말 해석은 참고만 할 뿐 실제로는 영어로 나열된 정보 어순대로 이해하는 것이 가장 바람직합니다. 실제로 수능 문항의 해석지를 만드는 분들은 영어를 한국어로 옮기는 그 과정이 오히려 더 어렵다고 말하기도 합니다.

셋째, 논문과 같이 어려운 글들을 이해하는 것은 '비문학' 글에 대한 접근법을 익혀야 한다는 것을 암시합니다. 논리성을 띤 글이 대부분이기 때문에 무엇을 주장하는가와 어떤 근거를 드는지에 대해 중점을 두고 읽어야 합니다.

지금까지 거듭 강조한 것은 수능 지문이 해석 이상의 것을 다룬다는 것입니다. 흔히 수능 시즌에 수능 영어 문제를 풀다가 힘들어 하는 외국인 리액션 영상을 접할 수 있습니다. 혹자는 수능 영어가 원어민도 못 풀 정도로 어렵다고 합니다. 하지만 우리가 한국어 원어민이라 해서 국어 영역을 100점 받을 수 없듯이 그 사람들도 마찬가지입니다. 수능 영어가 어렵긴 하지만 '수학 능력'을 측정한다는 측면에서 보자면 그 원어민들의 아우성을 큰 의미로 받아들일 필요는 없습니다. 그렇다면 이러한 사고력은 어디서부터 출발해서 키워야 할까요? 같은 글을 읽어도 이해하는 차이를 만드는 것은 문해력 차이 때문입니다.

문해력을 키우는 해법
배경지식, 독서 등

2021년 3월 EBS는 〈당신의 문해력〉이라는 제목으로 6부에 걸쳐 방송하며 대한민국 국민의 떨어진 문해력에 대해 꼬집었습니다. 문해력은 글을 읽고 의미를 이해하는 능력이라는 뜻인데, 문제는 언젠가부터 읽어도 이해하지 못하는 사람들이 늘어나고 있다는 것입니다. 특히 서울의 한 중학교에서 영어를 가르치는 교사의 사례를 들며, 수업 진행에 방해가 되는 가장 큰 요인을 학생들의 떨어진 '문해력'이라 했습니다.

그래도 정말 다행인 것은 문해력을 기를 수 있는 방법이 있다는 점입니다. 우선은 문해력을 기르기 위해서는 '어휘력'이 뒷받침되어야 합니다. 그중에서도 교과서를 이해하는 데 꼭 필요한 학습도구어(academic vocabulary)를 익히는 방법입니다. 다시 말해, 수업 시간에 배우는 내용 중 모르는 어휘가 나오면 그 의미를 알기 위해 사전적인 뜻을 찾아보고, 실제 어떤 맥락에서 사용되는지까지 확인해보는 것입니다.

여기서 중요한 점이 바로 '문맥에 맞는 어휘의 사용'이라 할 수 있습니다. 그러나 그 문맥을 파악하는 것은 단순히 어휘의 뜻을 익힌다고 할 수 있는 일은 아닙니다. 그 어휘가 쓰인 다양한 문장 속에서, 혹은 글 속에서 다양한 문맥을 경험해야만 적시적소(適時適所)에 그 어휘를 사용할 수 있습니다.

이렇게 전략적으로 어휘력을 기르는 방법은 하나의 미봉책에 불과할 수 있기에 문해력을 제대로 기르기 위해서는 어릴 때부터 갖는 독서 습관이 매우 중요합니다. 사실 교과서는 많은 양의 지식을 최대한 요약하고 정리해서 담은 책입니다. 그렇기 때문에 짧은 호흡으로 글을 읽을 수밖에 없습니다.

하지만 문장과 문장 사이, 글과 글 사이에 있는 논리적인 맥락을 이해하기 위해서는 긴 호흡의 글을 평소에 읽어야 글 속에 숨은 의미를 정확하게 파악할 수 있습니다. 또한 여러 책을 읽으며 같은 어휘를 여러 번 만나게 되면서 흐름 속에서 뜻을 파악하는 경험을 할 수 있게 됩니다. 따라서 긴 호흡으로 글을 읽으며 내용을 파악하기 위해서는 하나의 주제를 바탕으로 여러 글을 이어가는 독서가 필요합니다.

실제 고등학교에서 영어 성적뿐만 아니라 다른 과목에서 성적의 차이를 만드는 그 기준은 학생이 얼마나 문해력이 있느냐 없느냐에 달려있다는 사실을 깨닫게 됩니다. 성적이 좋은 아이들을 살펴보면, 실제 꾸준하게 독서를 하며 자신의 부족한 배경지식을 채웁니다. 또한 독서를 통해 글을 읽는 습관이 형성되어, 공부할 때도 글을 읽고 이해하는 상황이 부담이 되지 않습니다. 오히려 자신이 가진 풍부한 배경지식을 활용하여 배우고자 하는 지식에 대한 접근이 용이해지고, 이로 인해 이해력도 높아지고, 비슷한 내용이 반복되어 장기기억에도 영향을 줍니다.

이러한 순환 구조는 결국 학습에 대한 자신감과 성적 향상이라는 일석이조의 결과를 만들어냅니다. 다시 말해, 독서는 문해력을 길러주고, 문해력은 곧 아이의 학습과 직선으로 연결된다고 말할 수 있습니다. 3단 논법에 따르면, '독서는 곧 학습이다'라고 말할 수 있습니다.

수능 절대평가와 연계교재의 진실

(4개년 분석)

2018학년도 수능 영어 절대평가 시행 후 어느덧 4년이라는 시간이 흘렀습니다. 그동안 교육부에서는 EBS 교재 연계율 70%를 계속 유지해 왔습니다. 4년간 듣기 17문항, 독해 28문항, 총 45문항 중 33문항이 연계되어 출제되었고, 정확한 비율은 73.3%입니다. 2021년 현재 2022학년도 수능을 준비하는 고3의 경우에는 연계율이 50%로 축소되고, 모두 간접연계만 출제될 예정입니다.

연계교재의 진실을 알아보자!

수능 절대평가의 진실을 알기 전, 우선 EBS 연계교재의 방식에 대한 사실을 먼저 알아야 합니다. 그것은 바로 연계 방식에 두 가지가 있다는 사실입니다. 연계 방식은 EBS 교재의 지문을 그대로 사용하는 직접연계와 새로운 지문이지만 비슷한 주제나 소재를 활용하여 변형한 간접연계가 있습니다.

예를 들어 고3 수험생활을 하며 1년 동안 열심히 수능 연계교재로 공부를 했는데, 실제 수능 시험지에서는 똑같은 지문을 찾아보면 7개밖에 볼 수 없습니다. 그 이유는 직접연계 지문은 7개이고, 나머지는 모두 간접연계(주제와 소재가 같거나 비슷)이기 때문입니다. 듣기는 17 문항 중 16, 17번 문항을 제외하고 15 문항 모두 연계 문항으로 출제됩니다. 참고로 듣기는 모두 간접연계라고 볼 수 있습니다. 독해는 28문항 중 17문항이 연계 문항인데, 10문제가 간접연계 문항이기 때문에 수험생들은 주제는 익숙할 수 있어도 완전 새로운 지문을 접하게 됩니다.

문항 번호	유형	EBS 교재 연계 내용
		교재명/쪽수/문항번호(유형)
29	어법	수능완성/영어/p.18/2번/주제
30	어휘	수능완성/영어/p.163/37번/순서
31	빈칸 추론	수능특강/영어독해연습/p.147/11번/어휘
32	빈칸 추론	수능완성/영어/p.113/40번/요약문완성
35	무관한 문장	수능특강/영어/p.202/5번/주제
36	글의 순서	수능완성/영어/p.121/21번/함축적 의미
38	문장 삽입	수능특강/영어독해연습/p.144/8번/어휘

2021학년도 수능 영어 영역 직접 연계 문항 분석

이 분석은 추론한 것이 아니라 실제 출제된 문항 분석을 통해 알 수 있습니다. 2018학년도를 제외(지칭 추론 1문항)하고 어법, 어휘, 빈칸추론, 무관한 문장, 글의 순서, 문장 삽입 유형이 직접연계되어 출제되었습니다. 따라서 실제 연계가 안 되는 독해 문항은 33, 34번 빈칸추론, 37번 글의 순서, 39번 문장 삽입, 40번 요약문, 41~45번 장문 독해 유형입니다(듣기는 16, 17번 문항에 해당). 여기서 유추해볼 수 있는 점은 결국 수능 영어 영역 시험의 변별은 간접연계 문항 및 비연계 문항에서 나타날 수 있다는 점입니다. 2018~2021학년도 수능 영어영역 고난이도 킬러 문항은 대체로 비연계 간접 쓰기 유형인 33, 34, 37, 39번으로 나타나고 있습니다.

수능 영어 절대평가의 진실을 알아보자!

　　기존 상대평가(1등급 4%)와 달리 절대평가로 바뀌면서 1등급 비율이 다양하게 나타나고 있는 점이 특징입니다. 사실 1등급을 받으려면 3~4문제 이내로 틀려야 합니다. 2점짜리 문제를 안 틀린다는 가정하에 3점짜리 문제 3개를 틀렸을 때 91점으로 1등급을 받게 됩니다. 어쨌든 90점만 넘으면 1등급이기 때문에 시험 난이도에 따라 등급별 인원과 비율이 4년간 다르게 나타나고 있습니다. 2018학년도에는 10.03%, 2019학년도에는 5.30%, 2020학년도에는 7.43%, 2021학년도에는 12.66%로 각각 1등급 비율을 보입니다.

〈그림 4-11〉 2020학년도 대학수학능력시험 영어 등급컷과 비율

2020학년도 대학수학능력시험

시험일시　2019년 11월 14일 (목)
관련정보　한국교육과정평가원, 2019학년도 수능, 2021학년도 수능

주요일정		문제·정답	**확정등급컷**		참고배치표		출제경향
국어	수학	**영어**	한국사/사탐	과탐	직탐		제2외국어/한문

등급	구분점수	인원(명)	비율(%)	등급	구분점수	인원(명)	비율(%)
1	90	35,796	7.43	6	40	44,389	9.21
2	80	78,296	16.25	7	30	35,520	7.37
3	70	105,407	21.88	8	20	25,233	5.24
4	60	89,034	18.48	9	20 미만	9,020	1.87
5	50	59,133	12.27				

2018학년도에는 1등급 비율이 10.03%로, 이는 상대평가 2등급(11%)에 가까운 수준으로 출제가 되어 너무 쉬웠다는 평가가 있었습니다. 2019학년도에는 1등급 비율이 5%로, 상대평가 1등급(4%)에 가까워 성취도를 인정하는 절대평가의 의미가 퇴색되어 보이기도 했습니다. 다행히 세 번째로 시행한 해인 2020학년도에는 1등급 컷이 7.43%로 적정 수준으로 넘어왔지만, 2021학년도에는 다시 코로나로 인한 수험생들의 상황을 고려하여 난이도를 평이하게 낸 것이 아닌가 유추해 볼 수 있습니다.

2022학년도부터는 연계율이 50%로 줄고, 직접연계 없이 모두 간접연계로만 출제될 예정입니다. 사실상 연계교재에서는 똑같은 지문이 전혀 나오지 않는다는 의미입니다. 다시 말해, 절대평가라고 말하지만 문항 난도가 쉽다고 볼 수 없습니다. 새로운 지문을 활용한 간접연계와 비연계로만 이루어진 수능 영어 학습을 위해 새로운 지문이 나와도 해결할 수 있는 능력을 기를 필요가 있어 보입니다.

학년별 특징과
학습 포인트

1학년 학습 포인트

1학년은 고등학교 생활에 적응하고 영어 기초 개념을 확실하게 잡는 시기입니다. 이 시기의 영어 공부는 크게 내신 영어와 수능 영어(모의고사)로 이루어져 있습니다. 하지만 둘이 완전히 분리되어 있지는 않습니다. 왜냐하면 대부분의 고등학교에서는 내신 시험 범위에 교과서 외에도 모의고사 지문을 포함하기 때문입니다.

- **내신 영어** 교과서, 프린트물, 부교재, 고1 모의고사 기출
- **수능 영어** 모의고사

내신 영어에는 일단 우리가 알고 있는 교과서의 본문, 어법 부분과 교사가 자체 제작한 프린트물이 들어갑니다. 부교재의 경우 학교마다 선

택 범주가 다양하며 EBS 교재를 선정하기도 합니다. 때로는 선정하지 않는 학교도 있습니다. 고1 모의고사 '영어' 영역의 지문을 대부분 시험 범위에 포함시키기도 합니다. 하지만 지역에 따라 당해년도 모의고사뿐 아니라 전년, 전전년 모의고사까지도 포함시키는 등 범위가 상이합니다. 1학년 때는 방금 언급한 내신 영어가 어떤 방식으로 치러지는지를 빠른 시간 내에 파악해야 합니다. 지필평가를 겪고 난이도, 범위, 출제 스타일을 알아야 하며, 수행평가 계획과 실제 수행평가를 경험하면서 교과서의 어떤 부분이 수행평가에 반영되었는지를 알면 좋습니다.

1학년은 상대적으로 내신을 제외한 수능 영어로서의 모의고사는 크게 중요하지 않습니다. 소홀히 하라는 의미는 아닙니다. 다만, 모의고사 점수에 일희일비할 필요가 없다는 것입니다. 모의고사는 어떤 부분이 자신의 약점인지를 파악하는 용도로 사용하는 것이 현명합니다. 부족한 부분, 애매하게 맞은 부분이 드러나면 그 부분을 메워서 기초 개념을 쌓도록 해야 합니다. 그렇다면 1학년 때 자녀가 어떤 식으로 기초 개념을 쌓아야 하는지 좀 더 세부적으로 알아보겠습니다.

고등영어 기초 잡기
어휘력/길어진 문장/문법 심화

여기서부터는 부모님과 자녀가 같이 보면 좋을 내용으로 풀어가겠습니다. 일단 고등영어의 기초 중의 기초인 '어휘력'부터 출발하겠습니다. 어휘는 앞서 언급한 대로 단어장을 활용하면 됩니다. 매일 짧게 자주 보되, 주말에는 스펠링 점검을 한 번씩 하면 좋습니다. 평소에 '단어–뜻'을 계속 쓰면서 외우는 단순 암기를 하는 것은 크게 도움이 되지 않습니다.

정말 기초가 없다면 어휘 관련 인터넷 강의를 보는 것도 도움이 될 수 있습니다. 하지만 긴 강의를 듣지 말고, 5강 미만으로 구성된 특강 형식의 강의를 수강해서 방법론을 익혀야 합니다. 동시에 올바른 방법으로 한 단어장을 고1 기준 2~3회독 해야 합니다. 그렇게 짧게 자주 반복하여 같은 책을 여러 번 보게 되면 어떻게 될까요? 그 단어장에 있는 단어를 100% 다 알게 될까요? 그렇지 않습니다. 신기하게도 계속 안 외워지는 단어가 꼭 있습니다. 그런 단어를 '이삭줍기'를 통해 내 것으로 만들어야 합니다. 방법은 간단합니다. 계속 외워지지 않고 눈에 밟히는 최후의 단어를 포스트잇에 적습니다. 그리고 생활하면서 자주 사용하는 공간에 붙여둡니다. 가령 잠자리 근처의 벽에 붙이는 것도 효과적입니다. 공부하는 책상 주변에 붙여두는 것도 좋은 방법입니다. 그렇게 오며 가며 생활하면서 자주 보다 보면 최후의 단어들도 공략 가능합니다.

이렇게 1학년 때는 단어장을 중심으로 여러 회독 해서 그 단어의 뜻, 예문의 의미를 완벽하게 숙지해야 합니다. 암기가 포인트가 아니라 자주 봐서 외워지는 친구들의 이름처럼 '숙지'가 포인트입니다. 아울러 그 단어가 어떤 문장에서 자주 쓰이는지 예문 기반 학습을 중요시해야 합니다. 이렇게 단어를 매일매일 공부하면서 365일을 알차게 보내는 것은 가장 튼튼한 1층을 건설하는 것과 같습니다.

영단어장 활용 학습법

1층을 건설하면서 동시에 '문장'이라는 2층을 건설해야 합니다. 이 역시도 앞에서 설명했던 '구문 학습'과 연결됩니다. 단어장을 공부하면서 예문, 즉 문장으로 단어를 익혔는데 이제는 그렇게 오며 가며 익힌 문장 자체를 매의 눈으로 분석하면서 유려하게 해석하는 기술을 익혀야 합니다.

사실 고교 단어장을 최소 1회독 했을 때 구문 공부를 하면 효과적입니다. 적어도 구문 공부를 하면서 나오는 단어가 너무 많아서 스트레스를 받지는 않을 테니까 말입니다. 이렇게 준비가 되었을 때 구문 공부를 시작해야 합니다.

수능에서 다루는 하나의 지문은 보통 6~8개의 문장으로 구성되어 있습니다. 구문 공부를 하면서 순서대로 해석하는 '직독직해' 방법을 활용해야 하고, 처음에는 끊어 읽기를 하더라도 나중에는 끊어 읽는 범위를 다음과 같이 점점 넓혀가야 합니다.

1단계

As / we / invent / more species / of AI, / we / will be forced / to surrender / more of / what is supposedly unique / about humans. //
때문에 / 우리가 / 발명하다 / 더 많은 종의 / AI를, / 우리는 / 강요받을 것이다 / 포기하다 / 더 많은 것의 / 아마도 독특한 것인 / 인간들에 대해

2단계

As we invent / more species of AI, / we will be forced / to surrender more of / what is supposedly unique / about humans. //
우리가 발명하기 때문에 / 더 많은 AI를, 우리는 강요받을 것이다 / 더 많은 것을 포기하도록 / 아마도 독특한 것인 / 인간들에 대해

슬래시(/) 표시가 하나도 없는 3단계도 있지 않을까요? 네, 물론 있습니다. 하지만 앞서 보았던 통 한국어 해석은 굉장히 추상적이고 장황해서 우리말인데도 이해하기 힘든 글이 될 것입니다. 그래서 2단계 정도로 해석하고, 왼쪽에서 오른쪽으로 해석해야 합니다. 뒤에 긴 수식이 나온다고 오른쪽 뒤로 갔다가 다시 왼쪽으로 거슬러서 해석하는 것은 최악의 방식입니다. 당장 수능에서는 조금 통할 수도 있지만, 훗날 말하기, 듣기를 할 때 정상적인 이해를 위한 처리 과정에 역행하는 방식이기 때문입니다. 영어는 영어만의 방식을 존중하면서 이해해야 합니다. 시험 이야기를 하고 있지만, 시험 이후의 삶도 생각해야 합니다. 이렇게 구문 교재와 강의를 통해 구문을 영어식 어순으로 이해하는 습관을 고1 때 쌓아야 합니다.

이제 영문법입니다. 다행히도 중학교와 비교했을 때 완전히 새로운 내용이 대거 등장하지 않습니다. 그나마 추가되는 내용도 기존에 배운 큰 범주 안에 존재하는 하위 항목들입니다.

고교 영문법에서 새롭게 추가되는 부분

- **조동사** 기타 조동사 추가
- **가정법** 가정법을 포함하는 구문
- **수동태** 주의해야 할 수동태
- **부정사** 원형부정사
- **관계대명사** 유사 관계대명사 as, than

가정법의 경우를 예로 들어보겠습니다. 가정법은 사실 우리의 머릿속

에서 이야기하는 것을 말로 옮겨놓은 것입니다. 즉, 지금 현실이 아닌 '상상'인 것입니다. 그래서 저는 '상상법'이라고도 말합니다.

If it were not for water, we could not survive.
물이 없다면, 우리는 생존할 수 없을 텐데.

세상에 물이 있나요, 없나요? 물은 지금 말하는 순간 우리가 조금만 노력하면 집 안팎에서 쉽사리 찾을 수 있습니다. 하지만 물의 중요성을 알아보기 위해서라면 물이 없다고 '상상'해 볼 필요가 있습니다. 그래서 머릿속으로 그런 극한 상황을 그려보는 것이 가정법입니다. 우리말 해석으로 본다면, '물이 없다면'이니까 현재 시제로 쓰는 것이 맞을 듯합니다. 하지만 그것은 사실을 말할 때 쓰는 것입니다. 하지만 우리는 사실이 아닌 머릿속의 상상을 말로, 글로 표현해야 합니다. 그래서 상상을 말하기 위해서는 다른 방법을 써야 합니다.

현재(사실)

↓

과거(상상)

이런 원리로 '사실의 세계'에서 '머릿속'으로 한 발자국 물러나야 합니다. 현재 형태에서 과거 형태로 물러나면 간단히 해결됩니다. 그래서 과거를 뜻하는 동사 were, 과거 조동사 could를 썼습니다. 이것이 중학교 때 배운 가정법 과거의 원리입니다. 그 원리가 그대로 적용된 것이 가정법 과거완료입니다.

고등학교는 이런 원리가 조금 더 세분화될 뿐입니다.

To hear Mike talk, they would take him for a Korean.

Mike가 말하는 것을 듣는다면, 그들은 그를 한국 사람으로 여길 것이다.

If가 등장하지 않았지만, 우리는 다음과 같이 이해할 수 있습니다.

To hear Mike talk, they would take him for a Korean.
　　①　　　　　　　　　　　　　　②

① Mike가 말하는 것을 듣다.

② 그들은 그를 한국 사람으로 여길 것이다.

②에서 will보다는 한 발 물러선 would를 쓴 것을 보니 확신이 조금 부족하다는 판단이 듭니다. 그렇다는 것은 지금 당장 눈앞에서 벌어지는 상황이 아니라는 겁니다. 그래서 If가 없더라도, Mike가 말하는 것을 듣게 된다면, 한국 사람으로 오해할 만할 것이라는 것을 상상으로 그려보는 것이라고 생각할 수 있습니다. 이렇게 중학교에서 기본기를 잘 닦아놓았다면 고등영어에서 최고 수준으로 여겨지는 가정법 부분도 사실 크게 어렵지 않습니다. 사실 진짜 어려운 것은 논리적인 비문학 글을 잘 이해하고 내 생각을 뽑아내는 것입니다.

고등학교 1학년에서는 어휘력, 문장에 대한 이해, 영문법 정리 이 세 가지가 철저하게 이루어져야 합니다. 그래야 궁극적으로 어려운 한 편의 '글'을 깊게 이해하고 쉽게 설명할 수 있게 됩니다.

내신 기반 잡기
교과서 외 지문도 충실히 / 모의고사 활용 / 응용 문제 출제

1학년은 내신 영어에 총력을 기울여야 하는 시기입니다. 이 시기의 모의고사 역시도 내신 영어의 부분이기 때문에 결국 기승전 '내신 영어'로 귀결됩니다. 내신 영어 중 지필고사 위주로 이야기를 해보겠습니다. 지필고사는 보통 다음과 같은 범위로 이루어집니다.

학교마다 차이가 있지만, 내신경쟁이 심한 학교일수록 '교과서'의 변별력이 가장 떨어집니다. 그렇기 때문에 중학교 때 해왔던 본문 외우기는 사실상 효과가 크지 않습니다. 물론 교과서 외의 범위에 있는 것들도 다 외운다면 당장 효과는 있을 것입니다. 하지만 장기적으로 절대 좋은 방법이 아닙니다. 부교재와 고1 모의고사 기출에서 중학교와 비교할 수 없는 학습량이 쏟아지기 때문입니다. 고1 모의고사 기출은 한 회차만 해도 독해 지문이 28개입니다. 1개년 기출이면 112개 지문이고, 대략 672~896문장입니다. 이런 상황에서 문제를 적중시키기 위해 학생들은 지필고사마다 최대 1,000개의 변형문제를 풀기도 합니다. 영어만 있는 것도 아닌데, 과연 통암기가 위력이 있을지는 불을 보듯 뻔합니다.

교과서를 제외하고도 엄청나게 불어난 시험범위에 놀라셨을 겁니다. 문제는 이 모의고사 문항을 학교에서 다 풀어주지 않는다는 데 있습니다.

학생들이 스스로 해야 하는 부분이 대다수이기 때문에, 어릴 때 원서 읽기를 많이 해온 아이들이 유리해지는 시점입니다. 긴 글을 읽으면서 문맥 속에서 글의 흐름을 오랜 시간 해온 엄마표 영어 아이들은 이 시점에서 큰 차이를 만들어낼 수 있습니다. 물론 그렇지 않은 아이들도 고등학교 내신의 본질을 파악하면서 충분히 고득점을 올릴 수 있습니다. 문제는 이도 저도 아닌 채로 많은 문제를 풀고, 통암기를 하는 경우입니다.

이렇게 범위에 대해 알아보고 나니 결국 교과서보다 교과서 밖 범위와 문제가 더 깊고, 넓다는 것을 알 수 있습니다. 그것을 어떻게 다루느냐가 고1 내신 영어의 성패를 가늠합니다. 자, 그렇다면 각 범위별로 어떻게 효율적으로 공략할 수 있을지 알아보겠습니다.

먼저, 교과서와 프린트물은 하나로 보아야 합니다. 교과서 내용을 공부하면서 보충해야 할 부분을 추가적으로 제작하는 것이 프린트물이기 때문입니다. 엄연히 시험범위로 들어가는 경우가 대다수이기 때문에 교과서 본문뿐 아니라 프린트물에 나온 예문을 집중해서 봐야 합니다. 이유인즉슨, 교과서 본문에서 나오는 내용과 어법 포인트는 기본적인 것입니다. 그 것을 간단하게 적용한 것이 프린트물에 나오는 내용이기 때문에 학생이 배운 개념을 최초 '적용'하는 기회입니다. 선생님이 어떻게 적용하는지 그 방식을 보면서 선생님의 성향을 알 수도 있고, 무엇보다도 그 선생님이 출제자와 동일 인물이라는 것을 알고 수업에 임해야 합니다. 아울러 어법에서 배운 부분이 본문 어디에서 녹아 있는지를 확인해야 하고 필기하는 부분을 잘 캐치해서 '서술형 평가'에 대비해야 합니다.

부교재와 모의고사도 하나로 보아야 합니다. 교과서 외 지문이기 때문입니다. 학교마다 다르겠지만 보통 부교재를 수업시간에 다루는 경우가 많고, 모의고사 지문은 수업 시간에 따로 다루지 않는 경우가 많습니다.

그래서 혼자 공부하면서 따라가야 할 가능성이 있다는 것을 먼저 염두하면서 학습 계획을 짜야 합니다. 하지만 결정적인 공통점이 있습니다. 둘 다 지문, 즉 독해 중심의 공부라는 점입니다. 하나의 지문 속에 나오는 다음 포인트를 잘 정리하면 큰 도움이 됩니다.

- 주제문
- 어법 포인트 3개 또는 5개
- 영작 포인트 1~2개
- 접속사
- 어려운 문장(해석, 구문)

어떤 지문에서든 주제문이 있는 경우, 주제문을 형광펜으로 칠해둡니다. 그다음 보아야 할 것은 '어법' 부분입니다. 중요한 어법이 3~5개가 나오는지 확인합니다. 만약 3~5개가 나오지 않는다면, 어법 문항으로 출제될 가능성은 매우 낮습니다. 일반적으로 어법 선택형 문제는 3개 이상이 있어야 출제가 가능하기 때문입니다.

중요한 어법이 없는 문장이라면, 다른 포인트에 중점을 두고 문단을 검토해야 합니다. 그중 경계 1순위는 '영작(서술형)'입니다. 구문이 복잡하거나 어려운 문장일 경우 영작 시험에 대비해야 합니다. 다행히 모든지문이 이런 포인트를 갖고 있지는 않습니다. 그래서 포인트 위주로 공부하다 보면 중요한 지문과 그렇지 않은 지문이 눈에 들어오게 되어 있습니다. 시험을 치른 후 그 경중에 대한 눈이 적중했다면 다음 지필고사에서는 더욱 더 효율적으로 공부할 수 있습니다.

그 다음 연결사입니다. 글의 흐름을 보면서 어떤 연결사가 어울리는지 확인만 할 뿐, 역시 절대 외우지 않습니다. 마지막으로 영어의 기본인 의미 전달(해석)이 불분명한 부분은 수능을 위해서라도 지금부터 단단히 짚고 넘어가야 합니다. 그리고 구문은 1학년 때 반드시 잡아야 할 부분입니다. 개념을 쌓는다고 생각하고 공부하면 좋습니다.

요컨대 고1 때 내신 공부는 무엇이 중요하고 중요하지 않은지에 대해 눈을 키우는 것이 중요합니다. 그저 남이 준비해주는 대로만 끌려가다 보면 분량에 휘둘릴 수밖에 없습니다. 세상 살아가는 것이 결국은 '자율성'의 문제듯이 공부도 마찬가지입니다. 한정된 시간 속에 무엇을 공부해야 하는지에 대해 고민해야 하며, 자신의 공부 방식을 더 효율적으로 만드는 방법에 대해 탐구해야 할 것입니다.

수능 파악

내신 대비 방법이 자리 잡고 나면, 수능에 대해서도 가볍게 파악해야 합니다. 이 시기부터 진지하게 수능에 대해 고민하고 걱정하는 것은 사실 큰 효율이 없기에 가볍게 파악하는 것이 중요합니다. 듣기와 독해로 이루어지는 두 가닥의 큰 그림을 보고, 각 영역에 맞는 학습법을 알아야 합니다. 자투리 시간을 통해 듣기와 단어를 공부하면서 두 영역의 기본을 쌓아야 합니다. 동시에 모의고사를 통해 어떤 문제에 자녀가 취약한지를 발견하는 기회로 삼도록 해야 합니다.

가령 듣기 중에서도 가장 어려워 하는 부분이 '말하기' 문항이고, 그 예는 다음과 같습니다.

〈그림 4-12〉 2021학년도 대학수학능력 시험

11. 대화를 듣고, 남자의 마지막 말에 대한 여자의 응답으로 가장 적절한 것을 고르시오.

① How about going to the cafe over there?
② I don't feel like going out today.
③ Why didn't you wear more comfortable shoes?
④ You must get to the airport quickly.
⑤ I didn't know you wanted to go sightseeing.

'듣기'에 말하기 문항이 있냐고 생각하실 수도 있지만 상대방의 응답을 묻기 때문에 '간접 말하기 문항'이라 보면 됩니다. 듣기 후반부에 말하기 문항이 연속해서 5개 문제가 나오기 때문에, 학생들은 선택지의 영어를 읽으며, 동시에 원어민들의 대화를 듣고 이해해야 하는 이중고에 빠집니다. 쉬운 내용이라도 선택지를 읽으며, 동시에 대화를 들어야 하니 실수를 하거나 특정 부분을 놓치게 되는 경우도 있습니다. 더 심한 경우에는 듣기를 풀면서, 독해 문항을 동시에 푸는 멀티에 멀티를 하는 경우도 있습니다. 모든 것의 체계가 잡혀 있어, 동시 동작을 해도 큰 어려움 없이 헤쳐나가는 학생들도 있지만, 기본기가 부족한 경우에는 아주 위험한 상황입니다. 그렇기 때문에 독해 이전에 듣기 문항을 얼마나 정확하게 풀고 있는지 확인하는 것이 수능 모의고사 성적의 가장 기본적인 진단 방법입니다.

이제 독해 문항에 대한 이해도 점검입니다. 어떤 문항을 주로 틀리는지, 왜 틀리는지에 대한 학생 스스로의 진단이 필요합니다.

- 난 늘 빈칸추론을 틀려…

- 난 항상 주제 문제에서 실수를 해…

- 난 늘 시간에 쫓겨서 쉬운 문제를 틀려…

〈표 4-12〉 대학수학능력시험의 난이도별 질문 유형

가장 쉬움: 실용문
- 다음 도표의 내용과 일치하지 않는 것은?
- City of Sittka Public Bike Sharing Service에 관한 다음 안내문의 내용과 일치하지 않는 것은?
- Frank Hyneman Knight에 관한 다음 글의 내용과 일치하지 않는 것은?

중간 난이도: 대의 파악(요지, 주제, 제목)
- 다음 글의 요지로 가장 적절한 것은?
- 다음 글의 주제로 가장 적절한 것은?
- 다음 글의 제목으로 가장 적절한 것은?

최상 난이도: 빈칸추론, 순서, 무관한 문장 찾기, 문장 삽입
- 다음 빈칸에 들어갈 말로 가장 적절한 것을 고르시오.
- 다음 글에서 전체 흐름과 관계 없는 문장은?
- 주어진 글 다음에 이어질 글의 순서로 가장 적절한 것을 고르시오.
- 글의 흐름으로 보아, 주어진 문장이 들어가기에 가장 적절한 곳을 고르시오.
- 다음 글에서 전체 흐름과 관계 없는 문장은?

이와 같이 학생들 스스로가 진단을 내리고 글로 쓰게 하면 좋습니다. 이유인즉슨, 자신의 진단 자체가 맞는지 틀리는지를 메타인지를 활용해서 또 점검해야 하기 때문입니다. 앞서 언급했던 실용문 – 대의 파악(요지, 주제, 제목, 주장) – 쓰기(빈칸추론, 순서, 무관한 문장 찾기, 문장 삽입, 요약)의 위계가 사실상 난이도 순서라고 보면 됩니다. 발문을 참고하면 좀 더 명확한 정보를 얻을 수 있습니다.

즉, 학생의 모의고사 성적에서 점수가 중요한 것이 아니라 위계별로 어느 유형의 문제를 자주 틀리는지를 아는 것이 더 중요합니다. 가령, 빈칸추론은 꽤 맞추는데 제목 문제를 집중적으로 틀린다면 이 학생은 기초가 아직 부족한 것으로 판단할 수 있습니다. 심지어 빈칸추론을 감으로 맞춘다고 볼 수도 있습니다. 왜냐하면 제목은 '대의 파악'에서 가장 난이도가 높은 문항이고 대의 파악 개념이 잡혀야 빈칸추론 문제에 접근할 수 있기 때문입니다.

이처럼 1학년에는 모든 유형의 수능 문항을 정복한다는 생각보다는 학생의 실력이 어떤지를 영역별로 객관화하는 것이 중요합니다. 나를 아는 것으로 시작해야 모든 싸움에 임할 수 있지 않을까요? 나를 객관화하지 않고 감을 실력으로 믿다가는 2, 3학년 장기전에서 연전연패를 거듭할 수 있습니다.

2학년 학습 포인트

1학년 시기는 고등학교 생활에 안착, 내신 영어 주도, 모의고사를 통한 부족한 점 파악 등으로 요약할 수 있습니다. 그렇다면 2학년은 어떤 포인트를 잡아야 할까요? 2학년은 1학년보다 고등학교 생활 측면에서는 훨씬 안정화됩니다. 사실 학생으로서 공부하기에도 학창시절을 즐기기에도 2학년이 가장 좋은 시기입니다. 그렇기 때문에 1학년 내신성적에 따라 2학년 때는 영어 공부 방향을 뚜렷하게 설정해야 합니다. 1학년 때 계획했던 범위 안으로 내신성적이 형성되었다면 2학년 때 내신성적은 1학년과 같은 방식으로 잡아나가야 합니다. 만약 내신성적의 범위가 계획했던 것보다 더 아래인 경우에는 수능 모의고사 쪽으로 약간 더 무게를 싣고 공부를 해야 합니다.

물론 내신 자체를 포기하라는 의미는 절대 아닙니다. 막상 3학년이 되어서 내신을 활용해야 할 때는 근소한 점수 차이로도 '과거의 자신'을 책망하기 일쑤이기 때문입니다. 이렇게 앞발을 어디에 약간 더 무게를 둘 것이냐를 설정하고 투 트랙을 이어나가야 하는 멀티의 시기가 2학년입니다. 학생 입장에서는 확신과 응원이 필요하고, 부모 입장에서는 인내심을 가지며 버텨야 하는 시기입니다.

이제 본격적으로 수능 영어 문항의 원리에 대해 깊게 탐구해야 합니다. 유형별 공략 방법부터 자신이 부족한 약점을 완전히 커버해야 합니다. 아울러 기출에 대한 공부도 시작해야 합니다. 마구잡이로 문제를 풀고 답을 맞추는 행위는 큰 의미가 없습니다. 평가원 주관 문항을 아껴가며 잘 풀어야 하고, 정답보다는 오답을 분석하며 오답노트를 작성하는 것이 중요합니다. 즉, 철저하게 출제자의 관점에서 문제를 바라보는 시각을 형성하는 시기입니다. 하지만 이 모든 과정을 일구기 위해서는 1학년 때 쌓은 기초를 토대로 기본을 완성해야 합니다. 기본기가 완성되지 않으면 3학년에 올라가서 다시 구멍이 생깁니다. 그리고 그 구멍 때문에 내신부터 수능까지 동반 침몰하는 경우가 생길 수 있습니다. 그렇다면 과연 어떻게 고등영어 기본을 잡아야 할까요?

고등영어 기본 잡기

1학년 때 열심히 했어야 했던 기초 '어휘', '구문', '영문법'을 이제는 완성해야 합니다. 어떤 식으로 확장하고 구멍을 메울 수 있을지 알아보겠습니다.

먼저, 어휘부터 다뤄보겠습니다. 어휘는 1학년 때 '영단어장'으로 시작했습니다. 짧게, 자주 보면서 1학년 동안 여러 회독을 목표로 두었습니다. 그러나 2학년 때도 그 단어장을 보는 것은 추천하지 않습니다. 비록 그 단어장에 있는 단어를 100% 다 알고 있지는 않겠지만, 이제는 영단어장 2단계 학습으로 넘어가야 합니다.

영단어장 2단계는 이제 학생 자신에게 최적화된 것이어야만 합니다. 이를 '단권화' 작업이라 하고 영어를 잘하는 사람들에게서 공통적으로 발견할 수 있는 방법입니다. 즉, 내신공부, 교과서 외 공부를 하면서 나오는 단어를 한 곳에 정리하는 것입니다. 자신의 노트에 단어와 예문을 정리하며 어휘를 채워나갑니다. 그리고 단어장 대신 단권화 노트를 짧게 자주 매일 보면 됩니다. 특히 예문을 보면서 단어의 의미를 '문맥' 안에서 판단하는 것이 중요합니다. 하지만 정리하는 것이 힘들 경우에는 단어와 우리말 뜻만 정리해서 확인하는 것도 방법 중 하나입니다.

1학년 때 단권화 작업을 권하지 않는 이유가 있습니다. 영단어의 기초가 갖춰지지 않은 상태에서 2단계 단권화 작업을 하게 되면 정리할 단어의 숫자가 너무나 많습니다. 그러면 학교 적응, 내신에 대한 적응도 안 된 상태에서 정리만 하다 한 학기를 보내게 됩니다. 당연히 내신, 모의고사 등을 효율적으로 대비할 수 없고 성적에도 부정적 영향을 끼칠 수밖에 없습니다. 결국 단어 학습도 제대로 못하게 되고 안착하지도 못하는 최악의 결과를 낳을 수 있습니다. 그렇기 때문에 단어의 기초를 쌓은 뒤 자신만의 단어장을 만드는 것이 자연스러운 흐름입니다. 2학년 때는 자신만의 단권화 단어장을 꼭 구축해야 합니다. 단권화 단어장을 작성하는 방식은 여러 가지가 있지만 대표적인 두 가지를 공유하겠습니다.

단권화 A유형

A유형은 자신이 공부하다 발견한 예문을 적고, 그 예문에서 나온 단어의 품사와 뜻만 작성합니다. 다른 뜻을 적거나 파생어까지 정리하지는 않습니다. 정리하다가 정작 본질을 놓치면 안 되기 때문에 빠른 시간에 간단한 내용만 정리합니다. 만약 예문을 적는 것에 시간을 뺏긴다고 생각되면 예문을 생략하고 영단어와 우리말 뜻만 적어도 좋습니다. 이렇게 단어가 쌓이면 하루에 N개 정해두고 노트를 반으로 접어 좌측의 스펠링을 보면서 우측의 뜻을 떠올리는 식으로 노출하면 됩니다. 요령은 1단계 영단어장 학습법과 동일합니다.

---

1. respect   V. 존경하다

  예) We should respect our parents.

1. book   V. 예약하다

  예) For your wedding, I've booked a band.

단권화 B유형

1. 영어	3. 영어	4. 뜻	2. 뜻
respect			
book			

단권화 B유형도 굉장히 강력한 방법입니다. 사실 A유형으로 공부한 다음 주에 1회 정도 이 방법을 활용해서 '평가'를 하면 아주 좋을 방법입니다. 먼저, 노트를 네 칸으로 접습니다. 그리고 1번에 모르는 단어를 단권화 A노트를 보며 그대로 적습니다. 이제 A노트를 닫습니다. B노트의 1번에 있는 단어를 보면서 2번 칸에 뜻을 하나씩 적습니다. 이제 노트를 잘 접어서 1번이 보이지 않게 한 상태에서 2번의 우리말 뜻을 보면서 3번 칸에 영어 스펠링을 적습니다. 그리고 마지막으로 2번의 뜻을 접어 가린 채 3번을 보면서 4번에 우리말 뜻을 적습니다. 영 – 한 – 영 – 한을 거쳐 기억을 자극하는 방법으로 효과가 좋습니다. 하지만 단권화 A유형을 토대로 삼으면서 주중 1~2회 테스트 방법으로 B유형을 쓰는 것이 최적의 효과를 줄 수 있습니다.

단권화 B유형 공부법 영상

두 번째로 구문에 대해 언급하겠습니다. 1학년 때는 구문에 대해 공부했습니다. 2학년이 되면 이 역시도 적용에 대한 과제가 남습니다. 때문에 공부하면서 이해가 잘 안 되는 문장을 노트에 수집하여 공부할 필요가 있습니다. 영단어 단권화 A유형으로 정리할 때 문장도 중간중간에 정리해주면 됩니다. 복잡하게 노트를 두 권 만들 필요가 없습니다. 머리로는 알겠지만 막상 해석이 잘 안 되거나, 이해가 힘든 문장을 수집해 나갑니다. 쉬는 시간, 종 치기 직전, 종 치고 선생님이 오시는 시간까지의 틈을 사용해서 짧게 공부하면 됩니다. 그 짧은 시간 동안 미니 독해를 하는 셈이니 2학년 내내 이런 식으로 공부한다면 엄청난 실력 도약을 선물해줄 것입니다.

마지막으로 영문법입니다. 영문법은 2학년 정도 되면 학생이 짧게 설명할 수 있어야 합니다. 설명하면서 내가 진짜 알고 있는 것과 모르는 것이 수면 위에 드러나기 때문입니다. 3학년에 올라가서 다시 영문법을 처음부터 공부하거나 큰 구멍을 발견하는 것은 심리적으로 큰 타격을 줍니다. 그래서 1학년 때 공부한 기본서나 강의 필기를 바탕으로 각 문법 용어를 요약해서 자신이 정리를 해야 합니다. 그리고 간단한 예문을 1개씩 만들어서 노트에 정리해야 합니다. 즉, 문법 용어를 하나씩 정리하면서 자신만의 설명, 예문을 추가하여 짧은 영문법 로드맵을 제작하는 것입니다. 이 활동을 통해 자신이 안다고 생각했지만 실제로 잘 몰랐던 구멍을 완벽하게 찾고 보강할 수 있으며 고3 때는 심화학습에만 전념할 수 있게 됩니다.

수능 유형별 이해

1학년 때는 수능 영어 문항에 대해 간단히 이해를 했습니다. 그리고 2학년 때는 수능 영어 문항을 유형별로 이해하고, 해법에 대해 알아야 합니다. 모든 문항의 지문을 같은 방식으로 읽어서는 안 됩니다. 영어 실력으로 부딪혀야 하는 부분도 있지만, 문제의 유형에 따라 접근하는 방식을 달리해야 시험을 좀 더 효율적으로 치를 수 있습니다. 수능 영어의 큰 부분인 듣기, 독해를 차근차근 파헤쳐보도록 하겠습니다.

듣기(1~17번 문항)의 경우에는 대화문과 담화문의 차이를 이해해야 합니다. 대화문은 A, B 두 사람이 이끌어 나가는 문항으로 주로 남, 여가

번갈아 대화를 합니다. 대부분의 문제는 A, B, A, 즉 3턴 이후부터 문항에 대한 힌트가 나오기 때문에 초반에는 두 사람의 관계에 대해 파악하면서 중후반에 더 집중하는 것이 유리합니다. 아울러 선지가 영어로 되어 있는 문항은 반드시 선지를 미리 읽어두어야 합니다. 선지 해독과 지문 해독을 동시에 하게 되면 뒤에 따라올 '독해' 부담까지 겹쳐 수능 시험장에서 평소 생각하지 못했던 변수가 생길 수도 있습니다. 두뇌가 한 번에 하나씩 처리할 수 있도록 시스템을 짜야 합니다.

담화문은 대화문과 성격이 다릅니다. 주로 한 사람(남자 또는 여자)이 처음부터 끝까지 말을 합니다. 그리고 영어의 특성상 초반에 핵심을 던지고, 뒤에는 뒷받침하는 말을 하는 두괄식 내용이 많습니다. 그렇기 때문에 문제에 '대화를 듣고'라고 적혀 있는지(대화문), '다음 여자(남자)의 말들 듣고'인지(담화문) 잘 파악해야 합니다. 담화문은 두괄식이기 때문에 초반 3개 문장 내에서 정답이 나오는 경우가 꽤 많습니다.

독해(18~45번 문항)의 주제, 주장, 요지, 제목의 경우 같은 다음과 같은 맥락으로 접근할 수 있습니다.

주제	뒷받침 문장 (근거 1)	뒷받침 문장 (근거 2)	뒷받침 문장 (근거 3)	주제 재진술

바로 두괄식 구성입니다. 앞에 주제가 등장한 다음 근거를 통해 글을 풀어나가는 경우입니다. 근거로는 대학의 실험, 통계, 학자의 말 인용 등 다양한 방식이 등장합니다. 그리고 마지막에 다시 한번 주제를 반복(재진술)하며 마무리 짓는 글입니다. 스무고개처럼 글을 읽어나가면서 '근거 2' 정도에 오면 사실 선지를 슬며시 보면서 분위기를 파악해보는 것이 필요합

니다. 그렇게 확실한 답이 나오면 체크한 뒤 아래 내용부터는 좀더 신속하게 읽어가며 답을 확실히 검증하면 됩니다. 하지만 꼭 글이 이렇게 순탄하게만 흘러가지는 않습니다.

| 통념, 편견 | 반론 | 뒷받침 문장
(근거 1) | 뒷받침 문장
(근거 2) | 반론에 대한
재진술 |

맨 앞에 나온 내용이 일반 사람들이 잘못 알고 있는 '통념, 편견'인 경우입니다. 주제문처럼 보이지만 반대의 내용을 다루고 있습니다. 그렇기 때문에 그다음에 오는 '반론'의 표현에 주목해야 합니다. 반론을 잘 읽고 그다음 이어지는 근거를 읽으면서 반론이 결국 필자가 하고 싶은 표현이라는 것에 주목해야 합니다. 그렇게 주제를 파악한 다음 마지막 재진술을 읽으면 정답을 완벽하게 파악할 수 있습니다. 이런 글들은 반전을 이끌기 때문에 일반적인 두괄식 구성의 글보다 변별력이 높습니다. 글의 구조에 유의하면서 읽는 습관을 가져야 합니다.

이제 좀 더 어려운 간접 쓰기 문항입니다. 사실 쓰기 문항의 대표적인 빈칸추론, 순서 맞추기, 불필요한 문장 찾기, 문장 삽입하기 등은 위의 주제 관련 문항을 완벽하게 풀 수 있을 때 도전해야 합니다. 하나의 글의 주제도 뽑지 못하면서 그 흐름을 파악해야 풀 수 있는 더 높은 차원의 문항을 다룬다는 것은 큰 불확실성을 가져옵니다. 그렇기 때문에 반드시 앞선 주제문 관련 문항의 정답률이 95% 이상 될 때까지 이 문항들을 쉽게 생각하고 다루어서는 안 됩니다. 단순히 많이 풀면 되겠지라는 생각으로 양적 접근을 하다가는 당일 컨디션에 따라 너무 차이가 큰 결과를 낳게 됩니다.

주제, 제목, 요지, 제목을 잘 다루게 된다면 글의 구조를 잘 보게 되고, 흐름을 파악하게 됩니다. 그리고 흐름을 잘 안다는 것은 다음에 어떤 내용이 나올지를 예상하면서 읽게 된다는 것을 의미합니다. 즉, 글을 능동적으로 읽게 된다는 것입니다. 그런 상황에서 빈칸을 만나면 어떤 내용이 들어갈 수 있을지를 먼저 '우리말'로 짧게 써봅니다. 두 번째로는 그 우리말을 참고해서 본문에 나왔던 '키워드'를 선택해봅니다. 세 번째로는 그 키워드가 선지에서 어떤 다른 표현으로 다시 등장했는지 파악해봅니다. 이 3단계를 통해 정답을 찾아낼 수 있습니다. 대부분의 문제는 본문에 나왔던 단어를 그대로 선지에 활용하지 않습니다. 반복을 회피하려는 영어의 특성을 잘 반영해서 선지를 보는 눈을 키워야 합니다.

문장 삽입하기와 불필요한 문장 찾기는 사실 거의 비슷한 맥락으로 접근할 수 있습니다. 주제를 파악한 뒤 그 주제와 무관한 이야기를 하는 것을 찾으면 '불필요한 문장 찾기' 해법이 됩니다. 그리고 주제문을 파악하면서 필요한 근거를 필요한 위치에 넣으면 '문장 삽입하기' 해법이 됩니다. 마지막으로 '순서 맞추기'도 주제, 핵심내용을 잡고 그다음 연결되는 내용을 '관사(a, an, the), 대명사, 접속사'를 단서로 끼워 맞추면 정답률을 높일 수 있습니다.

이렇게 유형별로 필승 전략을 확보하고 자신의 것으로 체화시키기 위해 노력해야 하는 것이 2학년 시기입니다. 명심해야 합니다. 분량으로 이노하우를 체화시키는 것이 아니라, 노하우를 체득한 다음 분량이라는 경험을 쌓아야 합니다. 주위에 많은 문제를 풀면서 노하우를 쌓았다고 하는 학생들은 고1 때 기초를 아주 잘 쌓았거나, 이미 영어 내공이 어느 정도 쌓인 경우입니다. 그렇기 때문에 자신의 영어 실력을 냉정히 보고 차곡차곡 쌓아 나갈 것을 권합니다.

3학년 학습 포인트

드디어 3학년입니다. 1학년 때 영어 기초를 쌓으면서 내신과 모의고사 투 트랙을 병행했습니다. 2학년 때 영어 기본기를 쌓으면서 부족한 구멍을 채우고 본격적으로 수능 영어 유형을 깊게 공부했습니다. 기출도 적당히 풀면서 수능의 맛을 보았습니다. 이제 3학년입니다. 수능 영어를 깊게 공부해야 합니다. 바로 지문 분석과 오답 분석을 해야 할 시기라는 의미입니다.

수능 영어 지문은 듣기를 제외하고는 '문학', '비문학', '실용문'이라는 3종류로 나뉩니다. 실용문은 사실상 변별력이 높지 않기 때문에 보통 '문학', '비문학' 지문으로 구분하기도 합니다. 고3 시기에는 많은 모의고사를 봅니다. 아울러 사설 모의고사나 연계교재의 문항까지 다루기 때문에 문항 분석을 할 기회가 많습니다. 그때마다 과연 내가 '문학', '비문학' 지문 중에 어떤 것에 더 약한지를 파악해야 합니다. 그렇게 나의 약점을 파악하면서 지문 분석을 해야 합니다. 지문의 어떤 지점에서 오답으로 가게 되었나를 봐야 합니다. 아울러 오답지의 어떤 부분이 매력적이었나를 다시 한번 곱씹어 봐야 합니다.

오답지 분석은 특히 평가원 주관의 시험 문항에 대해서는 철저하게 이루어져야 합니다. 선지 속의 어떤 단어가 정답과 오답을 갈랐는지 눈여겨보고 설명해봐야 합니다. 내가 해설지를 쓴다는 생각으로 정답지를 변호하고, 오답지를 냉담하게 설명해야 합니다.

그렇게 6월, 9월 평가원 모의고사 오답지를 분석하다 보면, 11월 수능의 선택지 트렌드가 보이기 시작합니다. 6월, 9월 평가원 모의고사 결과를 바탕으로 11월 수능 출제가 이루어지기 때문입니다. 그래서 남들이 정답을 찾는 것에 주목할 때 오답을 어떻게 만들었는지에 집중하는 것이 현명합니다. 그렇게 고3 시기는 평가원 출제 경향에 깊이 파고들어 연구해야 합니다.

재학생이 이 작업을 꼭 해야 하는 이유는 재수생에 비해 수능 경험이 전무하기 때문입니다. 재학생이 생각하는 것보다 수능은 훨씬 더 어려울 수 있고, 경험하지 못한 것은 큰 부담으로 작용합니다. 절대평가임에도 불구하고 고득점을 받으려면 좀 더 높은 기준을 삼아야 하고, 평소 작은 실수도 용납해서는 안 됩니다. 이렇게 평가원을 철저하게 이해하면서 연계교재, 비연계 지문을 소화한다면 강력한 코어를 바탕으로 탄탄한 실력을 쌓을 수 있습니다.

현장의 목소리

[고등학생 부모님들의 실제 질문 FAQ]

 Q1 **서술형 수능이 된다면 혹시 영어 예상문제 있으실까요? 너무 먼 이야기일까요?**

현재로서는 예단하기 어려운 부분입니다. 하지만 서술형 수능이 가시화되는 시점에 평가를 주관하는 기관(예: 한국교육과정평가원)에서 샘플이 될 만한 문항을 사전에 공개할 확률이 높습니다. 그 샘플 문항을 보고 출제 방식, 유형을 분석하는 것이 가장 정확할 것으로 생각됩니다.

 Q2 **고교학점제나 평준화를 위한 작업을 하고 있는데 외고나 국제고가 계속 살아남을 수 있을까요?**

특수목적고등학교(외고, 국제고 등)가 일반고와 가장 큰 차이는 다름 아닌 교육과정의 차이입니다. 외고나 국제고의 교육과정에서는 외국어 과목 시수가 더 많고 교육과정에서 많은 비중을 차지하는 것이 특징입니다. 일단 고교학점제가 시행되면 어느 학교에서든지 교육과정을 좀 더 자유롭고 융통성 있게 운영하게 됩니다. 현재 선택과목 확대 및 고교학점제 시범학교 운영 등을 통해 학교 교육과정이 서서히 변화하고 있습니다. 참고로 고교학점제는 2025년에 전국적으로 시행될 예정입니다. 고교학점제 정착 해인 2025년을 기준으로 3년 앞둔 2022년에는 2022 개정 교육과정을 발표할 계획이라 특목고 폐지는 큰 이변이 있지 않는 한 수순을 밟을 것으로 보입니다.

 외고와 국제고 각각의 강점이 무엇일까요?

우선 외고와 국제고의 공통점은 외국어 계열의 전문 교과 과목을 72단위 이상 이수해야 한다는 특징이 있습니다. 외고의 경우에는 그중에 60% 이상을 전공교과 과목으로 이수해야 하고, 국제고의 경우에는 50% 이상 국제계열 과목(국제 정치, 국제 경제, 세계 문제와 미래 사회 등)을 이수해야 합니다. 실제 두 학교의 취지도 미세하게 다릅니다. 외고가 '외국어에 능숙한 인재 양성을 위한 외국어 계열의 고등학교'라면, 국제고는 '국제 전문 인재 양성을 위한 국제계열의 고등학교'라는 점에서 차이가 있습니다. 따라서 자신의 진로가 외국어나 국제 관련 분야라면 일반고에 비해 좀 더 전문적인 지식을 습득할 수 있고, 전공과 관련된 다양한 학교 프로그램(외국 자매교 교류 등)을 통해 다양한 경험을 할 수 있습니다. 일부 학교에서는 해외 진학 프로그램을 통해 해외 유학을 준비하기에 자신의 진로가 외국어나 국제계열로써 뚜렷하다면 분명 차별화된 강점을 느낄 수 있을 거라 생각합니다.

Q4 중등, 고등 리스닝 점수를 올리는 방법은 무엇일까요?

중고등 듣기 평가 문항은 사실 유형이 거의 비슷하다고 보면 됩니다. 그리고 상당한 시간을 따로 투자하지 않더라도 고득점을 받을 수 있습니다. 먼저 어떤 문항에 약한지를 봐야 합니다. EBS와 전국 교육청에서 주관하는 듣기 평가를 치른 뒤 학생(자녀)이 잘 틀리는 문항을 파악하는 것이 중요합니다. 만약 유형이 어느 정도 정해져 있는 케이스라면 그 유형을 파악한 교재, 인터넷 강의를 통해 약점을 보완하는 것이 좋습니다. 하지만 유형이 정해져 있지 않은 경우라면 전반적인 청취 시스템을 바로 잡을 필요가 있습니다. 자투리 시간을 활용해 듣기 지문을 반복적으로 듣는 것과 대본을 숙지하는 것도 상당히 효과가 있습니다. 자투리 시간은 등하교, 점심시간, 취침 전 등을 의미합니다. 10~15분씩 여러 번 들으면서 익숙해지면 유형별로 하나씩 점검할 때 학습 효과가 커집니다.

Q5 초등학교 6학년 문법 과외 및 영어도서관 병행 중입니다. 원서 읽기가 고등학교 가면 빛을 볼까요? 과외 선생님은 그다지 추천하지 않아서 문의드립니다.

수능 점수, 내신 점수만 목표로 한다면 원서 읽기를 하지 않아도 여러 가지 방법이 있습니다. 아마 과외 선생님은 시험 측면의 대비법과 리딩 스킬만으로 충분히 그 목표를 달성할 수 있다고 판단하고 계신 것 같습니다. 하지만 제가 생각하는 원서 읽기의 목표는 수능, 내신 점수 이상의 것입니다.

긴 호흡의 원서를 어릴 때 읽어본 경험은 약간의 문제풀이와 리딩 스킬을 습득하더라도 원서를 공부하지 않았던 아이들보다 훨씬 더 높은 학습 연비로 보답할 것입니다. 아울러 고등학교 졸업 이후에도 그 연비는 다양한 방식으로 드러날 것입니다. 제 자녀는 원서 읽기를 할 수 있는 한 많이 할 수 있도록 장려하고 있습니다.

Q6 초등학교 4학년 남자아이를 둔 학부모입니다. 어학원에서 교포 선생님께 수업받고 있으며, 트레저스 및 문법 책(외국책)으로 수업하고, 원서는 의무는 아니지만 대여해 읽고 있습니다. 내년 5학년 여름방학 기점으로 문법 과외를 하려하는데, 뭔가 아쉬워서 그러는데 원서 읽기도 계속 병행하는 게 나을까요? 문법 수업은 중학교 1~3학년 내용을 학년당 8~9권씩 풀게 됩니다. 여기에 책 읽기가 들어가면 입시에 상당한 도움이 될지 궁금합니다.

독서는 평생의 영어 실력을 만들 가장 좋은 기반이 될 것입니다. 뭔가 아쉽다는 감정은 부모님의 걱정이신 것 같습니다. 5학년 때도 독서(원서 읽기)를 1순위로 두고 중1 정도 수준 문제 풀이로 다뤄도 충분합니다. 문제 풀이가 주가 되면 중학교에 가서도 문제 풀이로 '불안함'을 해소해야 합니다. 독서가 최우선이 될 수 있도록 코어를 잡아주시고, 그다음으로 아이가 즐겁게 영어를 공부하도록 분량, 난이도를 조절해주십시오.

Q7 초등 리딩이랑 원서 위주 수업과 혼공쌤 초등 기초교재를 병행하고 있어요. 주변에 중등 내신 학원 보내는 친구를 보니 보어, 목적어, 1형식, 2형식 등을 배우더라고요. 이런 식의 수업이 중학교에서 내신 점수 따기 외에 고등 수준에 독해력과 문제 풀이에도 영향을 미치기 때문에 배우는 것인지 궁금해요. 원서 리딩 많이 해서 독해나 문장 이해력이 어느 정도 잘 된 아이들이라도 이런 문법 과정을 소홀하게 되면 고등학교에서 힘든 건가요? 아니면 단지 우리나라 교육과정에 들어 있기 때문에 힘들게 공부하는 건가요? 마음 같아선 중등 내신 버리라고 하고 싶을 만큼 힘들어 보여서, 앞으로 공부할 아이가 벌써부터 안타까워요.

원서 읽기를 잘 한 아이들은 문법 과정을 한국식으로 힘들게 하지 않아도 사실 학습 연비가 잘 나옵니다. 문제는 지역, 학교마다 다른 내신 시험의 역습입니다. 내신 시험을 미리 대비하다 보니 과하게 공부하는 경우가 많습니다. 하지만 원서 읽기를 잘 해온 친구들의 영어 실력 자체에는 의심의 여지가 없습니다. 문법을 저 정도로 열심히 하지 않더라도 적기에 문제 풀이와 인터넷 강의 등을 활용하면 문제를 과하게 풀릴 이유가 전혀 없습니다. 고등학교에서 힘들지도 않습니다. 내신에 억눌려 그 공포로 문제를 과하게 풀고, 문법을 과거 스타일로 공부하는 것은 옳지 않습니다. 안타깝게도 전국 각지에서 일어나고 있는 현상입니다. 그래서 혼공에서는 그런 현상을 해결하기 위해 적절한 분량, 쉬운 설명으로 무료 강의를 제공하고 있습니다. 잘 활용하셔서 학습 효율을 올리시기 바랍니다.

엄마표 영어와
입시영어의 간격을 메우는 팁

엄마표 영어는 과연 어디까지 '엄마의 역할'을 기대할까요? 입시영어의 영역까지 직접 도와줘야 할까요?

당연히 그렇지 않습니다. 입시영어는 엄마표 영어로 자란 아이들의 영어와 닮은 점도 많이 있지만, 다른 점도 상당히 많습니다. 첫째, 평가에 심리적으로 약한 자녀들은 아는 내용을 묻더라도 긴장해서 실수할 수 있습니다. 둘째, 객관식과 주관식이라는 틀 자체에 적응하지 못해 어렵다고 느낄 수 있습니다. 셋째, 어법성 판단과 같은 킬러 문항에 깊게 들어갔을 때 혼돈이 올 수 있습니다.

하지만 엄마표 영어로 자란 아이들은 영어 학습 연비가 좋은 편입니다. 지문이 길어지고 많아지는 고등학교 영어로 갈수록 유창성을 기반으로 한 읽기에 유리하며, 앞으로 강조될 서술형 평가, 논술형 평가에도 유연하게 대처할 확률이 높습니다. 문제는 입시영어라는 약간의 턱을 어떻게 넘게 해주냐는 것입니다.

엄마가 직접 지도한다는 생각은 과감히 버려야 합니다. 사춘기를 거치면서 자녀의 커가는 마음을 엄마가 감당하기 힘들 가능성이 높습니다. 다시 말해, 교과 지식을 전달하는 것과 자녀의 성장이 충돌할 때 가장 중요한

'관계'가 훼손될 수 있다는 것입니다. 이 책을 통해 학교급별로 어떤 교육 과정과 평가를 따라가는지 알게 되었을 것입니다. 그 교육과정을 기반으로 한 '자녀'의 위치를 부모가 대략적으로 판단하고 자녀, 교사와 소통하는 것이 최우선 과제가 되어야 합니다. 학원을 보낸다면 학원에 계신 선생님과 긴밀히 소통하는 것이 중요합니다.

이렇게 교육과정 속 자녀의 위치를 파악하면서 자녀와의 관계를 유지하고, 교사, 강사와 같은 조력자와 긴밀히 소통한다면, 그다음으로는 '대응'의 문제만 남았습니다. 자녀의 현 상황이 '기회'라고 판단되면 학습을 위한 여건을 제공해줘야 합니다. 인터넷 강의, 문제집, 학원 등 자녀와 상의하면서 이런 장치를 활용할 수 있도록 안내하고 응원해주는 것이 필요합니다. 반대로 자녀가 열심히 하는 것 같지만 정체 상태에 빠져서 힘들어하는 '위기 상황'이라 판단되면 먼저 자녀와 이야기해야 합니다. 비난하고 책망하기보다는 문제를 공감해주는 데서 공동의 문제라는 것을 인식시킨 다음, 교육 조력자들과 소통하고, 대안을 찾아 자녀의 학습 시스템에 접목시켜야 합니다.

요컨대 입시영어의 영역에서 엄마표는 아이가 합의하에 짜여진 학습 시스템 속에서 잘 학습할 수 있도록 부모가 한 발짝 물러나서 판단하고 행동하는 '방목'의 영역에 있다고 볼 수 있습니다. 혹여 그 시스템이 잘못되지 않았는지, 아이가 기회에 놓여 있는지, 위기에 놓여 있는지 '교육과정'을 근거로 판단해야 합니다. 이러한 메뉴얼을 따라 '대응'하다 보면 입시영어는 자녀의 인생 속의 작은 점으로 보일 것입니다. 그리고 그 점은 훗날 다른 점과 연결되어 자녀의 날개를 만들어 나갈 것입니다.

에 필 로 그

　긴 여정의 글이었습니다. 자녀가 아직 어린 부모님도, 이미 다 자란 부모님도 이 책을 통해 가상의 한 아이를 고등학교 졸업까지 시킨 셈이 되었습니다. 이 책을 집필한 저자들도 각자의 분야뿐 아니라 다른 학교급의 교육 내용까지 점검하면서 간접적으로 교육, 양육을 한 셈이 되었습니다. 이렇게 집필작업을 하면서 몇 달간 밤을 지새웠고, 책 속에 깊이 빠져 있었습니다. 이제는 잠시 펜을 놓으며 실제 교실을 더욱더 애정 어린 눈빛으로 지켜보고자 합니다. 교실 속에는 수많은 부모님들의 소중한 자녀들이 모여 있기 때문입니다. 마지막으로 탈고하면서 느낀 저자들의 소회를 공유하고자 합니다.

　두 아들을 키우면서 자녀를 키우는 부모의 마음으로 교단을 바라보게 되었다. 교사와 부모, 학부모는 결국 공동의 목표를 가진 하나였다. 어떻게 하면 우리 아이들의 흥미를 해치지 않고 영어 공부를 해낼 수 있게 도울수 있을까? 그 영어 역량을 바탕으로 어떻게 행복하게 살 수 있도록 도움을 줄 수 있을까? 아이들의 인생을 생각하면서 영어교육을 해왔고, 이번 집필 기회를 통해 초중고 모든 교육과정을 그 기준으로 삼는 것이 큰의미가 있다는 것을 깨달았다. 부디 이 책을 통해 자녀가 '영어를 위한 인생'을 사는 게 아니라 '인생을 위한 영어'라는 모토로 살아갈 수 있길 간절히 바란다.

혼공 허준석

영어는 우리의 아이들이 가지고 있는 다재다능한 능력을 더 넓게 펼치기위한 날개가 되어야 하는데, 실제 교실에서 만나는 아이들에게는 어깨 위의 짐이 되어 있는 것 같아 매번 안타까움을 느낀다. 그 짐을 조금이라도 덜어주고 싶은 마음으로 정성껏 이 책을 썼고, 영어 공부에 어려움을 느끼는 학생들과 학부모님들께 많이 닿았으면 하는 바람이다. 모든 아이들이 최고의 영어 능력 기준에 도달할 필요는 없다. 자신에게 꼭 맞는 목표와 공부 방향을 찾아서 보다 의미 있는 영어 공부를 하고, 다양한 인재로 성장했으면 한다.

따스 이은주

그 어느 나라보다 영어 교육열이 높은 대한민국에 살아가면서 '엄마표 영어' 실천 사례를 많이 봐왔다. 대부분의 경우 초등학교, 중학교까지는 영어 코어를 기르기 위한 영어 공부법에 집중하는 것처럼 보인다. 하지만 막상 입시영어를 해야 하는 고등학교에 와서는 간혹 적응하지 못하고 무너지는 경우를 봐왔다. 그 이유는 공교육에서 목표로 하는 영어 교육과정

에 대한 이해 부족이라 생각한다. 배가 목적지에 도달하기 위해서는 방향을 알려주는 '나침반'과 폭풍우와 같은 위기의 상황에 놓였을 때 이를 대처할 수 있는 '선장의 경험'이 필요하다고 생각한다. 이 책이 초중고 전체 영어교육과정을 올바르게 이해할 수 있도록 돕는 안내서 혹은 경험 지침서가 되기를 희망해본다.

영멘 신영환

우리 교실 안에는 영어를 좋아하지 않는 학생들이 생각보다 많이 있다. 영어교사로서 갖는 책임감 때문일까? 나로 인해 영어의 재미를 찾을 수 있었으면 하는 바람으로, 수업에 대한 고민을 수도 없이 했다. 어떻게 하는 것이 재미있는 영어수업인가? 어떤 활동, 게임을 수업 안에 넣어야 흥미로워질까? 하지만 교실의 테두리를 벗어나, 큰 그림으로 영어교육과정의 전체를 들여다볼 기회는 적었다. 그렇기에 이번 집필은 교사인 나에게도 정말 특별했다고 말할 수 있다. 초등학교와 고등학교 사이의 중간 사다리 같은 중학교에서 나는 영어교사로서 어떤 방향성을 갖고 가르쳐야 할지 재고해보는 소중한 시간이었다. 바라건대 이 책을 통해 부모님, 그리고 학생들이 교육과정을 축으로 영어 공부의 '방향'을 잡을 수 있기를 소망해본다.

키나쌤 기나현

배움의 끝에는 무엇이 기다리고 있을까? 입시영어가 끝났다고 영어 공부가 끝난 것은 아니듯, 인생 공부는 끝없이 지금 이 순간까지도 이어지고 있다. 이 책에서는 영어 공부에 대해 이야기를 했지만, 실은 인생을 공부해나가는 자세에 대해 이야기하고 싶었다. 이 책을 통해 영어를 공부하는 과정에서 학생들이 자신의 삶을 단단하게 일궈나갈 수 있는 힘을 기를 수 있기를 간절히 희망한다. 또한 배움 자체가 실은 '삶'이었다는 점을 기억하며 오늘도 주인공의 자세로 살아가길 애정을 담아 응원한다.

비타민제이 석정은

바른 교육 시리즈 ⑱

10년 영어교육과정을 한눈에 이해하고
목표와 방향을 세우는

초중고 영어공부 로드맵

초판 1쇄 발행 2021년 10월 29일
초판 4쇄 발행 2022년 4월 15일

지은이 허준석, 이은주, 신영환, 기나현, 석정은

대표 장선희 **총괄** 이영철
기획편집 이소정, 정시아, 한이슬, 현미나
디자인 김효숙, 최아영 **외주디자인** 조성미
마케팅 최의범, 강주영, 이동희, 김현진
경영관리 문경국 **교정교열** 유은경

펴낸곳 서사원 **출판등록** 제2021-000194호
주소 서울시 영등포구 당산로 54길 11 상가 301호
전화 02-898-8778 **팩스** 02-6008-1673
이메일 cr@seosawon.com
블로그 blog.naver.com/seosawon
페이스북 www.facebook.com/seosawon
인스타그램 www.instagram.com/seosawon

ⓒ 허준석, 이은주, 신영환, 기나현, 석정은, 2021

ISBN 979-11-6822-004-1 03370

서사원은 독자 여러분의 책에 관한 아이디어와 원고 투고를 설레는 마음으로 기다리고 있습니다.
책으로 엮기를 원하는 아이디어가 있으신 분은 이메일 cr@seosawon.com으로 간단한 개요와 취지,
연락처 등을 보내주세요. 고민을 멈추고 실행해보세요. 꿈이 이루어집니다.